古田武彦
古代史コレクション
16

古田武彦 著

九州王朝の歴史学

多元的世界への出発

ミネルヴァ書房

刊行のことば

いま、なぜ古田武彦なのか――

古田武彦の古代史探究への歩みは、論文「邪馬壹国」(『史学雑誌』七八巻九号、一九六九年)から始まった。その後の『「邪馬台国」はなかった』(一九七一年)『失われた九州王朝』(一九七三年)『盗まれた神話』(一九七五年)の初期三部作と併せ、当時の「邪馬台国論争」に大きな一石を投じた。〈今まで「邪馬台国」という言葉を聞いてきた人よ。この本を読んだあとは、「邪馬一国」と書いてほしい。しゃべってほしい。…〉(『「邪馬台国」はなかった』文庫版によせて)という言葉が象徴するように、氏の理論の眼目「邪馬一国論」はそれまでの定説を根底からくつがえすものであった。

しかも、女王の都するところ「博多湾岸と周辺部」という、近畿説・九州説いずれの立場にもなかった所在地は、学界のみならず、一般の多くの古代史ファンにも新鮮な驚きと強烈な衝撃を与えたのである。

こうして古田説の登場によって、それまでの邪馬台国論争は、新たな段階に入ったかに思われた。古田説とは、⑴従来の古代史学の方法論のあやうさへの問い、⑵定説をめぐるタブーへのあくなき挑戦、⑶真実に対する真摯な取り組み、⑷大胆な仮説とその論証の手堅さ、を中核とし、我田引水と牽強付会に終始する従来の学説と無縁であることは、今日まで続々と発表されてきた諸著作をひもとけば明らかであろう。古田氏によって、邪馬台国「論争」は乗り越えられたのである。しかし、氏の提起する根元的な問いかけの数々に、学界はまともに応えてきたとはいいがたい。

われわれは、改めて問う。古田氏を抜きにして、論争は成立しうるのか。今までの、古田説があたかも存在しないかのような学界のあり方や論争の進め方は、科学としての古代史を標榜する限り公正ではなかろう。

ここにわれわれは、古田史学のこれまでの諸成果を「古田武彦・古代史コレクション」として順次復刊刊行し、大方の読者にその正否をゆだねたいと思う。そして名実ともに大いなる「論争」が起こりきたらんことを切望する次第である。

二〇一〇年一月

ミネルヴァ書房

はしがき——復刊にあたって

一

九州王朝。この一語なしに、日本の歴史を語ることはできない。真実の歴史を明らかにすべき歴史学は成立不可能なのである。

君の机辺の「日本史」の本が、たとえ令名ある大家の著作であれ、全国の各学校で数多く用いられている教科書であれ、「九州王朝」にふれずして、否、中心のテーマとして扱うことなしに、史実を記すことは、土台無理としか言いようがないのだ。なぜか。

理由は、簡単だ。そして明瞭である。有名な「日出ずる処の天子、書を日没する処の天子に致す、恙《つつが》なきや。」の文言は、七世紀前半、初唐の歴史官僚、魏徴《ぎちょう》（五八〇～六四三）が書いた歴史書、『隋書』に書かれている。俀（タイ）国伝だ。

これは、俀国の天子の多利思北孤（タリシホコ）が隋の天子、煬帝《ようだい》の所へ贈った「国書」の自署名である。「自署名」のない国書など、存在するはずがない。

年時は大業三年（六〇七）である。その多利思北孤には妻があり、彼女は「雞弥（キミ）」と呼ばれていた。だから、当然多利思北孤は男性である。

しかるに、日本書紀では、この年は「推古天皇十五年」に当る。古事記も、その最末の天皇を、この推古天皇とする。女性である。

この「男女」別人の二人を「同一人」とすること、その「背理」の上に、本居宣長、そして彼を受け継ぐ、明治以来の「国家の定説」が形造られてきた。いわゆる「万世一系の天皇家」という政治目標の下で、それに「奉仕するための歴史学」だったのである。

以上は、『失われた九州王朝』（朝日新聞社、昭和四十八年刊）以来、のべ尽くしたところ。しかし学界・教育界のすべてはこれを「無視」し通してき続けた。これが隠れもなき研究史上の事実である。

二

文献だけではない。考古学的出土物の分布も、わたしの立論を支持していた。戦前から戦後にかけて「霊域か、山城か」の論争のあった「神籠石《こうごいし》山城群」は、「山城」であることが確定した。佐賀県教育委員会の綜合調査の結果だった。その山城群は、東は石城《いわき》山（山口県）から西はおつぼ山（佐賀県）、南は女《ぞ》山（福岡県）まで。中心部は太宰府・博多湾岸と筑後川流域までの「筑紫」（福岡県）中心の分布だった。決して「大和」（奈良県）中心の分布ではなかったのである。

そのため、教科書にはこの「神籠石山城群」の分布地図は「カット」されてきた。「天皇家一元」や「万世一系」の理念を子供たちに教えこみにくいからであろう。ここでも、イデオロギー重視、真実軽視を根幹とする「国家の教育」が一世紀半近く「続行」されてきたのである。

三

もう、やめよう。確かに、近代国家は学界一般や教育全般の「法」を作り、それによって全国民の「歴史知識」を〝ひといろ〟に染めあげてきた。数百万、数千万の「知的ロボット」を量産してきたのである。しかし、その根底が「真実」ではなく、「虚偽」のイメージによって満たされているとしたら、その国家にとって、これ以上の不幸はない。そのような「いつわりの連鎖」を断ち切る時がついに到来した。それが今なのである。

わたしはそのために、この復刊本を静かに君たちの机の前に捧げたい。未来ある、日本の真の輝きをとりもどすために。

古田武彦

平成二十五年一月十一日

九州王朝の歴史学——多元的世界への出発　目次

＊本書は『九州王朝の歴史学』（駸々堂出版、一九九一年七月発行第二刷〈一九九一年六月初刷〉）を底本とし、「はしがき」と「日本の生きた歴史（十六）」を新たに加えたものである。なお、本文中に出てくる参照ページには適宜修正を加えた。

第一篇　部分と全体の論理——『穆天子伝』の再発見Ⅰ

〈解題〉『穆天子伝』は、周の第五代の天子、穆王の業績をしるした本である。「起居注」と呼ばれた、天子の記録官の記述だ。三世紀、西晋朝のとき周墓から発見された。周字（科斗字）を今文（旧漢字）に翻訳し、公表された。三国志の著者、陳寿の時代である。

ところが、その文面には、倭人伝との重要な相似が見られる。部分里程と総里程の記述である。今後の倭人伝研究にとって「画期をなすべき新史料」と見なされよう。（未発表）

序

汗牛充棟の名をほしいままにすべき、わが国の倭人伝研究の中に、瞠目すべき一大欠落が存在する。それは次の一点の点検である。

「帯方郡治より女王国に至る総里程（一万二千余里）と、各部分里程の総和が一致しているか否か」

およそ〃部分をすべて足せば、全体になる〃とは、贅言《ぜいげん》するまでもなく、古今不動の通軌にして理性の鉄則である。とすれば、倭人伝内に多くの部分里程が頻出すると共に、他面、帯方郡治と女王国(1)の間の総里程が明記されている以上、右の通軌・鉄則に照らして、必ず倭人伝内の文章を点検すべきこと、他のあらゆる揣摩《しま》臆測の諸説に奔る前に、先ず通過すべき学問的関門でなければならぬ。

しかるに従来の諸氏万家、これを怠り、いたずらに中心国（邪馬壹国。諸家のいわゆる「邪馬臺国」）の帰趨すべき到達点の論議にのみ焦点を求めてきたのは、学問の方法上、きわめたる遺憾の一事という他はなかったのである。

それゆえ筆者は、倭人伝内の中心国の所在を求めるにさいし、この一点の検証を出発点としたのであった。

論文「続・邪馬壹国」(2)及び著書『「邪馬台国」はなかった』(3)における所論がそれである。しかるに、爾来二十年。他の分野、たとえば「国名」問題、「里単位（短里）」問題等においては、幸いにも幾多の反論に恵まれたにもかかわらず、この枢要の一点に関しては、ほとんど反論に会わず、しかも学界がこれを〃受け容《い》れた〃形跡もなく、不可解なる二十年を経験してきたのであった。

今回、当問題のもつ不可避の論理性を〝裏書き〟する重要な新史料に遭遇した。よって江湖にこれを率直に報告し、学界の真摯なる注意を喚起したいと思い、この一文を草するのである。

一

周知のように、倭人伝内には次の一文がある。

郡（帯方郡治）より女王国に至る、万二千余里。

これに先立ち、各部分里程が次のように記載されている。

①帯方郡治～狗邪韓国――七千余里
②狗邪韓国～対海国――千余里
③対海国（陸行）
④対海国～一大国――千余里
⑤一大国（陸行）
⑥一大国～末盧国――千余里
⑦末盧国～伊都国――五百余里
⑧〈伊都国～奴国――百里〉
⑨伊都国～不弥国――百里
〈計、一万六百里〉（「余」は、計算のさい、省略する）

右の⑧については、

不弥国〜投馬国――水行二十日

と同じく、「傍線行程」と見なしたため、計算から除外した。(4)そのため、「主線行程」（帯方郡治から女王国に向かう、直接の道すじ）の和が「一万六百里」となった。先の総里程に比し、「千四百里」の不足である。

この不足数値をわたしが「発見」(5)しえたのは、右の③と⑤の中であった。

③（対海国）方四百余里

⑤（一大国）方三百里

これらの島々が、有名な、

「（対海国）道路は禽鹿の径の如し。」

といった文面のしめすように、魏使(6)が「陸行」した証跡十分であるにもかかわらず、従来は、「帯方郡治〜女王国」間の里程計算に入れられていなかったのである。この両所の「半周」（「方法」(7)記載の二辺）を採ると、

③八百里（四百里の二倍）〈対海国〉

⑤六百里（三百里の二倍）〈一大国〉

となり、その小計は「千四百里」となる。すなわち、先の〝不足数値〟がここに充足されたのである。「部分里程の総和」は、はじめて「総里程」に一致しえたのであった。

思うに、三国志の著者、陳寿《ちんじゅ》が「帯方郡治〜女王国」間の総里程を記載するとき、「部分里程」に〝頓着〟せず、いきなり「総里程」を書きうるはずはない。当然、「各部分里程の数値」に基礎をおき、〝計算によって到達した〟こと、「総里程」の性格からして、当然である。

もしかりに、「ある先行文献」、たとえば、魏使の報告書などに、その（「総里程」の）数値があり、それを〝丸写し〟にしたとしても、倭人伝内に記入するさい、当然、先記した「各部分里程の数値」との対応、もっとハッキリ言えば、一致に注意すべきこと、当然である。

また、その「各部分里程の数値」なるものこそ、当の「魏使の報告書」にもとづくものであることを考えれば、右の「対応」ないし「一致」問題は、決してこれを避けることはできぬ。

さらに、この三世紀当時の中国（魏・西晋時代）が、すでに高度の数学上の文明に到達していたこと、『周髀算経』(8) 等に見るごとく確実であるから、この「対応・一致」問題は、決してこれを避けることはできないのである。

このようにして、

「部分里程の総和は、総里程。」

の鉄則が充足されたとき、最終里程記載の地たる「不弥国」（博多湾岸）(9) こそ、「女王国の玄関」である、という命題が浮かび上がった。すなわち、女王の都した所たる「邪馬壹国」の所在は〝博多湾岸とその周辺〟にあり、とする、それまで筆者自身予想だにしなかった帰結へと到着したのであった。

二

しかしながら、論理的には完璧と（筆者には）見えた、この論証には、一個の見のがせぬ弱点があった。それは「先例」の不足である。

問題が数学書のことでなく、歴史書のことである以上、一つの新解釈を提出する場合、「先例」を

たのである。しかるに、必要にして十分な「先例」が欠けてい
たのである。

無論、筆者は当時、八方にこれを求めた。その収穫は、右の論文と著書に収められている。そこにもりこまれた事例は、いずれも筆者の思考と論理を〝裏づける〟もの、筆者はそう考えた。しかし、そのものズバリ、

「部分里程が頻出し、その上で総里程が書かれている。そしてわたしの言う『鉄則』通り、前者の総和が後者に一致している。」

そういう形式をそなえた「先例」を見出すことができなかった。これが唯一の「弱点」だったのである。

それが今回、見出された。三国志に先行する書であると共に、三国志の著者、陳寿と同時代、西晋期に出土した古典たる『穆天子伝《ぼくてんしでん》』（五巻）がこれである（以下「当伝」と呼ぶ）。

晋書第二十一、束皙伝に左の記載がある。

初、太康二年、汲郡人・不準、盗発魏襄王墓、或言安釐王冢、得竹書数十車。其紀年十三篇、（中略）穆天子伝五篇、言周穆王游行四海、見帝臺西王母。

（初め、太康二年、汲郡の人、不準〈人名〉、魏〈周代の国名〉の襄王の墓を盗発す。或は言う、安釐《あんり》王の冢《ちょう》なり、と。竹書数十車を得。其の紀年十三篇、〈中略〉穆天子伝五篇、周の穆王、四海を游行し、帝臺の西王母に見ゆ、と言う。）

周の戦国期の王墓（襄王もしくは安釐王の墓）から「数十車」にものぼる「竹書（竹簡）」が発掘され、その中に著名な『竹書紀年』と共に、この「当伝」もまた内蔵されていたのである。

晋書は、次いで言う。

大凡七十五篇、七篇簡書折壊、不識名題。冢中又得銅剣一枚、長二尺五寸。漆書皆科斗字。初発冢者焼策照取宝物、及官収之、多燼簡断札、文既残欠、不復詮次。

（大凡七十五篇、七篇の簡書折壊し、名題を識らず。冢中、又銅剣一枚、長さ二尺五寸を得。漆書、皆科斗字。初めて冢を発する者、策を焼き宝物を照らし取る。官の之を収むるに及び、燼簡・断札多し。文既に残欠し、復詮次せず。）

ここに「漆書皆科斗字」とあるように、先秦の文字（篆《てん》書）で書かれていたのであるが、これを「解読」するに功があったのが、当の束晳であった。

武帝以其書付秘書校綴次第、尋考指帰而以今文写之。晳在著作、得観竹書、随疑分釈、皆有義証。遷尚書郎。

（武帝、其の書を以て秘書に付し、次第を校綴せしむ。指帰を尋考して今文を以て之を写す。晳、著作に在り、竹書を観るを得、疑いに随って釈を分つ、皆義証有り。尚書郎に遷す。）

このようにして完成した「今文（漢文）翻訳」の一つが「当伝」であり、そこには、当時「侍中中書監」の要職にあった荀勗《じゅんいく》(10)の序文が付せられている。

要するに、右の「出土」「今文への翻訳と刊行」が西晋朝当時における一大盛儀の一となったことが知られよう。

三

歴史地理学の学者として令名のある小川琢治氏は、この「当伝」の研究に力を尽くされた。論文「穆天子伝考」[11]とその発展を収録した『支那歴史地理研究』[12]『支那歴史地理研究、続集』[13]にその成果が蔵されている。

氏は言う。

「此の書（『穆天子伝』を指す。――古田）は山海経と同じく秦漢以後儒家の潤色を被らずに今日に保存された点が尚書春秋等に比して価値の大なる所である。周室の天下を一統してから約百年の後の王者と之を囲繞する従属者との生活状態を忠実に記録してゐるから周代に至って古代文化が如何なる程度に達したかを知らんとするには此の数千言の一書の如く信憑し得る文献はあるまい。（中略）故に我々の主眼とする歴史地理的方面の外に此の方面にも研究すべきものが頗る多いのである。[14]」

氏は炯眼にも、本書のもつべき絶大の史料価値を看破された。その信憑すべき一証として、

「脱落又は不明の個処と想はれる所に空格を設けて之を明示し、読み得なかった古文を楷書で示して保存し、竹簡の漆書から写し換へたその儘の面目が頗る完全に窺はれる点である。故に汲冢出土の諸書中此の書のみが唯一の信頼し得る先秦文献たるは多言を要せぬ。[15]」

とのべる。史料批判上の注目点として、傾聴すべきところであろう。

さらに氏が、先秦北裔民族の研究が今日まで不足してきた理由として、一般的な（地理上の）困難と共に、次の一点をあげているのが注目される。

「然れども是よりも更に重大な第二の理由は儒家の通弊が先秦の史料として経書のみに絶対の信憑を置くに在って、その諸子百家を異端邪説視する僻見が歴史家に伝染し、また不知不識の間に西洋の東洋研究者に波及して、経書に豊富な材料を看出し得られぬ所の方面に指を染めるに躊躇せしめたことも疑を容れぬ所である。(16)」

その結果、次のように断ぜられた。

「儒家に諸子百家と経書とに対する信憑の懸隔あるのは宗教家が異教に対すると同じく怪むに足らぬが、歴史家がその顰に倣ふのは思はざるの甚だしいものである。(17)」

氏の論述するところ、長文を引いた理由は他に非ず、わが国の倭人伝研究、いわゆる「邪馬台国」研究にとって必須・不可欠なるべき「当伝」の研究が全く等閑視されて今日に至ってきた、その背景をなす源由が右の結語によく語られている、そのように思われたからである。

四

晋書束晳伝にいうごとく、「当伝」の叙述するところは、周の第五代の天子、穆王の天下巡行である。けれども、その中心をなすところ、西王母のもとに至り、歓待せられたのち、帰朝した、その経緯である（「西王母」または「西玉母」問題については、第二篇参照）。

そして巻四には、その行路を、それぞれ方角と里程によって順次記載し、その後、「各行兼数」すなわち総里程が明記されている。

その原文と読み下し文を左にしるそう。

〈原文〉

庚辰天子大朝于宗周之廟乃里西土之数〈注略〉曰自宗周瀍水以西〈注略〉至于河宗之邦陽紆之山三千有四百里自陽紆西至于西夏氏二千又五百里自西夏至于珠余氏及河首千又五百里自河首襄山以西南至于春山珠澤昆侖之丘七百里自春山以西至于赤烏氏春山三百里東北還至于羣玉之山截春山以北〈注略〉自羣玉之山以西至于西王母之邦三千里□。自西王母之邦北至于曠原之野飛鳥之所解其羽〈注略〉千有九百里□。宗周至于西北大曠原〈注略〉一萬四千里乃還東南復至于陽紆七千里還帰于周三千里各行兼数三萬有五千里吉日甲申天子祭于宗周之廟

〔右の文中の「□。」は、原本（古文）における〝脱失部〟もしくは〝難読部〟を表示したもの。〕

〈読み下し〉

庚辰、天子大いに宗周の廟に朝し、西土の数を里す。

曰く、宗周の瀍《てん》水より以て西し、河宗の邦・陽紆の山に至る、三千有四百里。陽紆の西より西夏氏に至る、二千又五百里。西夏より珠余氏に至り河首に及ぶ、千又五百里。河首の襄山より以て西南し、春《しゅう》山の珠澤・昆侖の丘に至る、七百里。春山より以て西し、赤烏氏の春山に至る、三百里。東北、還《また》羣玉の山截・春山以北に至る。羣玉の山より以て西し、西玉母の邦に至る、三千里。（脱略）西王母の邦の北より曠原の野・飛鳥の其の羽を解く所に至る、千有九百里。（脱略）宗周、西北の大曠原に至る、一万四千里。乃ち還《また》東南し、復《ふたた》び陽紆に至る、七千里。還周に帰すること三千里。各行兼数、三万有五千里。吉日、甲申、天子宗周の廟に祭る。

以上の行路記事において、次の二段階に分けて別記されていること、明瞭である。

〈その一〉各別の（方角つき）部分里程。

〈その二〉全体（「各行兼数」）の総里程——三万有五千里。

右の〈その一〉集計及び計算方法は、左の通りである（一三ページ参照）。

〈計算方法〉

〔一〕部分里程の末尾に「還帰于周三千里」とあるのは、「周地」に入ってからの行路であるから、集計から除外してあるもの、と見られる。

〔二〕右の叙述は、次の文型を定形としている。

「AよりBに至る、〜里。」

従って「一つの里程数値」と「次の里程数値」との間に、ただ一個だけ「至る」という動詞形が入るのである。ところが、これに対し、唯一の例外がある。それは⑥と⑦、すなわち「三百里」と「三千里」との間である。

　東北、還羣玉の山截・春山以北に至り、羣玉の山より以て西し、西玉母の邦に至る、三千里。

ここには、明らかに、

〈前半〉東北、還……至る。

〈後半〉羣玉の山より……至る。三千里。

という二種類の行程が記せられている。では、「前半」の部分里程は、いかに。一四ページの図を見ていただきたい。

　この図で明らかなように、この「前半」行程は、先の、

　　河首の襄山より以て西南し、春山の珠澤・昆侖の丘に至る、七百里。

と、

『穆天子伝　巻四』〈集計及び計算方法〉

	①宗周の瀍水より以て西し、河宗の邦・陽紆の山に至る	3400
	②陽紆の西より西夏氏に至る	2500
	③西夏より珠余氏に至り河首に及ぶ	1500
	④河首の襄山より以て西南し、春山の珠澤・昆侖の丘に至る	700
	⑤春山より以て西し、赤烏氏の春山に至り	300
一文節	⑥東北、還羣玉の山截・春山以北に至る	《700》
一文節	⑦羣玉の山より以て西し、西玉母の邦に至る	3000
	⑧（□）西王母の邦の北より曠原の野・飛鳥の其の羽を解く所に至る	1900
	⑨（□）宗周、西北の大曠原に至る	14000
	⑩乃ち還東南し、復び陽紆に至る	7000
	⑪還周に帰すること	（3000）
	⑫各行兼数	35000

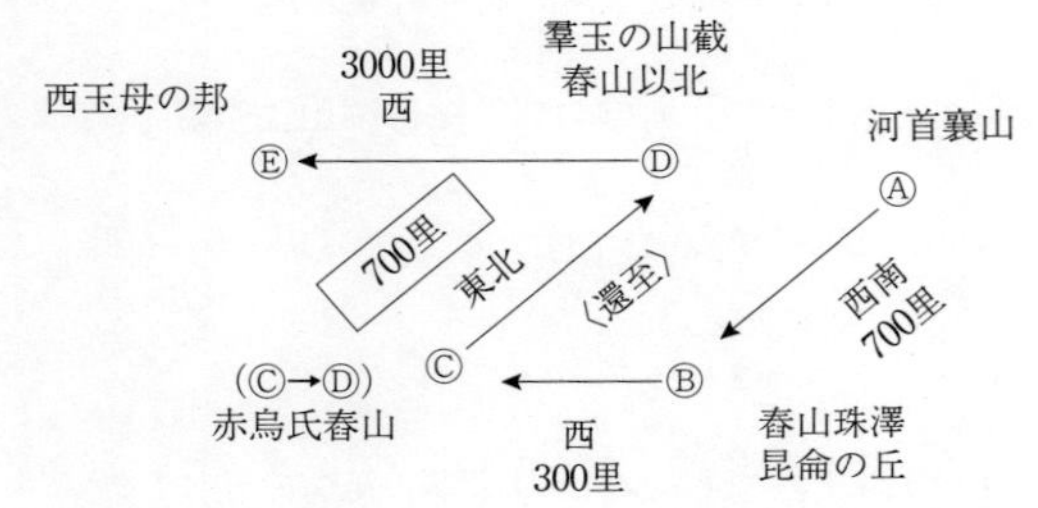

平行読法

〈方向〉逆——西南と東北
〈里程〉同——七百里

という関係にある。すなわち、「平行四辺形の二辺」である。右の地理関係をしめすもの、それが「還至」の二字であった。これを「平行読法」と名づける。

以上の二点に注意すると、文字通り、

「部分里程の総和は、総里程である。」

との公理が貫徹されているのを確認しうるであろう。

五

上のように、原文の叙述関係を理解するとき、そこに見出されるのは、次の二つの叙述上の文体特徴である。

第一、則地叙述法。文面上の数値を単純に合算するのではなく、実地の地形を復元し、それにもとづく〝実地に則した〟合算が必要であること。なぜなら、叙述法そのものが、そのような実地の実地形に則した描写を行なったものだからである。

第二、簡約叙述法。右のような叙述のさい、計算に必要な、すべての数値を、文面に露出させせる。――これが、現代のわれわれの依拠する手法である。しかしながら、中国文（漢文）には、固有の「美学」が存する。

「読者に察知しうるものは、なるべく省約に従うをもって佳となす。」

この立場である。この手法によって、「還至」の二字の当然指示すべき数値、「七百里」が簡約されているのである。

逆にいえば、文面上の「部分里程の数々」と「総里程」を対比するとき、この「簡約数値＝七百里」を発見し、察知すべきこと、およそ必然の道理をなしているのである。

以上のように『穆天子伝、巻四』の行路記事の里程表記について分析しえた今、あの『三国志』中の魏志倭人伝もまた、全く同種同類の叙述法を採択していた事実に刮目せざるをえないであろう。それは次のごとくであった。

〔一〕帯方郡治から邪馬壹国に至る間の行路について、「部分里程の数々（方角と共に）」と共に「総里程」（郡治～女王国間）が記されている（邪馬壹国が「女王の都する所」と書かれているのであるから、これを「女王国」と簡記すること、自然である）。

〔二〕しかしながら、文面上に露出した「部分里程の諸数値」を単純に合算しただけでは、「総里程」になりえない。

〔三〕ところが、叙述上の実地形を復元し、それに則した計算を行なう、という立場に立つとき、冒頭にものべたごとく、

〈対海国〉方四百里――半周、八百里（「余」あり。）

〈一大国〉方三百里――半周、六百里

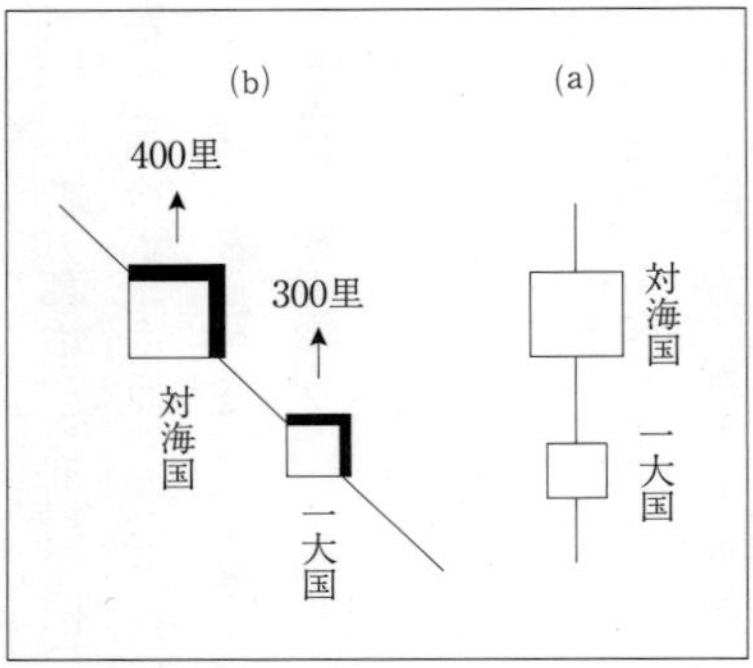

となり、その八百里と六百里を、実地形に則して合算に加えるとき、部分里程の総和は俄然総里程として提示された「一万二千余里」と一致すること、すでに「続・邪馬壹国」及び『「邪馬台国」はなかった』において明記されたごとくである。

倭人伝は、この二個の数値を文面に露呈させず、「方四百余里」「方三百里」の表記と、結論としての総里程「一万二千余里」とを対比すれば、当然〝算出さるべき〟実地形上の数値としてこれを「簡約」したのである。これ、先にのべたごとき、中国文（漢文）構成上の美学によるものであろう。

以上によってみれば、倭人伝における著者陳寿《ちんじゅ》の行路記事叙述法が「当伝」における行路記事叙述法と、全くの同軌同轍を襲うていること、あまりにも明白である。そのゆえはいかに。先にのべたごとく、「当伝」は当の陳寿の時代、発掘され、今文（現在の漢文）に翻訳し、実力者荀勗の序文を付して上梓された。

序古文穆天子伝者太康二年汲縣民不准盗発古塚所得書也（中略）付秘書繕写蔵之中経副在三閣謹序

（序、古文『穆天子伝』は、太康二年、汲県の民、不准〈人名〉古塚を盗発して得る所の書なり。〈中略〉秘書に付して繕写せしめ、之を中経に蔵し、副は三閣に在らしむ。謹序）

というごとくである。この荀勗は太康十年に没している〈晋書荀勗伝〉から、当序文の成立が太康二年（二八一）から太康十年（二八九）の間の九年内にあったこと、当然である。そして『三国志』の著者、陳寿は元康七年（二九七）の没であるから、右の九年間が彼の生存時に当っていたこと、疑う余地がない。そして『穆天子伝』の上梓が、もとより一私人の一私挙に非ず、西晋朝の朝堂を背景にした、一大盛儀、すなわち公事に属したこと、晋書の荀勗伝に、

及得汲郡冢中古文竹書、詔勖撰次之、以為中経、列在秘書。

（汲郡の冢中の古文竹書を得るに及び、勖〈荀勗〉に詔して之を撰次せしむ。以て中経と為す。列して秘書に在り。）

と明記されたところ、また先述の著書束皙伝によってみても、明々白々である。よって、これを西晋朝、朝廷内の史官たる陳寿が聞知していなかったことなど、万に一つもありうべき事態ではない、といえよう。

然りとすれば、すなわち、右に指摘した『穆天子伝』と倭人伝との間の行路里程記事、叙述上の一致は到底これを〝偶然の一致〟視すること、全く不可能というほかないであろう。すなわち、必然の一致である。

換言すれば、陳寿は『穆天子伝』の行路里程記事を先範とし、これを襲用したのである。少なくとも、昨日の『穆天子伝』の上梓に次いで、今日の『三国志』に接した、西晋朝の朝堂人の眼に、そのように映じたこと、この一事をわたしは、ついに疑いえないのである。

六

「当伝」に対し、積年の努力を傾注した小川琢治氏は、巻四の行路里程記事に対し、先ず次のような「第一次改定」をほどこした。

㈠自宗周瀍水以西、至于河宗之邦陽紆之山、三千有四百里、
㈡自陽紆西至于西夏氏、二千又五百里、
㈢自西夏至于珠余氏及河首、千又五百里、
㈣自河首襄山以西南、至于春山珠澤昆侖之丘、七百里、
㈤自春山以西、至于赤烏氏春山、〔千〕二百里、
㈥東北還至于羣玉之山、截春山以北、自羣玉之山以西、至于王母之邦、三千里、
㈦自西王母之邦、北至于曠原之野飛鳥之所解其羽、千有九百里、
㈧亘宗周至于西北大曠原、万四千里、乃還東南、復至于陽紆、七千里、
㈨還帰于周三千里、
　各行兼数三万有五千里、

右の表示したところに対し、氏は次のようにのべた。

「右に挙げた箇々の道里とその総計とは一見すれば齟齬し、若し挙げたものを尽くを加ふれば三万七千三百里となるも、第八の宗周から大曠原に至る万四千里なる里数は明かに往路里数の通計であるから、之を除けば二万四千三百里となる。今按ずるに三万有五千里といふ総里数の三の字は二の字の誤なることは略ぼ明かである。この誤謬の起った理由は伝抄者が誤って一万四千里の往路合計の里数を加算して総数の頭字が三万となるを見て臆改したと想はれる。次に此の往路合計里数そのものが一万三千三百里であるのに、之を一万四千里と見積るのは四捨五入した概数として過大に失する。第五の春山の三百里といふ距離は我々の追跡し得た甘粛省涼州の南から粛州以西までの実地に比して里数過小で、日数から推して亦た千の字が脱してゐることは殆んど疑を容れぬ。[18]」

このようにのべたあと、さらに一段と改定をすすめた「改定本文」の読み下しを、左のようにしめした。

「故に我々は左の如く訂正する。

㈠洛陽より河宗の邦陽紆山まで　三、四〇〇里
㈡陽紆山より西夏氏まで　二、五〇〇里
㈢西夏より河首まで　一、五〇〇里
㈣河首襄山より昆侖の丘まで　七〇〇里
㈤昆侖の丘より赤烏氏まで　一、三〇〇里
㈥赤烏氏より迂回して西王母の邦に至るまで　三、〇〇〇里
㈦西王母の邦より曠原の野に至るまで　一、九〇〇里
（小計一四、三〇〇里）
㈧曠原の野より陽紆に還るまで　七、〇〇〇里
㈨宗周に還るまで　三、四〇〇里
総　計　二四、七〇〇里

之を換言すれば本文に挙げた往路里数一万四千里はその小計の三百を切り捨て、又た帰路に於ても三千四百里の百以下を切り捨てゝ置いて、総計に於て七百里を繰り上げた為めに加へ合せた数字の齟齬する結果を来したものと認められる。」

以上の、氏の立論を率直に批評しよう。

第一、所与の原文（西晋朝の今文）を、自家の判断に従って随所に「改文」しているのは、恣意的で

ある。なぜなら、氏の「比定地点」は、いわば〝後代の論者の一試案〟たるにすぎぬ。しかるに、その帰結に〝合わせ〟て原文を変改するとしたら、その「比定方法」は客観性を失う。すなわち主観的判断による主観的改定といわざるをえぬ。なぜなら、小川氏これを行なうとき、他の諸家もまた、〝自家の都合〟によって、各自好むがごとき「原文改変」を行なうであろうから。これ、「邪馬台国」論争の研究史上、あまりにも氾濫しすぎた現象、これと同轍を踏むこと、およそ夜中に火を見るより明らかであろう。

第二、途中の「万四千里」をもって、「小計」と見なすこともまた、氏の恣意に属する。しかも、「改定本文」では、その「小計」が「一万四千三百里」となり、その「三百里」を〝切り捨てた〟と解するなど、あまりにも苦肉の弁に過ぎるのではあるまいか。

第三、逆に、総計では「二万四千七百里」となり、今度は「七百里」を〝切り上げた〟と見なした上、原文の「三万」を「二万」のあやまり、と見なすなど、失礼ながらわたしの目には〝常軌を逸した処理法〟としか見えないのである。ここまで原文に〝手を加える〟なら、もはや計算が〝合う〟も、〝合わぬ〟も、およそ無意味の仕業と化するのではあるまいか。

わたしは小川氏の研究姿勢の真摯なるを信ずる。ことに「当伝」に向けられた厖大な努力の集積、それを研究史上の先人として深く敬愛する。

しかしながら、それ故にこそ、氏の方法論上の立場、その実際的処理法の妥当でなかったことを、一段と深く惜しみたいと思う。

以上によって、わたしは確認した。それは次の諸点である。

第一『三国志』の著者、陳寿は、彼の在任当時（西晋朝の史官）発掘され、今文に翻訳されて上梓された「当伝」をもって、その『三国志』執筆の先範としていた。

第二、ことに、その巻四の「穆王の西域行」の行路里程表記法の影響下に、倭人伝の行路里程表記を行なったこと、その事実が認められた。

第三、その叙述法は、ともに「則地叙述法」及び「簡約叙述法」に従っていた。

第四、その結果、両者ともに一致して「部分里程の総和は、総里程。」という常軌の鉄則に従っていたことが判明する。

第五、従って倭人伝においては、部分里程の最終表記地点であることの明白な、不弥国の位置する地点（博多湾岸）こそ「邪馬壹国（女王の都する所）の玄関」と見なした、わたしの二十年来提唱してきた見地がやはり正当だった。すなわち、「博多湾岸とその周辺部」(19)が、問題の邪馬壹国の所在地だったのである。

七

あとがき

従来の「邪馬台国」研究史上、さまざまの立論がなされてきた。そのさい、諸家必ずしも「行路里程記事」について議論せず、卒爾として〝自家の邪馬台国〟を語るものも、少なしとしなかったのである。ことに、考古学者などの場合、この記事のいかんに頓着せず、直ちに「邪馬台国」の所在を論ずる者、むしろ通例だったのである。これ、その「専門」上、止むをえぬところと見えるかもしれぬ。

しかし、精思すれば判明するように、これはことの道理に反している。なぜなら、倭人伝中に実在するのは、「行路里程記事つきの中心国（邪馬壹国、いわゆる「邪馬台国」）」であって、決して「同記事抜きの中心国」ではない。しかるに、あたかも「後者」が倭人伝中の中心国の姿であるかのように、「同記事抜き」で、ただ「邪馬台国」という国名のみ抜き出して、処理しようとするのは不当である。

もちろん、弥生時代の日本列島において、Ａ（九州）・Ｂ（近畿）等、各地における〝中心領域〟を指摘すること、考古学者たちの任務であること、言うまでもない。

しかし、この弥生期日本列島中のいずれの地が、倭人伝内の中心国か、という比定作業にうつるさいは、必ず「行路里程記事つきの中心国」でなければならず、決して「右抜きの中心国」ではない。すなわち、倭人伝内の中心国をとりあげるさい、肝心の「行路里程記事」を切り捨てて中心国名だけを抜き出して使用する、そのような権利は誰人にも存在しないのである。

以上のように考えてくれば、本稿のしめした帰結は、考古学・文献学・民俗学等のいずれにおいても、倭人伝内の中心国名にふれようとする限り、万人に回避しえぬテーマであることが判明しよう。それはわが国の歴史学の新たな出発点となるであろう。

註

（1）邪馬壹国（女王の都する所）。

(2)『多元的古代の成立（上）――邪馬壹国の方法』（駸々堂刊）所収。

(3) 朝日新聞社刊（角川文庫所収）。

(4) 右著参照。

(5) のちに先行者の存在を知った。津堅房明・房弘氏「邪馬台国への道――その地理的考察――上・下」（『歴史地理』91―3・4、昭和四十一年）である。右著の第四章末参照。

(6) 帯方郡の官僚。

(7) 中国古代の算法。一定の面積を、それの内接する正方形（「方」）の一辺によってしめす手法。「方法」という。

(8) 周代の天文・算術の書。漢末に編成か。

(9) 伊都国を糸島郡の地（伊都神社近辺か）と見なす限り、不弥国はその東百里の地であるから、博多湾岸の西辺となる（奴国を「傍線行程」とする。もしこれを「主線行程」に入れたとしても、東南百里であるから、不弥国はやはり博多湾岸を出ることはない）。

(10) 陳寿の庇護者、張華の政敵であった。「〈評伝〉陳寿伝」（『古代史を疑う』駸々堂刊、所収）参照。

(11) 昭和二年（夏暇約十旬間）『狩野博士還暦紀年論集』所収。のちに小川著『支那歴史地理研究、続集』に収録。

(12) 昭和三年、弘文堂書房。

(13) 昭和四年、同右。

(14) 註(12)書、第二篇、周穆王の西征、一、緒言。

(15) 註(12)書、第二篇、二、史料としての性質。

(16) 註(12)書、第一篇、北支那の先秦蕃族、一、緒言。

(17) 同右。

(18) 註(12)書、第二篇、十二、地名の考証（一、道里、南鄭、宗周）。

(19)『「邪馬台国」はなかった』参照。

第二篇　歴史学における根本基準の転換について——『穆天子伝』の再発見Ⅱ

〈解題〉『穆天子伝』のもつ学問的意義は、重かつ大である。ただ〝里程記事の先範〟〝倭人伝研究のための新しい鍵〟といった点にとどまるものではない。

史記・漢書・三国志といった、中国の「正史」が、〝中国の天子の至上性〟という、一種の中華思想によって「歪曲」させられていたのではないか。従来の、歴史の根本の基準尺に対する疑い。——それが提起されることとなったのである。

（未発表）

一

前稿（第一篇「部分と全体の論理」）でのべたごとく、『穆天子伝《ぼくてんしでん》』（「当伝」以下この表記に従う）は『三国志』の倭人伝研究上、不可避の前提をなす「先範史料」であった。

この点のみでも、「当伝」の史料価値は絶大であるけれども、実は「当伝」のもつ価値はそのような、単に国内史（日本）に対しての意義にとどまらず、さらに全中国研究、ないし東アジア研究史上、画期的な意義をもつ史料だったのである。本稿では、それについてのべたいと思う。

二

「当伝」は周の第五代の天子、穆王が一大巡行を行なったこと、ことに西方なる西王母の邦に至り、この女王に対して貢献を行なったことを明記している。

吉日甲子、天子賓于西王母。乃執白圭玄璧以見西王母。好獻錦組百純鋙組三百純。西王母再拝受之。

（吉日甲子、天子西王母に賓せらる。乃ち白圭・玄璧を執り、以て西王母に見ゆ。好く錦組百純・鋙組三百純を献ず。西王母再拝して之を受く。）

中国の史書において〝上位者から下位者へ物を贈る行為〟を「賜（給）」と称し、逆に〝下位者から上位者へ物を贈る行為〟を「獻（献）」と称していること、周知のところである。

たとえば、

皆随二漢使一、獻二見天子一。〈史記、大宛列伝〉

又特賜二汝（卑弥呼）紺地句文錦三匹・細班華罽五張・白絹五十匹……鉛丹各五十斤一。〈三国志、倭人伝〉

のごとくである。

これによって見れば、右の文では、

西王母——上位者

穆王——下位者

の関係で構文されていること、これを疑うことができないのである。

この点、実は「当伝」中に頻出する「獻」「賜」の他の用例によってみても、通軌に従って他奇はない。(1)

赤烏之人兀獻好女于天子　〈巻二〉

（赤烏の人兀〈国名か〉、好女を天子に獻ず。）

辛巳入于曹奴之人戯觴天子于洋水之上。乃獻食馬九百牛羊七千穄米百車天子使逢固受之。天子乃賜、曹奴之人戯（脱文）黄金之鹿銀（脱文）貝帯四十珠四百裹戯乃膜拝而受。〈巻二〉

（辛巳、曹奴の人戯〈国名か〉に入る。天子を洋水の上に觴す。乃ち食馬九百・牛羊七千・穄米百車を獻ず。天子、逢固〈人名か〉をして之を受けしむ。天子、乃ち曹奴の人戯〈脱文〉に黄金の鹿、銀〈脱文〉貝帯四十・珠四百裹を賜う。戯、乃ち膜拝して受く。）

いずれも、「外辺の王者──▶天子」を「獻（献）」、「天子──▶外辺の王者」を「賜」と表記しているのである。

さらに、「好献」の表記も、出現している。

甲戌巨蒐之⿱㸚离奴觴天子于焚留之山乃獻馬三百牛羊五千秋麦千車、膜稷三十車、天子使栢夭受之好獻枝斯之石四十、𤣩鎦㻘𨥍珌佩百隻琅玕四十䳲𤣩十篋、天子使造文受之〈脱文〉乃賜之銀木𧱒采黄金之罌二九貝帯四十朱三百裏桂薑百𡹤⿱㸚离奴乃膜拝而受〈巻四〉

（甲戌、巨蒐の⿱㸚离奴、天子を焚留の山に觴す。乃ち馬三百・牛羊五千・秋麦千車・膜稷三十車を献ず。天子、栢夭〈人名か〉をして之を受けしむ。好く枝斯の石四十・𤣩鎦・㻘𨥍・珌佩百隻・琅玕四十・䳲𤣩十篋を献ず。天子、造文〈人名か〉をして之を受けしむ。〈脱文〉乃ち之に銀木・𧱒采・黄金の罌二九、貝帯四十・朱三百裏・桂薑百𡹤を賜う。⿱㸚离奴、乃ち膜拝して受く。）

ここでは明白に「好献」の表現が「巨蒐の⿱㸚离奴（下位）→天子（上位）」間に用いられている。従って当節の冒頭に挙げた「好献」の表現もまた「天子（下位）→西王母（上位）」の関係をしめしていること、わたしにはこれを疑うことが不可能である。

三

このような両者の「上下関係」がしめされているのは、右の「献」問題だけではない。

嘉命不遷、我惟帝、天子大命……〈巻三〉

（嘉命遷《うつ》〈遷か〉らず、我は惟《こ》れ帝。天子大命……）

の一節について考えてみよう。

ここは、西王母と穆王が相見し、先に挙げた「錦組百純・䋤組三百純」を穆王から「好献」した文章につづくところである。西王母がこれを「再拝」して受け取ったあと、両者の交流が掲載されている。

西王母為天子謡曰「白雲在天山陎、自出道里悠遠山川間之、将子無死、尚能復来。」

天子答之曰「予帰東土和治諸夏万民平均吾顧見汝、比及三年将復而野。」

（西王母、天子の為に謡《うた》ひて曰く「白雲は天山の陎《おか》〈陵か〉に在り、自《おのずか》ら出でて道里悠遠。山川間《まじわ》る。子に死無からんことを将《ねが》ひ、尚《なほ》能く復《また》来らんことを。」と。

天子、之に答えて曰く「予、東土に帰し、諸夏を和治せん。万民平均せば、吾、汝を顧見せん。三年に及ぶ比《ころほひ》、復《ふたたび》して野せんことを将《ねが》う。」と。）

右のような会話のあと、

天子遂駆升于弇山、乃紀丌跡于弇山之石。而樹之槐眉曰「西王母之山」。

（天子、遂に駆して弇山《えんざん》に升り、乃ち丌跡《きせき》を弇山の石に紀す。而して之を槐《かい》に樹て眉して曰く「西王母の山」と。）

と、穆王の事跡がのべられる。それに次いで、問題の一節が現われる。

西王母之山還帰丌𦧡世民作憂以吟曰比徂西土、爰居其野虎豹為羣於鵲与処。嘉命不遷、我惟帝、天子大命而不可称顧世民之恩流涕芔隕吹笙鼓簧、中心翔翔、世民之子唯天之望。

（〈試読〉西王母の山。丌𦧡《きご》〈𥎊か〉に還帰し、世民憂いを作《な》す。以て吟じて曰く「西土に徂《ゆ》く比《ころほひ》、爰《ここ》に其の野に居る。虎豹羣を為し、於鵲処を与《とも》にす。嘉命遷《うつ》〈遷か〉らず、我は惟《こ》れ、帝。」と。天子大命。而して称顧す可からず。世民の恩、流涕芔隕、笙を吹き簧を鼓す。中心翔翔、世民の子、唯天の望みなり。）

通意するところ、必ずしも十分に明断とは言いがたいけれど、問題の一句、

「我惟帝」

が、西王母自身の「自称の句」であることは疑いがたいようである。この点、『四部備要』史部の『穆天子伝』では、

西王母又為天子吟、曰徂彼西土、爰居其野、虎豹為羣於鵲与処、嘉命不遷、我惟帝女。

（西王母、又天子の為に吟ず、曰く「彼の西土に徂く、爰に其の野に居る。虎豹羣を為し、於鵲処を与にす。嘉命遷らず、我は惟《こ》れ帝女。」と。）

とある点からも、この「我」が西王母自身を指すことは疑いないであろう。

なお、この一句を『太平御覧』九百二十一では、

惟我惟女

（惟《おも》ふに、我は惟《こ》れ女。）

としているのは、

（上位者）西王母（＝帝）

（下位者）穆天子

という位取りを避けんがための「原文改定」であろう。

これに対し、本稿の冒頭から依拠した『四部叢刊』子部では、晋郭璞註において、この一句に対し、

帝、天帝也

と註記している。すなわち、

西王母＝天帝（主）

穆天子＝天子（従）

の関係であることを率直にしるしているのである。

四

この点、さらに興味深いのは、「当伝」冒頭の巻一に現われる「帝」である。

戊寅天子西征鶩行至于陽紆之山、河伯無夷之所都居、是惟河宗氏、河宗伯夭逆天子燕然之山、労用束帛加璧、（中略）天子授河宗璧河宗伯夭受璧西向沉璧于河、再拝稽首、祝沉牛馬豕羊河宗（欠文）命于皇天子、河伯号之、帝曰穆満、女当永致用旹事、南向再拝、河宗又号之帝曰穆満示女春山之珤、詔女昆侖（欠文）舎四平泉七十、乃至於崑崙之丘以観春山之珤

（戊寅、天子西のかた鶩《ぼく》〈地名か〉に征き、行きて陽紆の山に至る。河伯の無夷〈種族名か〉の都居する所、是れ惟《おも》うに河宗氏ならん。河宗の伯夭〈人名か〉、天子を燕然の山に逆《むか》え、労するに束帛を用い璧を加う。〈中略〉天子、河宗に璧を授く。河宗の伯夭、璧を受け、西のかたに向ひて河に璧を沉《しず》む。再拝稽首し、祝して牛馬豕〈＝豚〉羊を沉む。河宗〈欠文〉皇天子に命じ、河伯号《さけ》ぶ〈「之」は終尾辞〉「帝曰く『穆満〈「満」は穆天子の名〉よ、女〈＝汝〉は当に永く旹〈＝時〉事を用うるを致すべし。』」と。〈穆天子〉南向して再拝す。河宗又号ぶ。「帝曰く『穆満よ、女に春山《しょうざん》〈太陽が没する所〉の珤《よう》〈美しい玉〉を示さん。女に詔して昆侖〈欠文〉舎四・平泉七十。乃至《ないし》崑崙の丘に於て、以て春山の珤を観せしめん。』」と。）

右は、穆天子が、西王母の邦に入る前に、河宗氏の伯夭から「郊迎」をうけたことをしめしているようである。その例をしめそう。

A管子を郊迎す。〈管子、小匡〉
B鮑叔牙、郊迎す。〈列子、力命〉
C郊迎三十里。〈戦国策、秦策〉
D蜀に至るに、太守以下郊迎す。県令弩矢を負い前駆す。〈漢書、司馬相如伝〉

〔注〕師古曰く、郊界之上に迎うるなり。

E関を開きて郊迎するは何ぞや。〈後漢書、鄭興伝〉

この「郊迎」とは、郊外へ出て迎える、の意であり、他国から来る賓客を都のまちはずれまで出迎えて敬意を示すこと、である（古田『失われた九州王朝』第一章「郊迎の地」参照）。

ここでも、西王母の邦を訪問せんとする穆天子に対して、河宗の伯夭（河伯）が出迎えている。そして璧を河に沈めた（儀式の）あと、彼が号ぶのは、「帝の言」である。すなわち、彼は「帝の使者」ないし「帝の代理人」として、「帝の言」を穆天子に伝えているのである。そしてその「帝」は穆天子に対し、「穆満」という実名をもって呼んでいる。この「帝」と穆天子との間の身分関係は明らかに前者が主、後者が従なのである。

では、この「帝」とは誰人か。当然その答えは一つ。「西王母」その人しかない。なぜなら、もしこれを他者（たとえば、天上、たとえば河底の神霊のごとき）として解すれば、あとにつづく巻三で、西王母の言として出現する、

「我惟帝。」

という「帝」と、二つの、別々の「帝」が一連の文面（巻一〜三）の間に出現することとなり、「当伝」の全体が支離滅裂とならざるをえないからである。

しかも、右の文中の、

「皇天子に命じ」

の意味するところも、重大である。この「皇」に対し、晋郭璞註で、

加皇者尊上之

（皇を加うるは之を尊上す。）

と、のべているように、「皇天子」は「天子」と同意のようである。ところが、

「〈欠文〉命于皇天子」

という構文は、〝命をうけた者〟が「皇天子」その人であることをしめす以外の可能性なきことをしめしている。「命令者」は、主格が欠文部に当るため、直接には不明であるけれど、前後関係、いいかえれば全体の構文から見れば、その「命令者」が「帝」その人以外にないことは、明白であろう。

すなわち、

「帝＝西王母」――主

「穆天子」――従

という身分関係の存在することは疑いえず、冒頭にしめした「好獻」の文面が偶然ではなかったこと、すなわち「当伝」全体の思想的骨骼そのものの表現であったことが判明するのである。

五

中国の正史（二十四史ないし二十六史）[2]全体を通じて、その思想的骨骼の主柱は、次の一点にあった。

——「中国の天子は、常に地上で最高の存在である」との概念である。その例をあげよう。

Ⓐ六合之内、皇帝之土。西渉流沙、南尽北戸。東有東海、北過大夏。人迹所至、無不臣者。〈史記、秦始皇本紀第六〉

〈六合の内、皇帝の土。西は流沙に渉《わた》り、南は北戸に尽く。東は東海有り、北は大夏に過ぐ。人迹の至る所、臣ならざる者無し。〉

Ⓑ天始以宝鼎神策授皇帝〈史記、封禅書第六〉

〈天始めて宝鼎、神策を以て皇帝に授く。〉

Ⓒ渉禹之迹、方行天下、至于海外、罔有不服。〈宋書、本紀第二、武帝中〉

〈禹の迹に渉り、方《まさ》に天下を行い、海外に至るまで、服せざること有る罔《な》し。〉

Ⓓ為人君者父天母地子民。〈明史、太祖三〉

〈人君たる者、天を父とし、地を母とし、民を子とす。〉

史記より明・清史に至るまで、この根本の大義名分は全く変ずる日とてなかった。とすれば、この『穆天子伝』のごとき立場の記述を「造作」し、「流布」すべき精神環境は、わたしたちの知る限り、全中国史上に存在しなかった。わたしはこの一事を疑うことができないのである。

これに対して、ありうるのは、逆の事態のみである。すなわち、この「当伝」のしめすところが史実であり、「正史」にはこれをうけ入れることができなかった、という事態だ。

その理由は他に非ず。「正史」にとって〝守る〟べき一事、それは右の概念であり、この史実は右の概念と表裏相反し、両者共に天をいただくをえぬ背反・矛盾だったからである。

史記・漢書といった「正史」は、漢朝の正規の史書である。その漢朝は「儒教」を国教とした。そして「儒教」の根本が「中華思想」にあったこと、周知のところ。それは、たとえば論語の、子曰く「夷狄の君あるは、諸夏（＝中国）の亡きに如《し》かざるなり。」〈八佾《はちいつ》第三〉（先生がいわれた、「夷狄《いてき》で君主のあるのは、中国で君主のいないのにも及ばない。」〈中国の文化の伝統はやはりすぐれている。〉）〈岩波文庫、論語、金谷治訳注〉

といった文面からもうかがえよう。

それゆえ、この「大義名分のわく」の中で作られた「正史」たる史記や漢書には、この『穆天子伝』の記述を史実としてうけ入れることは、根本的に不可能だったのである。

六

司馬遷の史記は、穆王に関して次のように記している。

穆王将《まさ》に犬戎を征せんとす。祭公謀父（人名）諫めて曰く『不可なり。先王、徳を燿《かがや》かせ、兵を観ず。（後略）』と。王遂に征く。四白狼・四白鹿を得、以て帰る。是れより荒服の者（西域の種族を指す）、至らず。〈周本紀〉

右の大意は次のようである。

〝穆王は戦いを好み、西域の種族（犬戎）を征伐しようとした。賢臣（祭公謀父）が先王の先例を引いてこれを止めさせようとした（右の「後略」部には、「先王の制」にもとづく、多くの先例が引かれている）。けれども穆王はこの諫言を聞き入れず、征伐に出発した。しかしその結果、たった四匹の白い狼と四匹の白い鹿を得て帰っただけだった。しかもこれ以来、西域の人々は中国にやって来ないようになった。〟

この一節が、司馬遷が穆王に関してのべている全文である。すなわち、史記における穆王とは、〝好戦的な王にして軍事・外交上の失敗者にすぎぬ人物〟——史記はそのようなイメージを「史実」と主張しているようである。これは果たして真実をのべたものなのであろうか。

しかし、この文面自体の中に、一個の不審がある。穆王は大軍をひきいて西域方面に向かい、たった八匹の白い獣（狼と鹿）だけを得て帰った、という。こんなことがありうるだろうか。それは「遠征軍の軍事的収穫」として、あまりにもアンバランスではあるまいか。むしろ、「西域の権力者からの贈与物」としてふさわしい存在、そのように見なすことは果たして不当だろうか。もしそうとすれば、最後の、

是れより荒服する者、至らず。

という帰結と矛盾する。この文章には、何か〝不協和なもの〟〝相矛盾するもの〟がひそめられている。なぜか。

この一節の「構文」は、司馬遷の創意ではない。「左丘明作」と伝えられる(3)『国語』の文面からの、ほぼ〝全面的借文〟である。(4)この「借文」によって、司馬遷は読者に対し、何を伝えたかったのか。それは、〝穆王が西域の王者と平和裏に交渉し、歓待された〟という史実の暗示だったのではあるまいか。その暗示を、文章の表面の「穆王悪者説」「穆王失敗者説」の背後で、司馬遷は読者へと伝えたかったのかもしれぬ。

「儒教」の国家、漢王朝、「中華思想」の国家の「正史」の史家として、表面に描けなかったところ、その一事を司馬遷は、この「矛盾した文面」の存在を通して、後代の読者に対して「暗示」したかった

のではあるまいか。わたしにはそのように疑われる。

七

春秋左氏伝に左の一節がある。

対曰臣嘗問焉昔穆王欲肆其心、周行天下将皆必有車轍馬跡焉祭公謀父作祈招之詩以止王心、王是以獲没於祇宮。〈中略〉

仲尼曰古也有志克巳復礼仁也信善哉楚霊王者能如是豈其辱於乾谿。〈昭公十二年〉

〈右尹《うい》の子革《ん》〉対《こた》えて曰く「臣嘗《かつ》て焉《こ》れを問う。『昔穆王、其の心を肆《ほしいまま》にし、天下に周行し、将《まさ》に皆必ず車轍・馬跡有らんと欲す。祭公謀父〈人名〉、「祈招」の詩を作りて以て王の心を止《とど》む。王、是《ここ》を以て祇宮〈穆王の宮殿名〉に没するを獲《う》。〈中略〉

仲尼曰く「古や、『志有りて巳〈己か〉に克ち、礼に復するは仁なり。』と。信《まこと》に善いかな。楚の霊王は、能く是の如《かく》くば、豈其の乾谿〈地名〉に辱《はずか》しめられんや。」と。〉

右は、楚の霊王と右尹の子革〈鄭丹〉との問答中、子革の言葉に対して、孔子〈仲尼〉がこれに批評を行なったものである。

霊王が、左史の倚相《いしょう》〈史官〉を賞めたところ、子革が彼との会話経験を紹介し、倚相がそれほどの〝物知り〟でなかった、と弁じた一節なのである。その会話が、今問題の「穆王の事跡」に関することだった。賢臣の祭公謀父が穆王をいさめるために作ったという「祈招」の詩について、倚相は何も知らなかった、というのである。右の「中略」部に、その詩が紹介されている。

祈招之愔愔式昭音
思我王風度式如玉式如金
形民之力而無酔飽之心
（祈招《きしょう》の安らぎ、徳音昭《あき》らかなり。
我が王の風度は、玉の如く金の如し。
民の力を重んじて、飲食に溺るる心なし。）

〈岩波文庫『春秋左氏伝』下、一四六ページ、小倉芳彦訳による。〉

このような経緯にもかかわらず、霊王は結局自分を抑制できず、変事（乾谿の変）に会うことになった、というのである。

このような状況をしめす一連の話に対して、孔子が批評したのが、右の末尾の一節である。従って孔子は、「穆王の事跡」や穆王を諌めた「祈招の詩」を知った上で、右の評言を行なっていることとなろう。

司馬遷が「左丘明作」とされた『国語』の一節を「借文」して自家の文を構文したとき、当時（漢代）の読者が右の左氏伝の一節を想起すべきを十分〝予期〟していたのではあるまいか。すなわち「穆王の事跡に対する否定的見解」が孔子の、ひいては儒教の立場である、ということを百も承知。司馬遷は当時の読者に対して、そのように「公示」していたのである。

八

人々は司馬遷を称揚した。東アジア最大の史家として絶讃した。その史記をもって人類の至宝と見なした。わたしも、それに異議は全くない。

ないけれど、反面、その一点から「巨大な偽妄」の発生した一事を指摘せざるをえない。それは何か。

いわく、「史記などの『正史』にある記事をもって、史実としての信憑性あり、と見なし、逆に、そこになき記事をもって、信憑性なし、とする立場」である。この基準尺の発生である。

一見、妥当であるかに見えるこの立場は、その実、〝いわゆる「王朝の正史」が、その王朝擁護の、あるいはその王朝の依拠するイデオロギーによる「掣肘《せいちゅう》」下にある〟、この自明の道理を「無視」ないし「軽視」させることとなったのである。

従って中国の「正史」の場合、「中国の天子を至高とする立場」すなわち「中華思想」に相反する史実は、すべて除去されている。——この一点の認識から、近代の歴史学は出発せねばならぬ。これが「『穆天子伝』の論証」の帰結である。

九

中国の天子が「玉璽」を用いたこと、著名である。

冠二通天一、佩二玉璽一。〈張衡、東京賦〉

〈注〉綜曰、玉璽、天子印也。

令二子嬰齋一、当三廟見受二玉璽一。〈史記、秦始皇紀〉

けれども、なぜ、中国の歴代の天子がその公印として「玉印」を必要としたか。必ずしも、その由縁は明らかではなかった。

ところが、今問題の『穆天子伝』では、西王母は「西玉母」とも記せられている。

自羣玉之山以西至于西玉母之邦三千里。〈巻四、二十二〉

「母」は〝女性の歴代の権力者に対する尊称〟であるから、この女性の王者は「西玉の国の王者」、すなわち〝崑侖の丘の西にある「玉の国」の王者〟であることをしめす称呼であろう。

これに対し、周室が本来、西域の入口に蟠踞《ばんきょ》しており、周辺の種族（鮮卑等）の圧迫に耐えかねて殷朝に亡命を求めたこと、著名である。殷朝は、その亡命を認め、西安（鎬京・長安）の地にこれを住せしめた。そのあと、周の武王が「革命」をおこし、殷朝の天子、紂王を斃したのである（たとえば、貝塚茂樹著『中国の歴史』上、参照）。

「当伝」でも、穆王西行の最初の目的は「周室の宗廟」に詣でることにあった。この行為は、歴史上の事実とよく合致しているのである。

こうしてみれば、周室が西域（崑侖の丘以西）の歴世の王者、西玉母に対し、「臣下の礼」をとったこと、またその「天子の印」が他ならぬ「玉璽」であったこと、いずれも何等意外ではなかった。

すなわち、周室の「天子の権威」は、西域の入口の玉の名産地、その「西玉国の王者の歴世の権威」に淵源し、依拠するものだったのである。

十

孔子は言った。

「子張問う、『十世知るべきや。』子の曰く『殷は夏の礼に因る、損益する所知るべきなり。周は殷の礼に因る、損益する所知るべきなり。其れ或いは周を継ぐ者は、百世と雖も知るべきなり』と。」〈為政第二〉

ここには、「夏――殷――周」という「礼の継続」が主張されている。「中華中心の大義名分主義」が一個のイデオロギーとして展開されている。しかしそれは、歴史事実ではない。それにハッキリと相反している。なぜなら、史実は、前項にのべたところにあったからである。

だが、孔子は、そのような史実に反して、右の「中華思想」を宣明した。それは孔子の思想の中核、そして「儒教の骨髄」となった。だからこそ、その儒教を「国教」とした漢朝の正史たる史記や漢書は、『穆天子伝』のしめす史実から背を向け、これを史実に非ず、として除去してきたのであった。

十一

以上は、いわゆる「中国の正史」のもつ本質を、「当伝」によって立証したのであるけれども、事の本質上、この一事に限らざること、容易に察せられるところであろう。その事例の一、二にふれておこう。

十年、帝禹東巡狩、至于会稽而崩。（中略）（太史公曰）或言禹会諸侯江南、計功而崩、因葬焉、命曰会稽。会稽者、会計也。〈夏本紀第二〉

（十年、帝禹、東に巡狩し、会稽に至りて崩ず。〈中略〉〈太史公曰く〉或は言う「禹は諸侯を江南に会し、計功して崩じ、因りて葬る。命じて会稽と曰《い》う。」と。会稽は会計なり。）

右は、夏王朝の始祖、禹の業績として著名である。この江南の地、会稽山の故地がなぜ、中国歴代王朝始源の地ともいうべき、諸侯集合の地となったのか、その理由は一切明らかにされていない。この点、史記全体を通読・精視しても、一切書かれていない。禹自身、黄河流域の出身とされているだけに、不審である。

けれども、この一点を明らかにしたもの、それは会稽山麓、河姆渡《かぼと》遺跡(5)の発掘である。ここには、BC四六〇〇以降、いわば「夏王朝前」の新石器・土器文明が華麗に展開されていた。その一大文明の中枢地帯に当っていたことを証明したのである。

それゆえ、金属文明たる「夏王朝以降」の中国古代文明は、この「前金属器文明の故地」に対する〝征服・支配〟の上に成立していたのである。してみると、史記がこの江南の地を「夏王朝の諸侯集合の地」としていたのは、決して偶然ではなかったのである。

しかるに、史記はこのような「前金属器の新石器・土器文明」について、何の語るところもない。なぜか。

思うに、史記が、孔子の宣明したイデオロギーたる、

夏――殷――周

の伝統を「大義名分の主柱」としたため、それ以外の文明、しかも先進文明について「語る」ことを欲しなかった、あるいは「許され」なかったからではあるまいか。

その代り、司馬遷は、「太史公曰く」の形式を借りて、禹がこの地（江南、会稽山）をえらんだことの、決して偶然でないこと、その一事を後代の読者のために「暗示」せんと欲したのかもしれぬ。

この河姆渡遺跡は、「石玦《せきけつ》（玦状耳飾り）文明」として、中国海（いわゆる東シナ海をふくむ）をはさんで、日本列島（九州から北海道まで）と両岸同一性格の文明として継続し、存在していたのであった。

十二

初期の中国古典には、日本列島側との交流を語る、とおぼしき記事が点綴《てんてつ》している。

①分命羲仲宅嵎夷曰暘谷、寅賓出日平秩東作。〈堯典第一〉

（分ちて羲仲に命じて嵎夷に宅《お》らしむ。暘谷《ようこく》と曰《い》う。寅賓〈「寅は敬、賓は秩序を導くなり。」と注す。〉、

日を出だし、平秩、東作す。）

②禹曰兪哉帝光天之下至于海隅蒼生〈益稷第五、夏書〉

（禹曰く「兪《やすらか》なるかな、帝、天の下を光《てら》し、海隅の蒼生に至る。」）

③海隅出日罔不率俾〈多士第十六、周書〉

（海隅、日を出だす、率俾せざるは罔《な》し。）

右ではくりかえし、「出日」「海隅」の表記が出現している。「暘谷」の地にいる、嵎夷との交流を語る史料であろう。

（右の「率俾」について、かつて「中国の天子に臣服する」の意に解した〈『風土記』にいた卑弥呼』〉。諸橋の大漢和辞典に従ったものである。けれども、これは「後代」の「中華思想」にもとづく「解釈」にすぎず、本来は〝通使往来〟をしめすだけの表現なのではあるまいか。よって訂正する。）

右のような史料状況にもかかわらず、従来、このような中国大陸と日本列島との古代交流を史実と見なす史家は稀であった。なぜなら、その理由の最大なるもの、それは「その記載が史記にない」、そのためだったのではあるまいか。

むろん、史記にあったからといって、史家は直ちにそれを「史実」と認定したわけではない。たとえば、「夏王朝の実在」など、これを否定すること、わが国の中国研究界における通軌といえよう。

いわんや、史記になき「記事」など、信憑するに足りず。――これがわが国史学界の通念だった、と称して大過はないであろう。

しかしながら、ことを史料批判の根本において見つめてみよう。「堯・舜・禹、夏王朝、周初」といった時間帯に関しては、尚書の方が〝同時代史料〟ないし〝それに近い史料〟であり、漢朝の「正史」たる史記は〝後代史料〟に属すること、一点の疑いもない。しかるに、従来の研究者は、前者（尚書）より後者（史記）をもって「史実の判定基準」として、より確実なもの、そのように見なしてきたのであった。

これは、三国志の魏志倭人伝（同時代史料）より古事記・日本書紀（後代史料）の記事をもって、より優先させてきた、封建以前の史学（たとえば、松下見林の『異称日本伝』）の方法と同轍を踏むもの、率直にいってそのように判定しうるのではあるまいか。

先入観をはなれて、精思してみれば、次の二点が注意されよう。

第一、堯・舜・禹から周公に至る時期は、日本列島においては縄文時代中・後期に当っている。すなわち、縄文の土器文明が最高度に開花していた時期だ。「堯・舜・禹」は縄文中期後半（BC二五〇〇～二〇〇〇）、「周公」はBC一〇〇〇頃に当っている。長期間、高度に開花しつづけていた、東方海上のこの列島文明（日本列島）に対して、中国側がこれを認識せず、無関心であり、かつ没交渉であったとしたら、それこそ不可解である。河姆渡遺跡のしめすように、すでに縄文早期末（BC五〇〇〇～四〇〇〇）において、大陸・列島間の交流の事実の確認される点からかえりみれば、右の古代交流（縄文中・後期）を疑惑する方が奇矯《ききょう》にして非常識なのではあるまいか。

第二、尚書に現われた、これらの記事を、史記が正面からうけとめようとしなかったのは、その理由他に非ず。これ（日本列島）との関係が、中国（主）～日本列島（従）でなかったから、と。その一点にあったのではあるまいか。なぜなら、右の尚書の文面自体から、中国の天子（夏・殷・周）と臣下（縄文期の日本列島）との関係を描くことは不可能である。逆に、日本列島の縄文文明が「文明中枢」にあり、大陸の方がその影響をうけていた。そういった局面も、なしとはしないであろう。それはおよそ「史記を制約していた中華思想」の許しうるところではなかったのである。

十三

「すべての偉大な独創的文明は、必ず永き模倣時代を経過している」――これは、わたしの歴史観の根本である。

わたしたちは人類史上、各地で種々の独創文明の開花した姿に出会う。それは、その文明の「華」の時期だ。だが、その前夜、永き前夜の時間帯において、先進した他文明、それも各地各様の文明からの、尊き模倣期が経過していた。そしてある日、「独創の華」の爆発する時間帯がはじまったのである。そして一定の「華」の時間帯のあと、やがて衰亡の時期に向かう。——わたしには、いかなる文明にも、このルールに例外あり、とは信じえないのである。いいかえれば、地球に登場した最初から、その終末の日まで独創期ばかり、そんな文明はかつて存在しなかったし、未来も存在しえないであろう。同じく、最初から最後まで「模倣期ばかり」、そんな文明もまた、わたしは知らない。それが「文明の道理」である。

その点、偉大な中国の文明にもまた、かつて偉大な模倣期が存在していた。そういう簡明な事実、平凡なテーマを本稿は立証せんとしたにすぎなかったのである。

十四

古来、「当伝」は「起居注」として分類されるを常とした。すなわち〝天子の左右に在って其の言行を記すことを掌る職〟にして、周の左史・右史の職にある者の記録の謂いである。いいかえれば、当の天子・穆王の側近が当の天子の日々の動静を記したもの、として遇されてきたのであった。

確かに、「当伝」は愛妃、盛妃への葬礼をもって閉じられ、その末尾は、

庚申天子南征吉日辛卯天子入于南鄭〈巻六〉

（庚申、天子南に征く。吉日、辛卯、天子南鄭に入る。）

の一文をもって終結している。すなわち、「穆天子生前の動静」をもって完結されているのである。「起

居注」たるにふさわしい史料としての形式をもっている。

しかるに、近来（清朝以降）、これを「小説類」に入れ、史書としての「格式」を奪い去っていたのであった。

しかしながら、「当伝」と同じく、西晋朝に周の戦国期の王墓より発掘された竹簡漆書の貴本、『竹書紀年』において、

十七年王西征昆侖丘見西王母其年西王母来朝賓于昭宮

（〈穆王〉十七年、王西のかた昆侖の丘に征き、西王母に見《まみ》ゆ。其の年、西王母来朝し、昭宮に賓せらる。）

と明記されている。すなわち、周朝の同時代史料たる『竹書紀年』のしめすところ、西王母は〝伝説上の造作物〟や〝神秘めかした浮説上の人物〟などではなく、レッキとした実在の人物にして、周朝と国交を結んでいた、西方の中心の王者だったのである。

わたしはかつて甘粛省の博物館をおとずれた。そのさい、右の『竹書紀年』(6)の当部分の展示を見た。その経験が今回の「当伝」研究の基礎となったことを記し、当時の関係者に深謝したい。

そして何よりも今回の「当伝」研究に対する直接の機縁を与えてくれたものが、若き研究者原田実氏の『日本王権と穆王伝承』(7)の一書にあったことを明記し、新進の研究者の驥尾《きび》に附しえたこと、この一事を無上の幸とするものである。

註

（1） 補表参照。

（2） 百衲本（二十四史）及び明・清史。

（3）　諸説あり。
（4）『国語』周語上第一「穆王将征犬戎、祭公謀父諫曰不可、先王耀徳不観兵、（中略）其有以禦我矣、王不聴遂征之得四白狼四白鹿、自是荒服者不至。」。
（5）　杭州湾南岸部。
（6）　朝日トラベル（竹野恵三氏）の御尽力をえた。
（7）　一九九〇年七月、批評社刊。

〈補表〉

獻

1	獻酒百□	巻二	九	表	7
2	乃獻白玉	巻二	十	表	1
3	因獻食馬	巻二	十	表	3
4	其獻酒千	巻二	十一	表	7
5	丌獻好女	巻二	十二	表	3
6	乃獻食馬	巻二	十二	表	7
7	乃獻良馬	巻二	十三	表	9
8	乃獻良馬	巻二	十四	表	4
9	好獻錦組	巻三	一	表	6
10	乃獻食馬	巻三	十六	裏	9
11	夫獻酒百	巻三	十七	表	1
12	于獻水乃	巻三	十七	表	4

13	獻酒于天	巻三	十七	裏	3
14	酐獻酒于	巻三	十七	裏	5
15	乃獻食馬	巻四	十九	表	8
16	乃獻良馬	巻四	十九	裏	2
17	乃獻白鵠	巻四	二十	表	4
18	乃獻馬三	巻四	二十	表	7
19	好獻枝斯	巻四	二十	表	9
20	乃獻食馬	巻四	二十一	表	6
21	虎而獻之	巻五	二十五	裏	8
22	獻酒于天	巻五	二十六	表	9
23	鹿獻之天	巻六	二十九	裏	2
24	乃獻喪主	巻六	三十	裏	7
25	又獻女主	巻六	三十	裏	8

賜

1	□賜七萃	巻一	四	裏	5
2	賜以左佩	巻一	八	裏	1
3	乃賜赤烏	巻二	十一	裏	6
4	乃賜曹奴	巻二	十二	表	9
5	乃賜之黄	巻二	十三	裏	2
6	乃賜之黄	巻二	十四	表	6
7	天子賜之	巻三	十七	表	4

8	乃賜奔戎	巻三	十七	裏	1
9	天子賜之	巻三	十七	裏	3
10	天子賜之	巻三	十七	裏	5
11	乃賜之黄	巻四	十九	表	1
12	又賜之黄	巻四	十九	裏	6
13	乃賜之銀	巻四	二十	裏	2
14	賜以佩玉	巻四	二十	裏	8
15	天子賜許	巻五	二十三	裏	8
16	天子賜奔	巻五	二十六	表	1
17	酒賜之駿	巻五	二十七	表	5
18	天子賜之	巻六	二十九	裏	7

贈

1	贈用文錦	巻六	三十四	表	1
2	叔姪贈用	巻六	三十四	表	2
3	官師畢贈	巻六	三十四	表	3

第三篇　九州王朝と大和政権

〈解題〉　日本列島の歴史をありのままに知ろうとするとき、果たして「近畿天皇家一元主義」の立場から、それは可能だろうか。その答は、否《ノン》だ。

　筑紫を中心とする九州王朝、その分派としての近畿分王朝（大和政権）、さらに関東・東北・北海道や沖縄と、各領域独自の文明源流の認識。その多元史観に立たぬ限り、中国史書・国内史料（記・紀等）・考古学的出土物分布のいずれも理解不可能なのである。

（鶴岡静夫編『古代王権と氏族』所収。一九八八年八月三十日、名著出版刊）

序

わが国の古代史は、近畿天皇家すなわち古代大和政権を中軸として語られるを常としてきた。近畿中心の一元史観である。この点、戦前の史学と戦後の史学と、あれほど画期的な変動が誇称されながら、右の中軸をなす研究思想において、何一つ変るところはなかった。そのように評してあやまらないのである。それは客観的な人類の視点、換言すれば学問的視座において果たして妥当な史観、適正な研究思想に立つもの、そのように見なしうるものなのであろうか。

この点、一個の、〝不安を与えるべき問題性〟が存在する。それは、右のような「史観」としての近畿天皇家一元主義が発生したとおぼしき時期は八世紀であり、それ以来、大観すれば今日、二十世紀に至っている。同じく、当八世紀において近畿天皇家の権力と権威は太陽のごとく近畿の地に咲きほこっていた。それ以来、今日に至るまで、その権力もしくは権威は、ほぼ消滅することなく連続している。

右のように、観念としての「史観」と現実存在としての「権力ないし権威」との両者が、時期的に見て併行関係に立っている。これは、わが国の歴史を大観するとき、誰人にも疑いえない事実なのである。これは何を意味するか。

もちろん、この両者の併行関係は、〝偶然の一致〟であり、前者はあくまで普遍的史観である。そのように主張する論者も存しよう。むしろ、従来のすべての学者は、意識的にせよ、無意識的にせよ、この立場に立つもの、そのようにも評しえよう。

しかしながら反面、冷静な観察者の立場に立って省察を加えるとき、その両者の対応関係には、ある種の「必然性」があるのではないか、そのような疑いもまた、避けることができないのである。それは次のようだ。〝近畿天皇家という、長期にわたる現実の権力もしくは権威中心の存在が、みずからの影（造られた観念）としての、近畿一元主義の史観を産み出したのではないか〟——この疑いである。

人類の歴史をふりかえれば、各時代・各地域の権力者は、いつも〝己が似姿〟としての歴史像を欲してきた。自己の新権力を「歴史」の名において永く正当化せんことを望んだからである。

そして各代の歴史家は、よく、権力者ないし権威者の要望に応えてきた。わたしたちはその事例をあげること、みずからの掌を指さすよりも容易である。(1)にもかかわらず、わが国の場合、その一元主義史観は、〝健全〟だったのであろうか。この点、先入観に非ず、論証と論理の導くところのみに従って検証を加えてみたい。

第一章　旧石器と縄文

わが国の古代史を論ずる場合、当然ながら逸することのできぬもの、それは弥生期以降の金属器時代に先立つ、それ以前の歴史である。縄文期は約一万二千年（前一二〇〇〇(2)～前三〇〇(3)）であり、旧石器期はそれをさらに遡る長大な年月を有しているのであるから、その後の約二千年（前三〇〇以降）が、右の時間帯の上に、その蓄積を前提として史的展開を遂げたこと、論ずるまでもない。

今、その縄文期の日本列島を観察すると、その時期の文明的器物の一に黒曜石がある。金属器なき時代、石鏃等の利器を製作する上で、この黒曜石が最上の材質をなしていたこと、周知のごとくである。ところが、この石の良質なものが大量に出土する地帯は、日本列島中、必ずしも多しとしない。たとえば、北海道では十勝地方、本土では長野県の和田峠、島根県の隠岐島、九州では佐賀県の腰岳、大分県の姫島（白曜石）(4)等がその最たるものであった。そしてその出土地近辺には、「縄文都市」ともいうべき文明中枢地の出現したことが知られている。たとえば、長野県の阿久遺跡などは、その一例である(5)。

ところが、このさい、大和はそのような黒曜石の出土なく、日本列島全体の文明中枢となっていないこと、疑うべくもない。黒曜石に代る材質たるサヌカイトは、奈良県と大阪府の県境の二上山付近から出土するものの、この材質の出土中心は、その名のごとく「讃岐」の香川県であること、周知のごとくである。金山等がその出土地である。

したがってここでは、大和は「一副中心」ではあっても、「文明中枢」そのものとはいいえないようである。

以上、周知の、何の他奇もない認識を特記したのは、ほかでもない。日本列島の古代史を近畿中心に考察することは不可能であり、いわんや近畿天皇家中心に日本の歴史が進展してきた、などという「命題」を主張する論者ありとすれば、それは全くの絵空事にすぎぬ、この史的真実を、まず確認するためである。

いいかえれば、各石器材質の出土中心地を文明中枢として、多元的な文明圏が成立していた(6)。これが偽らざる日本列島の歴史の基本構図であった。これに反し、一元的な視野からは、到底事実《リアル》な認識をうることは不可能である。

この点、弥生期になって、金属器が日本列島に流入してきたとき、日本列島の文明状況にはいかなる変化がおとずれたのであろうか。

第二章　金属器の流入と「倭国」

一

わが列島への金属器の流入を最も印象的に証言するもの、それは志賀島の金印である。建武中元二年（五七）、後漢の光武帝から授与されたものとして知られるこの印は[7]、中国金属器文明の伝播を告げる、いわば〝生き証人〟である。中国文明それ自身は、石器時代にその文明中枢の淵源をもつらしいこと、天子自身の印たる「玉璽《ぎょくじ》」が玉という材質に拠っていることからも察せられよう。新疆・甘粛といった、西域地方にその巨大な集中的出土地をもつものが、この玉であるから、この地帯を中枢として繁栄した、いわゆる彩陶土器文明[8]との関連が注目されよう。

それはともあれ、その中国の天子が、配下の諸王、諸臣や周辺のいわゆる「夷蛮」の王や輩下に授与したのが「金印・銀印・銅印」といった「金属」による印であったこと、これはまことに象徴的である。その天子の権力や権威、また周辺の他民族に対する勢威が、金属器文明（武器をふくむ）に依拠するものであった事実を、端的に証言しているのである。その金属器文明の流入が、日本列島の政治・軍事・経済等各面において[9]、その様相を一変せしめたのであった。

この金印が筑紫の中枢をなす、博多湾頭から出現したことの意味は絶大である。なぜなら、先述来の叙述がしめすように、日本列島中の金属器文明という新時代における最大の文明中心、しかも「中国内権力（天子）と列島内権力」との間の公的交渉の存在を明示するものであったこと、これが重要である。

しかもその印には、後来の日本古代史上、重要な術語となる「委（＝倭）」の字がすでに刻入されていた。この文字のしめす意義、それは何であろうか。

二

従来、この印の文字に対する「定説」的読解とされてきたもの、それは三宅米吉《みやけよねきち》説であった。「漢の委（わ）の奴（な）の国王」がこれである。

しかしながら、この読解には重大な矛盾がある。それは左のようである。

〈その一〉中国の印文は「(A)中国側の国名と(B)被授与国の国名（もしくは首長名）」という二段形式が通例である。それは金・銀・銅印に共通し、「授与者と被授与者」の間の関係をしめす様式をなしている。ことに「金印」の場合、その「夷蛮」の中心国の中核の王者に対して与えられるものであるから、両者（授与者と被授与者）の間に、第三者（夷蛮の「上位」国名）の介在すべき余地はない。これは当然の道理である。しかるに、三宅説の場合、「(A)漢の(B)委の(C)奴の国王」という三段読解であるから、「(A)授与者」と「(C)被授与者」との間に、第三者（(B)委）を介在させた形になっている。これ、中国印制の論理に反する。

〈その二〉米吉は「邪馬臺国、大和」説に立つ論者であった。「私は邪馬臺国は畿内の大和であると思ふのである」（「邪馬臺国について」[10]）と明記している。この「邪馬臺国」はまぎれもなく「倭国の中心国」であるから、三宅説において、三段読解の〝中央〟に介在する「委（＝倭）」とは、すなわち「大和」のことであったわけである。米吉は右の論文において、「七万余戸」の邪馬臺国が大和であり、「三万余戸」の「儺」が「兎に角九州で一番開けた」地域[11]であることを力説している。これほどの「戸数差」が、一世紀半ば（金印当時）と三世紀前半（倭人伝）との間に完全に変動したとは考えがたいから、右のような米吉の「倭国」観は、すなわち金印の三段読解のさいの前提となっている、そのように見なして大過ないであろう。

けれども今日、考古学的出土物の分布状況から見ると、このような「倭国」大観の観念は全く裏切られている。なぜなら銅利器（細剣等）やガラス勾玉や錦や璧等、弥生の貴物の集中出土するのは、博多湾岸を中心とする筑紫であって、大和ではない。すなわち、志賀島の金印の出土した博多湾岸こそ、中国と国交関係を結んだ「倭国の中心」としてふさわしい。そういう相貌をしめしているからである。

右のような矛盾から逃避せざる解読、それはいかなるものであろうか。

第一。「(A)漢の(B)倭奴（ゐど）の国」という二段解読とする。

第二。後漢の光武帝にとって、終生の敵手、それは匈奴であった。〝たけだけしい部族〟の語義をもつ。これに対し、朝貢しきたった倭人の中心国王に対し、「倭奴」の表記を用いた。〝柔順な部族〟の語義をもつ造語である。

第三。すなわち、「倭奴国」とは、「倭国」の中心の王者に対する呼称であった。

右のように解する他、先述の矛盾をのがれる道はありえないのである。

三

倭国の中心が博多湾岸とその周辺部、筑紫の地にあったこと、それを裏づける別史料がある。三国史記の脱解王記事だ。

脱解尼師今、立。……脱解本多婆那国所生也。其国在倭国東北一千里。（下略）

〈三国史記、新羅本紀第一〉

この著名な説話は次のようにのべられている。〝多婆那国王と妃の間に卵が生まれた。王は廃棄することを求めたが、妃は忍びず、この卵を無人の舟に乗せ、沖に流した。舟は先ず金官国（金海近辺）の海辺に着き、次いで辰韓の阿珍浦口（慶州付近）の海岸に流れ着いた。老母がこれをもち帰り、育てたところ、立派な男子が生れ、宮廷に仕え、第二代の南解王の娘と結婚、やがて第四代の新羅国王となり、多くの治績を築いた〃と。

「対馬海流の一枝は対馬海峡東口で北上し、元山沖から鬱陵島辺まで達するが、やがて東転して能登半島沖附近で対馬海流の主流に合する。これを東鮮暖流という」
日高孝次著『海流』より

この多婆那国と倭国の位置はいずれであろうか。その論証は左のようである。

〈その一〉この無人の卵舟を導く海流は、東鮮暖流である（上の図参照）。

〈その二〉したがって多婆那国は、関門海峡近辺（北九州市・下関市）にある。それ以東では、この東鮮暖流に乗じえないからだ。

〈その三〉「東北一千里」は短里（一里＝約七七メートル）である（長里〈一

里＝約五三五メートル〉なら、東鮮暖流に乗ずる可能性はない）。

〈その四〉倭国は博多湾岸である。この場合、「倭国──▶多婆那国」間は、「東北一千里」となる（倭国を大和や九州の山門などとした場合、右の表記と合致しえない）。

〈その五〉脱解王の即位年（五七）は、後漢の光武帝の建武中元二年に当る。すなわち、志賀島の金印授与の年である。この点からも、この脱解王説話における「倭国」が博多湾岸、金印の地であること、きわめて自然な理解となろう。

四

倭国が博多湾岸周辺の筑紫を指す、この用法は、実は日本側文献にも出現している。

故、其日子遅神和備弖、三字以レ音。自二出雲一将レ上二坐倭国一而、（下略）
（読み下し──故《かれ》、其の日子遅《ひこぢ》〈夫。大国主神を指す〉の神わびて、三字は音を以《もち》ゐよ。出雲より倭国に上り坐《ま》さむとして、）
〈古事記、須勢理毘売の嫉妬〉

右の「倭国」について、本居宣長の『古事記伝』以来、今日まで、すべての古事記注釈者は「やまとのくに」と訓じてきた。しかしその訓は、前後の文脈と矛盾している。

〈その一〉大国主は右のあと、「大和」へ行き、「大和の女性」と交渉した、などという説話は一切存在しない。この点、基本的に文脈の連絡がなく、説話が断絶していることになろう。

〈その二〉右の一節の直後、大国主の歌った歌唱がのせられている。そこでは、

沖つ鳥　胸見る時

という唱句が三回もリフレインされている。この「沖つ鳥」は〝海辺に住む女性〟をシンボライズした象徴語と思われるが、「大和に住む女性」のイメージとしてはふさわしくない（右の一節の直前に、「又其神之嫡后、須勢理毘売命、甚為㆓嫉妬㆒」とあるように、この説話は「大国主、求婚譚」の一である）。

〈その三〉さらに、右の歌唱のあと、須勢理毘売の歌唱がのせられている。そこでは、

夜知富許能　加微能美許登夜　阿賀淤富久邇奴斯　那許曾波　遠邇伊麻世婆　宇知微流　斯麻能佐岐邪岐　加岐微流　伊蘇能佐岐淤知受　和加久佐能　都麻母多勢良米……（下略）

（読み下し――八千矛の　神の命《みこと》や　吾《あ》が大国主　汝《な》こそは　男《を》に坐《いま》せば　打ち廻《み》る　島の埼埼《さきざき》　かき廻る　磯の埼落ちず　若草の　妻持たせらめ）

右では、大国主の行路は、〝海岸の島や磯を巡回する〟形で描かれ、その港々に「求婚」の対象たる女性がいること、それが出雲なる須勢理毘売の立場から歌われている。〝出雲から大和へ〟の行路には、必ずしもふさわしくない。ことに「大和なる女性」が〝海岸の島や磯にいる女性〟に非ざること、いうまでもない。

〈その四〉今問題の一節では、「出雲から倭国への進行」を「上る」と表現している。これは一見、〝天皇の居するところ、ヤマト〟へ行く表現として適切であるかに見えよう。しかし、大国主の時代に「ヤマト」に天皇の都があった、などという概念は、一切古事記には存在しない。その上、この大国主について、

(イ)此八千矛神、将㆑婚㆓高志国之沼河比売㆒、幸行之時、……（下略）

（読み下し――此の八千矛神〈＝大国主命〉、高志国の沼河比売を婚《よば》はむとして、幸行するの時、）

(ロ)又其神之嫡后、須勢理毘売命……（下略）

（読み下し――又其の神の嫡后、須勢理毘売命）

右の「幸行」「嫡后」とも、中心の第一権力者に使われる用語である。事実、この両語の用いられた人物は、全古事記中、神武天皇のみである。

この第一権力者の居する出雲から、然らざる大和へ行くを「上る」と称すること、いかにしても不可解という他はない。

以上、四個条、いずれも「倭国＝ヤマト」と解する場合、不可解の背理である。

この四矛盾とも、「倭国＝チクシ」(12)の立場を採るとき、直ちに解消する。

〈その一〉この大国主命の一段は、次の一節に接続している。

故、此大国主神、娶下坐二胸形奥津宮一神、多紀理毘売命上、生子、……（下略）

（読み下し――故《かれ》、此の大国主神、胸形の奥津宮《おきつ》に坐《ま》す神、多紀理毘売命を娶《めと》して生める子は、）

すなわち、筑紫なる、胸形（宗像）の奥津宮（沖つ宮）の女性との「求婚譚」に連接している。この事実ほど、「倭国＝チクシ」という理解の正当であることをしめすものはないであろう。

〈その二〉大国主の歌唱中、三回リフレインされた「沖つ鳥」が「奥津宮《おきつ》の女性」たる多紀理毘売を指す象徴語であったこと、今は明白であろう。

〈その三〉「出雲から筑紫へ」の行路が海岸沿いであること、当然である。何の他奇もない。

〈その四〉「出雲から筑紫へ」の行路は、対馬海流の流れの逆方向であるから、これを「上る」と称すること、これも何の他奇もない。事実、この直前に、

此時箸従二其河一流下。於レ是須佐之男命、以三為人有二其河上一而、尋覓上往者、……（下略）

（読み下し――此の時箸《はし》其の河より流れ下りき。是《ここ》に須佐之男命、人其の河上に有りと以為《おも》ほして、尋《たず》ね

覓《もと》めて、上り往けば、）

とあって、川の流れに逆行することを「上る」と書いている。その直後であるから、海流の進行方向を逆行することを「上る」と称すること、これまた何の他奇もないのである。後者のみを否定するのは、後代の「陸地人間」の偏見というほかないようである。

以上、いずれも、「倭国＝ヤマト」という通解では解決不能の矛盾に遭遇すること不可避であるにもかかわらず、「倭国＝チクシ」の立場に立てば、一切の矛盾は氷解する。この事実ほど、「倭国＝チクシ」の理解の正当であることをしめすものはないであろう。

第三章　倭国の発展

一

前章でのべた「倭国＝チクシ」の存在は、その後、歴史の展開の中で何時までつづいたか、それとも右の一世紀前後で、早くも消滅し去ったのであろうか。

その存否をしめす史料、それは同じく、三国史記の中に存在する。

朴堤上。或云二毛末一。（中略）及二訥祇王即位一。（中略）遂径入二倭国一。（中略）行舡追レ之。適煙霧晦冥。望不レ及焉。（下略）

（読み下し——朴堤上、或は毛末と云う。〈中略〉訥祇王の即位するに及び、〈中略〉遂に径《ただ》ちに倭国に入る。〈中略〉行舡、之を追う。適《たまたま》煙霧晦冥、望むも及ばず。）

〈三国史記、巻第四十五、列伝第五〉

右は朴堤上説話の摘要であるが、その大筋は左のようである。〝新羅の訥祇王（四一七～四五七）が即位したとき、弟二人が高句麗（卜好）と倭国（未斯欣）の人質となっていた。この解決を一任された朴堤上は、先ず高句麗王に会って説き、人質の王子の解放に成功し、次に倭王のもとに赴き、新羅に背いて倭王に帰すべきを述べ、信を得た。一日、魚鴨を捉える舟遊びに興ずるように見せかけ、夜王子（未斯欣）を舟で脱走させ、みずからは王子に代って床に臥していた。朝になって倭兵はこの「身代り」に気づき、急ぎ舟を発して脱出の王子を追ったけれども、たまたま海上が「煙霧晦冥」であったため、脱出は成功した。倭王は薪火で朴堤上を焼き、これを斬った。新羅王は堤上の第二女を未斯欣の妻とし、これに報いた〟と。

ここで問題は、倭王の都の位置である。もしこれが、難波であるとすれば、〝夜から朝まで〟の短時間で、脱出の成否が決する、などということはありえない。

〈その一〉瀬戸内海の東端から西端に至る、長途の脱出劇。

〈その二〉関門海峡という、文字どおりの〝隘路〟を脱する、スリリングな脱出成功譚。

これらこそ、当説話にとって不可欠のハイライトとならなければならぬ。しかるに、原説話はあくまで「一夜の脱出」劇を語るにすぎぬ。「倭国＝ヤマト」とした場合、これは大なる矛盾である。

これに反し、「倭国＝チクシ」とした場合、右の矛盾は全く消滅する。なぜなら、たとえば、博多湾岸に「倭国の都」がありとした場合、

第一、博多湾岸を脱出すること、

第二、その湾外に東流する対馬海流は、先述のように、北上する東鮮暖流と分岐している。したがって北上海流に乗ずるまで、が〝勝負の分れ目〟だ。なぜなら、すでにこれに乗じえた脱出舟を、追手の

倭舟が追跡しつづければ、〝共に慶州に至る〟こととなるであろうからである。そして右の二点を〝成就〟するには、〝夜から朝まで〟、その時間帯の「煙霧晦冥」、それで十分なのである。

右の考察は、この五世紀初頭の「倭国の都」が、九州の北辺にあったことをしめしている。博多湾岸は、その最好適地であろう。

なお、この問題に関して、次の二点が注目されよう。

第一、先の脱解王説話以後、三国史記は〝倭国における首都変動〟を記していない。ということは、この一世紀と五世紀の間に、「倭国の都」に大きな変動の存在しなかったことをしめす。少なくとも、この「倭国」をもって、もっとも警戒すべき隣国と見なしていた新羅側において、その種の変動、すなわち「チクシ→ヤマト」といった、大きな変動は観察されていない。そのようにいわざるをえないのである。この点、一世紀の「倭国の都」も、五世紀の「倭国の都」も、同じく「チクシ」であり、博多湾岸を中心とするごとく見える点、三国史記の指示する史料群の姿とよく合致しているのである。

第二、脱解王説話は、三国史記の冒頭部（三国史記第一、新羅本紀第一）にあり、朴堤上説話は、同書の末尾部（三国史記第四十五、列伝第五）にある。すなわち、同書中に出現する、一〇〇回近い「倭」の記事は、すべて右の二説話の間におかれている（時期的には、ほぼ七世紀後半に至る）。これらの「倭」の都は、すべて「倭国＝チクシ」と解すべし。――これが、三国史記の明瞭に指さすところ、先入観なき読者が、うけ入れざる能わぬ帰結なのである。少なくとも、三国史記の本来の読者（慶州のインテリ等）の、そのように解したこと、この事実を疑うことは困難である。

二

右の「一世紀から七世紀後半まで、『倭国の都』は筑紫にあった」という命題は、従来の日本古代史の「常識」からすれば、驚倒すべきテーマと見えよう。しかしながら、実は中国の史書にもまた、同一のテーマが表現されている。それは隋書俀《たい》国伝である。

（大業三年、六〇七）其国書曰、日出処天子、致書日没処天子無恙云云。

（読み下し――其の国書に曰く「日出ずる処の天子、書を日没する処の天子に致す。恙《つつが》無きや、云云」と。）

右の著名の一文について、これを〝推古朝から隋朝にあてた国書であり、聖徳太子がその当事者である〟と見なすこと、従来の史学の「通軌」であった、といえよう。しかしながら、この従来説は多くの矛盾をかかえている。

〈その一〉年代の矛盾

隋書俀国伝に最初に出現する、俀国から隋への遣使は、右の大業三年ではない。それに先立つ七年前が、第一回遣使である。

開皇二十年（六〇〇）、俀王、姓阿毎、字多利思北孤、号阿輩雞弥。遣使詣闕。

（読み下し――開皇二十年、俀王、姓は阿毎、字は多利思北孤、阿輩雞弥と号す。使を遣わして闕に詣る。）

右の開皇二十年は、「推古八年」に当るとされているが、日本書紀の推古紀に、この年の遣使はない。

先の大業三年に当るとされる「推古十五年」が第一回遣使である。

（推古十五年）秋七月戊申朔庚戌、大礼小野臣妹子遣二大唐一。以二鞍作福利一為二通事一。

国交においてもっとも印象的、かつ画期をなすもの、それはもとより「第一回」遣使である。それが日本書紀側にないということ、それは率直にいって両者（多利思北孤と推古朝の王者）が同一でないことをしめすものではあるまいか。

〈その二〉男女の矛盾

俀国の王者、多利思北孤は男性である。妻（雞弥）をもち、後宮の女達、六、七百人を有するというのだからである。これに対し、推古天皇はいうまでもなく女性である。この異同ほど、両者が同一王朝の王者でないことをしめすものはないであろう。

〈その三〉王者と太子の矛盾

俀王と聖徳太子との関係について。

〈A〉――多利思北孤は、第一権力者（俀王）である。これに対して聖徳太子は、第二権力者（摂政）である。この両者を「同定」することは不可能である。

〈B〉――もし聖徳太子が「俀王、多利思北孤」であるとすれば、肝心の推古天皇は、隋書俀国伝には全く姿を現わさないこととなろう。これは致命的な矛盾ではあるまいか。

かつて女王、卑弥呼が倭国にあったとき、あれほど特筆大書した、中国側の史書の伝統から見れば、「女帝、推古天皇」の存在を無視することなど、考えがたいのである。これほど、隋朝の交渉した俀国が、推古朝でないことを率直に証言しているものはないというべきであろう。

〈C〉――俀国の俀王の「字」は、多利思北孤と明記されている。これは、歴代史書を継承し、隋書にもまた、通例の表記である。

(イ)田仁恭、字長貴、平淳長城人也。〈巻五十二〉

(ロ)元亨、字徳良、一名孝才、河南洛陽人也。〈同右〉

右はその一例であるが、「字」がいかに正規な、代表的呼称であるかが知られよう（(ロ)「一に名づく」の方は、〝副次的呼称〟である。この形の表記は、無い方が一般的である）。

(a)冠而字レ之、敬二其名一也。〈儀礼、士冠礼〉

君父之前称レ名、至二於他人一称レ字也、是敬二其名一也。〈疏〉

(b)男子二十、冠而字。〈礼記、典礼上〉

成人矣、敬二其名一。〈注〉

右にしめされているように、父親から与えられた「名」の他に、成人（二十歳）すると「字」をつけ、以後、対外的には、この「字」が使われるのである。これは父親から与えられた「名」を尊ぶため、であるという。右のケースでは、

(a)——「名」仁恭、「字」長貴

(b)——「名」亨、「字」徳良

である。

したがって俀王の場合は、「名」は記されず、「元服」以後の対外的代表称呼たる「字」のみが記されている。そういう形なのである。

これに対し、推古朝の場合を見よう。

まず、推古天皇は女性であるから、右のような「字」の存在せぬこと、いうまでもない。[13]

次に聖徳太子について、日本書紀には次のように記せられている。

（用明）元年春正月壬子朔、立二穴穗部間人皇女一為二皇后一。是生二四男一。其一曰二廐戸皇子一。更名豊耳聴聖徳。或名二豊聡耳法大王一。或云二法主王一。是皇子初居二上宮一。後移二斑鳩一。（下略）〈日本書紀、用明紀〉

右には、種々の名称が並記されている。幼名から成人後の対外的名称まで、「曰」「更名」「或名」「或云」といった形で記せられている。さらに推古紀では、

廐戸豊聡耳皇子（推古元年四月）
廐戸豊聡耳皇子命（推古二十九年）
上宮太子（同右）
上宮豊聡耳皇子（同右）

といった表記が用いられている。日本書紀は「正史」であるから、聖徳太子の〝種々の名〟ことに「正規の名称」は、ここに尽くされている、と見なさざるをえない。

これに対し、俀国伝の俀王の「字」たる「多利思北孤」も、「正規の名称」であること、両国の国交記事にもとづく名称である以上、当然といえよう。ことに俀国は「国書」を提示しているのであるから、俀国側の国書に「自署」してあった名、それがこの「多利思北孤」であった可能性は、きわめて高いのである。

このように考察してくれば、聖徳太子が対外名称として、国交上使用した、もっとも正規の名称が、日本書紀の、あれほど詳記・並列した名称の中に全く存在しないこと、それはもし「俀王＝聖徳太子」とすれば、ありえない事態であること、これが了解せられよう。これ、もっとも平明な理解である。こ

れに対し、種々の弁を設けて、この名称の異同を〝解釈〟[14]せんと欲する論者があるようであるけれども、それは、要するに、史料事実の指すところを率直にうけとめる、この根本の肝要事を忘却したものではあるまいか。AとBの両者が同一人物か否か、その「同定」の要件の基本の一に名前があること、およそいうまでもないのであるから。

〈その四〉地理の矛盾

隋書俀国伝には、次の記載がある。

有阿蘇山。其石無故、火起接天者、俗以為異、因行禱祭。有如意宝珠、其色青大如雞卵。夜則有光云。魚眼精也。

(読み下し――阿蘇山有り。其の石、故無く、火起りて天に接する者、俗以て異と為し、因りて禱祭を行なう。如意宝珠有り、其の色青大、雞卵の如し。夜は則ち光有りと云う。魚の眼精なり。)

右は、俀王が「九州の王者」であるときにはまことにふさわしい。これに反し、推古朝の場合、あるいは、大和なる三輪山、あるいは大和三山などがこれにふさわしいであろう。三輪山が神体山として祭られていることなどの記載があって、当然である。

さらに、隋使が飛鳥に至った、とするならば、途中の瀬戸内海の風光など、中国人らしく、簡明、かつ印象的に、その特徴を描写したであろう。右の阿蘇山という「火山」の描写にも、それが見られる。中国人にとって「火山」は珍しい存在だったからである。同様に、瀬戸内海のごとき「内海」の風光も、珍しい光景のはずだからである。

以上のような、風光描写の異同、これも、虚心に観察すれば、この俀王の都が「九州」にあることを証言するものであって、「大和」にあることを証言するものではないこと、明白である。

〈その五〉王朝の矛盾

隋書俀国伝における、中国側の王朝名は、当然ながら「隋朝」である。これに対し、日本書紀の推古紀では、対中国国交の対象は例外なく「唐朝」と記されている。

①大唐（推古十五年七月）②大唐（十六年夏四月）③大唐（同上）④唐客（同上）⑤唐帝（十六年六月）
⑥唐客（十六年八月）⑦唐客（同上）⑧唐客（同上）⑨大唐（同上）⑩唐客（同上）⑪唐客（十六年九月）
⑫唐客（同上）⑬唐帝（同上）⑭唐国（同上）⑮大唐（十七年秋九月）⑯大唐（二十二年六月）
⑰大唐（二十三年秋九月）⑱大唐（三十一年秋七月）⑲唐国（同上）⑳大唐国（同上）

以上と対比すべきは左の事例である。

（推古）廿六年秋八月癸朔、高麗遣レ使貢二方物一。因以言、隋煬帝、興二卅万衆一攻レ我。返之為レ我所レ破。故貢二献俘虜貞公普通二人、及鼓吹弩抛石之類十物、幷土物駱蛇一匹一。

右では明白に「隋朝」である。「煬帝」の名さえ明記されている。この表記と先述の①〜⑳の二〇例とを対照すれば、日本書紀は明白に「唐朝」と「隋朝」を書き分け、区別している。何の疑いもない。

このさい、「隋朝」の記事が、右の⑰と⑱の間に当る年代（推古二十六年）であることに、不審をもつ論者もあるかもしれぬ。しかしこれは、何等の矛盾でもない。なぜなら、隋朝の対高句麗敗戦は、隋末であり、その捕虜返還問題が交渉されたのは、唐初であった。

〈隋朝〉

ⓐ（開皇十八年、五九八、文帝）高祖聞而大怒、命二漢王諒一為二元帥一、総水陸討レ之、……（中略）……元（高麗王）遣レ使謝罪、上表称「遼東糞士臣、元」云云。〈隋書、高麗伝〉

ⓑ（大業七年、六一一、煬帝）帝将レ討二元之罪一、車駕渡二遼水一、……（中略）……高麗率レ兵出拒、

戦多不レ利。……由レ是食尽師老、転輸不レ継、諸軍多敗績。〈同右〉

ⓒ（大業九年、六一三、煬帝）帝復親征レ之、……（中略）……殿軍多敗。〈同右〉

ⓓ（大業十年、六一四、煬帝）又発二天下兵一、会盗賊蜂起、人多流亡、所在阻絶、軍多失レ期。至二遼水一、高麗亦困弊、遣レ使乞レ降、……会天下大乱、遂不二克復行一。〈同右〉

〈唐朝〉

ⓔ（武徳二年、六一九、高祖）遣使来朝。〈旧唐書、高麗伝〉

ⓕ（武徳四年、六二一、高祖）又遣レ使朝貢。高祖感三隋末多陥二其地一。〈同右〉

ⓖ（武徳五年、六二二、高祖）賜二建武（高麗王）書一曰、「朕恭膺二宝命一、……（中略）……但隋氏季年、連兵構難、攻戦之所、各失二其民一。遂使二骨肉乖離一、室家分析、多歴二年歳一、怨曠不レ申。今二国通和、義無二阻異一、在レ此所レ有高麗人等、已令二追括一、尋即遣送、……（下略）」於レ是建武悉捜二括華人一、以レ礼賓送、前後至者万数、高祖大喜。〈同右〉

右のⓑⓒⓓでは、隋朝の末年、高麗遠征に利あらず、苦渋し、やがて滅亡に至ったさまがのべられている。

これに対し、ⓕⓖでは、唐朝の初年、中華人の捕虜等が中国（唐）に送り還されるに至った経過がのべられている。ことにⓖ中の唐帝（高祖）の国書では、隋朝の末年、中国側の人・兵が高麗人に囚われたままになっている状況がのべられている。高麗王、高建武は、これら中華人を、礼をもって送り還した、という。

以上の歴史状況からみれば、日本書紀の推古紀において、①～⑳という「唐朝」を扱った記事の中で、「隋朝の対高麗戦のさいの捕囚」が問題になっていること、何の他奇もない。むしろ当時（唐朝初期）における東アジアの実状況に合致していることが知られよう。

右の分析のしめすところ、それは何か。他ではない。次のようだ。「聖徳太子の対中国外交は、終始、唐朝（初期）に対するものであった」と。

すなわち、従来の古代史学において、――戦前も、戦後も――「喧伝」されつづけてきた命題、「聖徳太子の遣隋使」これは、一片の虚妄にすぎなかった。それは「遣唐使」だったのである。

ということは、まぎれもなき「遣隋使」を派遣し、隋朝と国交を結んだ俀国、それは推古朝とは「別王朝」であった。この帰結に至るほかはないのである。(15)

以上の五個条の矛盾の意味するところ、それは七世紀前半という時間帯において、これを「近畿天皇家一元主義」の史観によって処理すること、それは結局、不可能であること、そして「俀国＝九州王朝」の別在を認めざるをえないこと、この二点である。

なぜかといえば、隋書俀国伝はその冒頭において、この「俀国」の歴史的淵源を明記している。

(A)漢光武時、遣レ使入朝、自称二大夫一。安帝時又遣レ使朝貢。謂二之俀奴国一。

(B)桓霊之間、其国大乱、遞相攻伐。歴年無レ主、有二女子一、名二卑弥呼一。

右の(A)では、志賀島の金印を授けられた「俀奴国（＝倭奴国）(16)」の後裔が、この「俀国」であることがしめされている。また(B)では、卑弥呼の「倭国（＝筑前中域を中心地とする）」もまた、この「俀国」の先蹤国、父祖の国であることがしめされている。いずれによっても、「俀国＝九州王朝」という立場は、安定した筆致によって明記されている。しかるに、従来の、戦前・戦後の史学は、「近畿天皇家一元主義」のイデオロギーによって、いたずらに冷静な史的理解を混乱させてきた。そのように称せざるをえないように、わたしには思われる。

三

わが国で、古代史や国文学を学んだ者に、〃牢固《ろうこ》たる常識〃の観を呈してきた「倭国＝ヤマト」の観念が、意外にも、「新しき観念」に属すること、この一事を立証する直接史料がある。それは万葉集である。

同集冒頭の第一に雄略天皇、第二に舒明天皇の歌がある。

1籠毛与　美籠母乳　布久思毛与　美夫君志持……虚見津　山跡乃国者　押奈戸手　吾許曾居　師吉名倍手　吾己曾座（下略）

（読み――籠《こ》もよ　み籠持ち　掘串《ふくし》もよ　み掘串持ち……そらみつ　大和の国は　おしなべて　われこそ居れ　しきなべて　われこそ座せ……）

2山常庭　村山有等　取与呂布　天乃香具山……怜何国曾　蜻嶋　八間跡能国者

（読み――大和には　群山あれど　とりよろふ　天の香具山……うまし国ぞ　蜻蛉島《あきづしま》　大和の国は）

右において、「ヤマト」の表記は「山跡」「山常」「八間跡」の表記が用いられている。これにたいし、問題の「倭」の表記が現われるのは、第二十九歌、著名な柿本人麿の「過㆓近江荒都㆒時」の作歌が初見である。

29玉手次　畝火之山乃　橿原乃　日知之御世従……天尒満　倭乎置而　青丹吉　平山乎超（下略）

（読み――玉襷《たまたすき》　畝火の山の　橿原の　日知の御代ゆ……天にみつ　大和を置きて　あをによし　奈良山を越え）

右は、持統天皇の代の作歌とされている。したがってここには、
㈠雄略・舒明といった〝古い時期〟の歌とされるものでは、「倭＝ヤマト」を用いず、
㈡持統という、〝より新しい時期〟の歌になって、ようやく「倭＝ヤマト」の用法が出現する。
そういった傾向が看取されるのである。

では、このような傾向は、偶然、万葉集冒頭部の歌にのみ現われた、〝偶然的、特例的〟な傾向であるか、それとも、万葉集全体の流れと一致し、対応しているものであろうか。

この問いをいだいて、万葉集全編の「ヤマト」を検してみたところ、意外にも、事実は後者に属した、それが検出されたのである。(17)

今、代表的な事例を左にかかげよう。

難波天皇妹奉下上在二山跡一皇兄上御謌一首

484 一日社　人母待吉　長気乎　如此耳待者有不得勝

（読み――難波天皇の妹、大和に在《いま》す皇兄に奉り上ぐる御歌一首、一日こそ人も待ちよき長き日《け》をかくのみ待たばありかつましじ）

右は、仁徳天皇（もしくは孝徳天皇）の妹の作歌とされているものであるけれど、その首書中に「山跡」の表記が用いられている。

これに対し、持統天皇以降の作例を見よう。

70 倭尓者　鳴而歟来良武　呼児鳥　象之中山　呼曾越奈流

（読み――大和には　鳴きてか来らむ　呼子鳥　象《きさ》の中山　呼びぞこゆなる）

右は「太上天皇（持統）、幸二于吉野宮一時、高市連黒人作歌」とされているものであるが、ここでは「倭＝ヤマト」が使用されている。

71倭恋　寝之不所宿尓　情無　此渚埼未尓　多津鳴倍思哉

（読み――大和恋ひ　眠《い》の寝《ね》らえぬに　情《こころ》なく　この渚崎廻《すさきみ》に　鶴《たづ》鳴くべしや）

右は「大行天皇（文武）、幸二于難波宮一時歌」と題した、忍坂部乙麿の作歌であるが、ここでも「倭＝ヤマト」が使用されている。

894神代欲理　云伝久良久　虚見通　倭国者　皇神能　伊都久志吉国……天地能　大御神等　倭大国霊　久堅能　阿麻能見虚喩（下略）

（読み――神代より　言ひ伝《つ》て来らく　そらみつ　倭の国は　皇神《すめかみ》の　厳《いつく》しき国……天地の　大御神たち　倭の　大国霊《おおくにみたま》　ひさかたの　天の御空ゆ……）

右は「好去好来謌一首」と題し、天平五年（七三三）三月の山上憶良の献歌（丹比広成へ）であるが、「倭国」「倭」が、いずれも「ヤマト」を指して用いられている。

994嶋隠　吾榜来者　乏毳　倭辺上　真熊野之船

（読み――島隠《がく》り　わが漕ぎ来れば　羨《とも》しかも　倭へ上る　真熊野の船）

右は山部赤人の作歌であるが、ここでも明らかに「倭＝ヤマト」の用例が見られる。

以上のように、冒頭部の「1・2～29」の間に見られたのと同じ傾向が、万葉集全体にも現われている状況がうかがわれよう。(18)

右の状況をさらに〝きわどく〟しめしているもの、それは左の二例である。

91妹之家毛　継而見麻思乎　山跡有　大嶋嶺尓　家母有猿尾

（読み――妹が家も　継ぎて見ましを　大和なる　大島の嶺《ね》に　家もあらましを）

右は「天皇（天智）、賜二鏡王女一御歌一首」と題する歌、すなわち天智天皇の作歌である。

天皇崩後之時、倭大后御作歌一首

149人者縦　念息登母　玉蘰　影尓所見乍　不所忘鴨

（読み――人はよし　思ひ止《や》むとも　玉蘰《かずら》　影に見えつつ　忘らえぬかも）

右の題詞において「倭＝ヤマト」の表記が現われている。

この二首を対比すれば、天智在世（天皇在位は「天智七〈六六八〉～十〈六七一〉」）(19)の時期の歌には「山跡」の表記が用いられ、天智崩後（天智没時は、天智十年〈六七一〉十二月三日）の歌の題詞では、「倭＝ヤマト」の表記が現われているのが注目される。すなわち、「天智十年頃」を境界として、「ヤマト」の表記として、今問題の「倭」の文字が用いられはじめた。――そういう形跡をしめしているのである。

四

この「天智十年」のころに、「倭」をめぐる重要な国号変更があった。そのことをしめす史料がある。それは三国史記である。

（新羅、文武王十年、六七〇、十二月）倭国更号二日本一。自言近二日所一レ出。以為レ名。

（読み下し――倭国更《か》えて日本と号す。自ら言う「日の出づる所に近し」と。以て名と為す。）

〈三国史記、新羅本紀第六、文武王紀〉

この史書において「倭国」の名号が「チクシ」を指していること、すでにのべたごとくである。「脱解王説話」と「訥祇王説話」と、この二説話とも、「倭国＝チクシ」の使用法をしめしている。そしてこの史書中の百例近い「倭」の用例は、右の前者（冒頭部）と後者（末尾部）の間に、ほぼ〝はさまれ〟ているのである。

したがって、右の「改国号前」の「倭国」もまた、「倭国＝チクシ」を意味すること、文献処理のルール上、疑いがたいところなのである。

これにたいし、「改国号後」の「日本」が近畿天皇家を意味すること、また疑いがたい。なぜなら、養老四年（七二〇）に成立した、近畿天皇家の正史『日本書紀』という書名がしめすごとくだからである。すなわち、右の「倭国」から「日本」への国号改変は、単なる「変号」に非ず、「チクシ──▶ヤマト」という権力中心の変転にともなうものであった。その事実が知られるのである。

右のような三国史記の記述が、決して孤立した記載でなく、東アジア世界の通念に合致している。その状況をしめすもの、それは旧唐書の左の記載である。

(A)（龍朔二年、六六二、七月）（扶余豊）又遣レ使往二高麗及倭国一請レ兵以拒二官軍一。……仁軌（劉仁軌）遇二扶余豊之衆於白江之口一、四戦皆捷、焚二其舟四百艘一、賊衆大潰、……倭衆並降。

（読み下し──〈扶余豊〉又使を遣わし、高麗及び倭国に往かしめ、兵を請い、以て官軍〈唐・新羅連合軍〉を拒がしむ。……仁軌〈唐軍の将〉、扶余豊の衆に白江の口に遇い、四戦皆捷《か》ち、其の舟四百艘を焚き、賊衆大潰す。……倭衆、並びに降る。）〈旧唐書、東夷、百済国伝〉

(B)（長安二年、七〇二）冬十月、日本国遣レ使者二方物一。〈旧唐書、本紀第六、則天皇后〉

右のしめすように、「六六二」時点には「倭国」であったものが、「七〇二」時点には「日本国」となっている。すなわち、この両年時の間に、「倭国→日本国」の国号変更のあったことが示唆されている。

ところが、三国史記の告げる「六七〇」の国号変更記事は、まさに右の「六六二〜七〇二」の間に当っている。両史料の矛盾せぬ実情が知られよう。

この点、もっとも端的に、その間の事情を記すもの、それは、旧唐書の倭国伝と日本国伝の記載である。

(A)倭国者、古倭奴国也。……依二山島一而居。……世与二中国一通。……四面小島五十余国、皆附属焉。

〈読み下し――倭国は、古倭奴国なり。……山島に依りて居す。……世々中国と通ず。……四面に小島五十余国。皆附属す。〉〈旧唐書、東夷、倭国伝〉

(B)日本国者、倭国之別種也。以三其国在二日辺一、故以二日本一為レ名。或曰、倭国自悪二其名不一レ雅、改為二日本一。或云、日本旧小国、併二倭国之地一。……又云、其国界東西南北各数千里、西界・南界咸至二大海一、東界・北界有二大山一為レ限、山外即毛人之国。

〈読み下し――日本国は、倭国の別種なり。其の国日辺に在るを以て、故に日本を以て名と為す。或は曰く「倭国、自ら其の名の雅ならざるを悪《にく》み、改めて日本と為す」と。或は云う「日本は、旧《もと》小国。倭国の地を併《あわ》す」と。……又云う「其の国界、東西南北各数千里。西界・南界は咸《みな》大海に至り、東界・北界、大山有りて限りを為し、山外は即ち毛人の国」と。

〈旧唐書、東夷、日本国伝〉

右について、注意すべき点をあげよう。

第一、唐側の視点において、「倭国」と「日本国」が別国と見えていること（(A)の中に、倭国自身が「日本国」へと改号した旨の一説が紹介されている。しかしこれは、(A)の「倭国」と(B)の「日本国」が同一である旨の記載ではなく、「日本」の名号がすでに「旧、倭国」の別称として胚胎《はいたい》していたことをしめすものではあるまいか）。

第二、両国（「倭国」と「日本国」）が別国であることを明確にしめすもの、それは両国の地理的記載がそれぞれ異なっている事実であろう。

第三、その中の「日本国」が近畿を中心とする国であることは、先の『日本書紀』問題からも明らかである。

第四、さらに「日本国」の地理的記載中、「東界・北界有㆓大山㆒為㆑限」とあるのは、日本アルプス山地を指すものではなかろうか（「山外即毛人之国」といっているのは、毛野国かと思われる[20]）。

第五、これにたいし、「倭国」の方が「九州」を指すことは、「古倭奴国也」として、有名な、後漢の光武帝当時の呼び名を記していることから、うかがわれる。すなわち、志賀島の金印の存在した、博多湾岸をふくむ「チクシ」の地である（さらに「倭国」の条には、「置㆓一大率㆒、検㆓察諸国㆒、皆畏㆓附之㆒」として、卑弥呼の「倭国」と同一であることをしめす記事や、「其王姓、阿毎氏」として、隋書俀国伝の「俀国」と同一国であることをしめす記事がある）。

以上のように、唐側の視点において、「倭国」と「日本国」が別国であること、疑うべくもない。正史の記載として、これ以上明白な記述は、多く望みえないのではあるまいか。

さらにこのことを確固と裏づけるもの、それは「国使交換」記事である。

(イ)対、倭国

貞観五年（六三一）、遣レ使献二方物一。太宗矜二其道遠一、勅二所司一無レ令二歳貢一。又遣二新州刺史高表仁一持節往撫レ之。表仁無二綏遠之才一、与二王子一争レ礼、不レ宣二朝命一而還。至二二十二年（六四八）一、又附二新羅一奉レ表、以通二起居一。

（読み下し――使を遣わして方物を献ず。太宗、其の道の遠きを矜《あわ》れみ、所司に勅して歳貢せしむる無からしむ。又新州の刺史、高表仁を遣わし、持節して往きて之を撫せしむ。表仁、綏遠の才無く、王子と礼を争い、朝命を宣べずして還る。二十二年に至り、又新羅に附して表を奉じ、以て起居を通ず。）

〈旧唐書、東夷、倭国伝〉

(ロ)対、日本国

長安三年（七〇三）、其大臣朝臣真人（吉備真人）、来貢二方物一。……則天宴二之於麟徳殿一、授二司膳卿一、放還二本国一。開元初（七一三）、又遣レ使来朝、……其儒使朝臣仲満（阿倍仲麻呂）、慕二中国之風一、因留不レ去（下略）。〈旧唐書、東夷、日本国伝〉

右の「日本国伝」のケースでは、わたしたちの熟知する、近畿天皇家内部の人物名が出現している。これにたいし、「倭国伝」中の事件は、日本書紀中に一切出現しないのである。しかも、この〝不穏事件〟は、やがて白江（白村江）の戦へと向かうべき前兆となっているように見える。そして唐朝が新羅と同盟して戦ったのは、「百済と倭国」であって、「百済と日本国」ではなかったこと、前述のごとくであった。ここにも、「倭国」と「日本国」が別国であるという、明晰な徴証が存在する。

三国史記における「倭＝チクシ」の終結と、万葉集における「倭＝ヤマト」の開始は、ともに一時点を指示していた。それは「天智九年（文武王十年、六七〇）と天智十年（文武王十一年、六七一）の間」にあった。[21]

この点はまた、八世紀における各天皇がくりかえし「証言」するところであった。

㈠（慶雲四年、七〇七、七月）近江大津宮御宇大倭根子天皇乃天地共長与日月共遠不改常典止立賜比敷賜覆留法……（下略）〈元明天皇、即位詔〉

㈡（神亀元年、七二四、二月）淡海大津宮御宇倭根子天皇乃万世尓不改常典止立賜敷賜閉留随法……（下略）〈元正譲位の詔。聖武天皇、即位詔〉

㈢（天平勝宝元年、七四九、七月）近江大津乃宮尓御宇之天皇乃不改自伎常典等初賜比定賜部流法……（下略）〈孝謙天皇、即位詔〉

㈣（天応元年、七八一、四月）近江大津乃宮御宇之天皇乃初賜比定賜部流法随尓……（下略）〈桓武天皇、即位詔〉

以上は、続日本紀記載の詔勅であるが、いずれにも「天智天皇の時代」に、八世紀の「天皇位」の淵源の「開始」があったことを告げている。右の㈠～㈢に現われる「不改常典」の用語について、従来の研究史上、①皇位継承法②近江令の説が行なわれてきたが、これらはいずれもわたしには妥当しがたいように思われる。なぜなら、それらは日本書紀の「天智紀」に明記されていないからである。書紀製作の当事者たる元明や元正の詔で強調される、この重大画期事件が、当の書紀に「特筆大書」されていないはずはない。しかるに、右のような「皇位継承法」も、「近江令」も、一切その記載を見ないのである。代って、そこに「特筆大書」されている事件、それは何であろうか。

（天智十年、六七一、春正月）甲辰、東宮太皇弟奉宣、（或本云、大友皇子宣命）施二行冠位法度之事一。大二赦天下一。（法度冠位之名、具載二於新律令一也）〈日本書紀、天智紀〉

右の「冠位」とは、大化三年四月是歳および大化五年二月の「制」として記されたところを天智三年春二月に「改定」されたもの、それを指すと考えざるをえない。とすれば、次の「法度」とは、同じく、「大化元年〜三年」の間に、十四個並置された「詔・奉請・制」類を除いて存在しないこととなろう。

全日本書紀中、これほど多数の詔勅類の林立した個所は、他にない。それらの「施行」が、天智天皇の在世時代（天智十年）、太皇弟たる大海人皇子（のちの天武天皇）によって行なわれたという、この事件、これ以上に重大な事件が、全日本書紀中、他にありうるであろうか。

とすれば、続日本紀中の「不改常典」とは、これを指す以外にありえない。わたしにはそのように思われる（この問題についての詳細な論証は、「日本国の創建」『よみがえる卑弥呼』[22]所収、参照）。その画期をなす一時点こそ、今問題の「天智十年」だったのであった。

日本書紀において、「日本国の成立」はいつか。当然、「神武天皇の即位元年（辛酉）」である。しかしそれが、〝虚構の一線〟にすぎぬこと、今日の歴史学者にして、肯定せぬ者はほとんどありえないであろう。考古学上の出土分布も、それを史的事実として支持していないのである。

そのため、戦後の古代史学者は、代りの「日本国成立時点」を各世紀に〝群立〟せしめることとなった。あるいは四世紀、あるいは五世紀、あるいは六世紀等に、その「画期の定点」を求めた。しかし、それらはいずれも、古事記・日本書紀中の史料記載をもたず、いわば、学者たちの「主観的判定」に依拠するほかなかったのである。

そして今、近畿天皇家の天皇たちの証言を通して、その「真の開始点」、いいかえれば、「史実としての日本国の成立時点」が判明することとなった。——すなわち、「天智十年」がそれである。

それは、中国や朝鮮半島側の史書の記載と合致する、客観的な史実としての「日本国の成立」であった。

第五章　考古遺物分布の証言

一

日本列島中の近畿領域中に、巨大古墳群が叢立している。いわゆる「天皇陵」がこれである。それらが列島中、最大の古墳群であること、この事実ほど、少なくとも古墳時代において、近畿天皇家が「列島内の統一中心」であった、その「史的事実」を語るものはない。——一般には、そのように〝信ぜられ〟てきたようである。

けれども、その実、その古墳の内実、すなわち副葬品の本質が何であるか、その一点に関して、深く注意され、思料されてきたことがほとんどなかったように思われる。なぜなら、

第一、その副葬品は、「鏡・剣・勾玉」等を中心とするものであることは、近畿の周辺古墳群出土の副葬品から推定しうる。それはすなわち、弥生時代の北部九州（筑紫。ことに筑前中域）における、弥生

王墓群[23]出土の副葬品からの伝播であること、それはおよそ疑いえない。

第二、当の筑紫とその周辺において、古墳群の中から右と同類の副葬品の出土することは、周知のとおりである。これは当然ながら、弥生王墓のストレートな継承であり、その本流に属する。

第三、これにたいし、近畿古墳群の場合は、筑紫からの伝播であり、支脈と見なさざるをえない。たとえば、イギリス王国とアメリカ合衆国との関係のように、前者が小、後者が大であるからといって、「本来、アメリカ合衆国が主流」と論ずる者あれば、それは「後代の勢力関係」に迷うて、歴史的真実を見失うものではあるまいか。

二

この点、注目と思考を求めるべき第二点は、装飾古墳問題である。九州と関東・東北等（茨城県・福島県等）にこの装飾古墳群が分布しているが、これらの彩色古墳が、その淵源を朝鮮半島（ピョンヤン周辺[24]）、さらに中国にもつこと、疑いうる人はありえないであろう。題材は各別でも、「彩色壁画」の伝統は、半島・大陸側にあったこと、疑いない。

さらに石獣つき古墳が、九州（筑紫等）・山陰（鳥取）に存在するが、これも、大陸（南朝等[25]）にその先蹤ないし中心の実在したこと、周知のごとくである。これに反し、近畿の古墳群には、いわゆる「天皇陵」をふくめて、それらの様式をもつものは存在しない。

以上の事実を冷静に観察すれば、東アジア的視野において、中国（南朝）の「臣」を称していた「倭の五王」、彼らの「倭国」の所在がいずれにあったか、それを考古遺物が明白に指示している、というべきではあるまいか。

従来、日本の考古学者たちの多くが、近畿中心の視点に立ち、九州の装飾古墳・石人石馬古墳をもって〝近畿の天皇家配下の「地方色」〟であるかに遇してきた、その非が察せられよう。

事実は逆である。東アジア全域の「彩色古墳」や「石獣つき古墳」の大勢から孤立し、一種の「地方色」となっている、そのような近畿領域の特色に目を蔽うて、今日に至っていたのではあるまいか。近畿一元主義は、文献史料の分析結果のみならず、考古遺物の分布事実とも、対応しえないのである。

三

最後に問題とすべきは、「二つの正倉院」問題である。一は、「海の正倉院」と呼ばれる、沖ノ島出土遺物群であり、ほぼ四〜七世紀の「宝物」が出土している。他は、文字どおりの正倉院（奈良県）であり、ほぼ七世紀以降の「宝物」を蔵している。

右の事実は、これを先入観なく正視すれば、前者が「倭国」（九州）の宝物、後者が「日本国」（近畿）の宝物であることを〝暗示〟している。(26)論者は、前者を〝近畿天皇家からの奉献物〟として、「九州の手」から奪取しようとしているけれども、客観的に見て、これは不可能であろう。なぜなら、いかに〝近畿から沖ノ島へ〟奉献した、としても、そのため、近畿の正倉院に、「七世紀以前の宝物がなくなった」などということはありえないからである。

また、いわゆる「天皇陵の副葬品」にこれを期待する論者もあるであろうけれども、これも正当ではない。なぜなら、古墳内の副葬品は、あくまで古墳内の副葬品と比較すべきであり、「地上もしくは地表にあった宝物」とは、これを同一視しがたいからである。

要するに、問題のポイントは次のようだ。

第一、井上光貞氏等の指摘された「碧玉製鍬形石」等は、確かに〝近畿周辺の豪族ないし権力者の沖ノ島奉献〟を物語るものであろう。しかしそれだからといって、他の宝物（金の竜頭・金の指輪等）もまた〝近畿からの奉献〟である、というのは、「部分と全体」のちがいに留意せぬ、論理上の飛躍ではあるまいか。

第二、逆に、沖ノ島出土の祭式土器が九州の土と九州の様式で作られている上、沖ノ島独自の（穴あき）祭式土器も出土していることが知られている。すなわち、九州独自の祭式土器である。

第三、その上、対岸の宮地嶽古墳からは金の竜の宝冠も出土している。すなわち、沖ノ島出土の黄金の宝物は、原則として、「九州出土の宝物」と解すべし。――これがわたしの帰結、そして理性ある万人の首肯すべき命題である。

この点、たとえば、近畿の古墳等からの出土物を、原則として「近畿出土の宝物」と解すべきこと当然であるけれども、それと同断である。(27)

以上、「王朝の宝物」に関しても、七世紀以前は、九州（倭国）の出土、七世紀以降は、近畿（日本国）の出土、という鳥瞰図をしめしていること、その事実が知られよう。

跋

八世紀の近畿天皇家は、古事記・日本書紀という二つの史書を産出した。ことに後者は、「日本国」

の正史としての書名を有している。

しかしながら、この書を大観すると、この書の成立前に、〝消された書名〟をもつ史書群が存在したことが知られる。「日本旧記」(雄略紀)、「日本世記」(斉明紀)についていては、書名があるけれど、その書が〝いかなる天皇のもとで、いつ作られたか〟の解説がない。これは不思議だ。なぜなら、そのような史書が現存する以上、それらの書の成立を説くこと、それは〝重要な史実〟であること、疑いがたいからである。

さらに、書紀の神代巻には、十種類前後の史書(神代巻)からの引用がある。それらの一つ一つは、いずれも重厚な漢文体であり、それぞれ、貴重な史書であった、と思われる。それらをあれほど明白に「引用」しながら、一切それらの書名を記していないのである。それらの「書名」は、慎重に〝削られ〟ているのである。

これらの史書は、一個人の史家による、単に個人的な著作とは考えられない。当然、一王朝の所産であろう。この神代巻が終り、神武が近畿へ出発すると共に、「一書群」の列載は終っている。これらの史書群が「九州所産」であることをうかがわせよう。さらに、この神代巻出現の最多国名が「筑紫」(出雲と共に)である点から見れば、この史書産出地が「筑紫」にあったことが、当然推察されよう。しかし、これらを「一書に曰く」という形でのみ引用し、その産出地(筑紫)をしめしていたものもあるはずの、肝心の「書名」そのものは、〝削られ〟ているのである。

以上は、単に「史書」の問題ではない。「王朝」の問題である。大和政権にとって〝母の国〟であり、本流であった、筑紫なる九州王朝の問題なのである。換言すれば、これらの史書群を産出した、弥生以来の王朝、すなわち九州王朝の「存在」を歴史上から消し、その「成果」のみを利用する、そういう一種姑息な手法を後継者たる大和政権が採用したことをしめしているのである。それゆえ、周辺の東アジアの国々、中国や朝鮮半島の史書がこぞって証言する「倭国から日本国への変換」は、ストレートな形で記載されず、ただ八世紀の諸天皇の詔勅、万葉集の記載等がこれを間接に〝裏づける〟形となっているにすぎないのである。

中国や他の領域の史書においても、「先在王朝を歴史叙述から消す」という手法は存在したであろう。しかし日本書紀の場合、このような「大義名分上の偽り」という「本質上の造作」が、もっとも露骨に実行されたのである。これに比すれば、津田左右吉の、いわゆる「造作説」なるものは、いわば、〝枝葉末節の造作〟の指摘にすぎず、逆に歴史の本質に関しては、「皇室の悠久の淵源」を強調したこと、周知のごとくであった。

以上は、理性的に物を思考する人なら、誰しも冷静に至らざるをえぬ帰結であろう。なぜなら、史料上の分析も、考古学上の分析も、共に「一元主義」を支持せず、多元史観の立場を必要としているからである。

けれども、わたしがいかにこれらの指摘を実証的に行なっても、多くの論者は、これを決して〝受け入れよう〟とはしないかもしれぬ。なぜなら、「歴史」とは、何よりも、〝当代の体制の意向〟に左右されやすい体質をもつ分野だからである。ことに明治維新以後、「近畿天皇家中心主義」は、その一鼓吹点となった。それゆえ、それを「鼓吹」する論は受け入れられやすく、それに反する論は受け入れられがたい。——そういう時代的運命をもったからである。

けれども、いかなる時代のいかなる支配者も、自己に好都合な史観の中に歴史を〝永く〟おしとどめることは不可能である。なぜなら歴史的経験は、わたしたちに、いかなる地の、いかなるイデオロギー

も、いかなる権力者も、結局相対的であり、ついには真実の審判の前には抗しがたい、この一事を示しているからである。(28)

註

(1) たとえば、キリスト教世界内でキリスト教的歴史像、共産圏内でマルクス主義的歴史像が「公示」される等。さらにそれらの中の「〜派」が権力をにぎったとき、それに応じた歴史教科書、党史等が作られてきたこと、周知のごとくである。

(2) 神奈川県大和市(月見野遺跡群上野遺跡第一地点第二文化層無文土器)。

(3) 弥生期の開始は前三〇〇〜二〇〇。

(4) 白色の黒曜石(仮称)。

(5) 他に、黒曜石の製作交易場らしきものに、栃木県宇都宮市聖山公園跡遺跡がある(縄文前期中葉)。

(6) 先述の良質大量の生産地に対して、やや質・量の劣るものがある。たとえば、関東では高原山・神津島・伊豆半島、北陸で佐渡島、中部で長野県の北信部等がある。これらも重要な文明中心を構成していた。

(7) 後漢書倭伝。

(8) この文明はすぐれて玉器文明の性格をもっている。

(9) ただし金属器の流入地は、縄文時代における、西日本の文明中心(九州北岸、出雲、讃岐等)であったこと、いかに注目しても、注目しすぎることはない重要事である。

(10) 『考古学雑誌』第十二巻十一号、大正十一年七月。

(11) 右論文参照。

(12) ツクシ(現地音チクシ)。

(13) 多利思北孤は多利思比孤とも書かれているが、いずれも男性名。

(14) たとえば「タラ(リ)シヒコ」は男性の天皇のことであり、皇太子をワカタラシと称し、その「ワカ」をはぶいたもの、と(『日本の歴史2』中央公論社刊)。
(15) 重要な論証として「宝命」問題がある(「日本書紀の史料批判」『多元的古代の成立(上)』駸々堂刊所収、参照。また『古代は輝いていた』第三巻、朝日新聞社刊、参照)。
(16) 糸島郡・博多湾岸・太宰府・朝倉郡。
(17) 全体の例は別稿にしめす。
(18) 天智十年以降は、「倭」とそれ以前からの表記法との混用である。
(19) 当然、天智天皇の皇太子時代の可能性もあろう。
(20) 蝦夷国を指すという説もある。しかし、中国側は「蝦夷国」使の入朝を明記している(冊府元亀、外臣部、朝貢三。顕慶四年、六五九、高宗)。
(21) 三国史記の新羅本紀、文武王十年(六七〇)と日本書紀の天智紀の天智十年(六七一)は、その実、同年である可能性が高い。なぜなら、三国史記の百済本紀・義慈王の白江の戦(龍朔二年)は六六二年であるのに対し、日本書紀の白村江の戦(天智二年)は六六三年であり、同一事件に「一年の誤差」が現われているからである。
(22) 駸々堂、昭和六十二年十月刊。
(23) 三雲・井原・平原(糸島郡)、須玖岡本(春日市)等。
(24) 安岳三号墳・徳興里壁画古墳。
(25) 南京近辺に「辟邪」の石獣があるのは、南朝の「石獣つき古墳群」の遺存断片である(北朝の石馬〈西安〉などは、他の遺存例である。九州・山陰の場合、当然、南朝系の可能性が高い)。
(26) 井上光貞氏「古代沖の島の祭祀」(『日本古代の王権と祭祀』東京大学出版会刊、所収)。
(27) 古田編『シンポジウム邪馬壹国から九州王朝へ』新泉社、昭和六十二年九月刊、二六六〜二七一ページ参照。
(28) 九州王朝自体の歴史とその発展の全体像、政治構造等については、別稿に詳述したい(なお『新唐書』の問題については、「新唐書日本伝の史料批判――旧唐書との対照」『昭和薬科大学紀要』第二十二号、一九八八、参照)。

――一九八七年十一月十日稿了――

第四篇　新唐書日本伝の史料批判——旧唐書との対照

〈解題〉　中国の正史の一たる『旧唐書』において、「倭国」と「日本国」が明瞭に別国として記載されていることは著名だった。にもかかわらず、それを〝偽妄〟として斥けてきた日本史学界が「拠り所」としたのが、『新唐書』だった。しかるに、この『新唐書』全体の史料性格を周密に再検査してみると、意外にも、それは『旧唐書』の記載を否定するものではなかった。やはり「倭国」を「日本国」以前と見なす立場に立っていたのであった。

（『昭和薬科大学紀要』第二十二号、一九八八年、所載）

一

日本古代史学には、二つの道が存在する。一は古事記・日本書紀の描く古代日本像を基盤にし、外国史書に対して批判的に取捨する方法論に立つ。一は、外国史書の記述するところを基本にし、古事記・日本書紀の所述に対して批判的に検討する。この方法論である。

前者は、近畿天皇家のみずから描くところを、根幹的に〝正し〟とする、主観主義の立場であり、後者は、中国や朝鮮半島側の史書の「日本観察」の記述を東アジアの大局において〝正し〟とする、客観主義の視点に立つ。

現代、日本の歴史学界・教育界は、戦前（皇国史観）と戦後（津田左右吉の「造作」史観）とにかかわらず、一貫して前者、主観主義の立場を歩みきたった。これは正当であろうか。

この点、もっとも鮮明にして鋭角的な対照をなすもの、それは「記・紀と旧唐書」(1)の対立である。記・紀が八世紀初頭に、日本列島内で成立した史書であるのに対し、その成立期たる七〜八世紀以前の日本列島の政治状況を描写した旧唐書、その記述が大局において記・紀（ことに日本書紀）とは全く矛盾しているのである。

この点、わたしは後者、客観主義の立場に立つ。従来、その立場から、記・紀の所述に対する批判を加えてきたのである。

ところが、この点、全く異なった面目をもつ外国史書がある。新唐書(2)がこれである。旧唐書からおくれること、約一一五年、宋代に成立した。後代の史書であるが、ここに描かれた日本列島像は、先の旧唐書の所述と大きく異なっている、かに見える。

本稿はこの新唐書に対し、史料批判を行なうこととする。

二

先ず、旧唐書に関し、すでにのべたところを要約し、略述してみよう。
(1)旧唐書中の東夷伝は、高麗・百済・新羅・倭国・日本の五国に分れている。すなわち、「倭国」と「日本」は別国である。
(2)事実、その両伝の冒頭を比べると、
①倭国伝
「倭国者、古倭奴国也。」

(倭国は古の倭奴国なり。)
②日本伝
「日本国者、倭国之別種也。」

(日本国は倭国の別種なり。)

となっている。すなわち、「倭——倭国之別種（倭種）」という。親縁もしくは同類関係ながら、「別国」として扱われていることは明白である。
(3)さらに、両国が〝同一存在に非ざる〟ことを明証するのは、両伝各別の〝領域記載〟が存することである。

①倭国伝

「四面小島、五十余国、皆附属焉。」

（四面小島。五十余国、皆焉〈これ〉に附属す[3]）。

②日本伝

「又云、其国界東西南北各数千里、西界、南界咸至大海、東界、北界有大山為限、山外即毛人之国。」

（又云う、其の国界、東西南北、各数千里、西界・南界、咸〈みな〉大海に至り、東界・北界、大山有りて限りを為す。山外は即ち毛人の国なり。）

右のそれぞれを分析しよう。

①′冒頭に、この「倭国」を「古の倭奴国」と同一として「同定」している点から見ると、この「四面小島云々」の表記が、「九州島」を中心とした表記であることは疑いえない。なぜなら「古の倭奴国」とは、後漢の光武帝から金印を授与された、その国名（後漢書倭伝所載）を指すこと明白であり、その金印出土地が九州なる、博多湾頭の志賀島であったこと、今や万人周知の事実だからである。

したがって、先入観や先在イデオロギーなく、率直に読み、かつ端的に判断する限り、この「倭国」とは、志賀島の存在する筑紫の地を指すこと、すなわち「四面小島云々」は九州島を中心とする描写であること、この一点は疑いえないのではあるまいか。

②′これに対し、「日本国」の場合、「東界・北界、大山有りて限りを為す。」とある。「大山」とは、日本アルプスから富士山に至る、中部地方の山脈地帯を指すものであろう。なぜなら、この地帯は、日本列島中、最大・最高の山岳地帯であるから、ここをさしおいて、他を「大山」と指称したのでは、バラ

ンスを欠如するからである。とすれば、「毛人之国」とは、関東（毛野国など）を指すこととなろう。（東北地方以東は「蝦夷国」。また、「日本国」の「西界・南界、咸、大海に至り、」とあるのは、「倭国併合」以後の姿をしめすものであろう。この点、「倭国」と「日本国」との関係が〝同時併存〟ではなく、〝時間的前後関係〟をもつことが注意せられねばならぬ。[4]）

いずれにせよ、「倭国」と「日本国」との関係が、単なる〝同一国の名号変更〟といったものにとどまらず、内包すべき〝地理的実体〟を異にしていること、この事実は、これを疑うことができない。

(4)「倭国」と「日本国」との〝非、同一性〟をしめすもの、それは〝地理的実体〟だけではない。その国の由来たる〝歴史〟においても、相異なっているのである。

①倭国伝

㋑「東西五月行、南北三月行。」〈隋書俀国伝〉

㋺「其王、姓阿毎氏。」〈同右〉

㋩「設官有十二等。」
（官を設くる、十二等有り。）〈同右〉

㋥「其王、姓阿毎氏。置一大率、検察諸国、皆畏附之。」
（其の王、姓は阿毎氏。一大率を置き、諸国を検察せしめ、皆之を畏附す。）〈三国志、魏志倭人伝〉

㋭「地多女少男。」
（地に、女多く男少なし。）〈後漢書倭伝〉

②日本伝

㋑「以其国在日辺、故以日本為名。」

（其の国、日辺に在るを以て、故に日本を以て名と為す。）

㋺「或曰、倭国自悪其名不雅、改為日本。」

（或は曰く、倭国自ら其の名の雅ならざるを悪〈にく〉み、改めて日本と為す。）

㋩「或云、日本旧小国、併倭国之地。」

（或は云う、日本は旧〈もと〉小国、倭国の地を併〈あわ〉せたり。）

㋥「其人入朝者、多自矜大、不以実対、故中国疑焉。」

（其の人、入朝する者、多く自ら矜大、実を以て対〈こた〉えず、故に中国、焉〈これ〉を疑う。）

右について分析しよう。

①′この「倭国」の歴史的由来は、いずれも後漢書、三国志、隋書の記述を〝承述〟して造文されていること、明らかである。

すなわち、後漢代の「倭奴国」時代（一世紀）も、魏代の卑弥呼時代（三世紀）も、隋代の多利思北孤時代（七世紀）も、いずれも同じ、この「倭国」であることがしめされている。

この点、一～七世紀の間、筑紫の地に「倭国」の首都圏が存在した、という、わたしの「九州王朝」説という「仮説」からは、右の史料事実は何の他奇もない。むしろ、このような史料事実が、「九州王朝」説成立の基本史料の一をなしているのである（当然ながら、この旧唐書に〝承述〟された歴史の史書、その他、各時代の同時代史書等による）。

これに反し、記・紀の主張するような、「近畿天皇家中心」の一元主義史観の古代像とは全く〝合致〟しえない。すなわち、一元史観という「仮説」は、右の史料事実を全く説明しえないのである。

このさい、冒頭にのべた、二つの立場の対立が鮮明に生じよう。すなわち、記・紀を採って、旧唐書などの外国史料の記載を捨てるか、逆に、外国史料を採って、記・紀の記載を批判するか、この二つ。主観主義史観と客観主義史観との対立である。

②これに対し、日本伝の場合。一切、右のような具体的な「歴史的由来」は書かれていない。その所述を分析してみよう。

(イ)これは、「歴史的由来」というより、「地理的由来」に属しよう。他奇はない。(5)

(ロ)「倭」には〝みにくし〟の意があるから、それが「改号」の理由となったようである。(6)

しかし、この一文には重大なポイントが、別にある。それは、〝倭国自身が、日本と改号した〟といっている「倭国」とは、行文上、先の「倭国伝」の「倭国」、そのように考える他はない。その「倭国」(九州王朝)が、自ら「日本」と「改号」した、といっているのである。

これに反し、〝「日本国」(近畿天皇家)が、かつて「倭国」と称していて、ある時点で自ら「日本国」と「改号」した〟という解釈は、(二元論者は、それを望むであろうけれども)実は不可能なのである。なぜなら、この一文の主語は、明白に「倭国」だ。その「倭国」という概念は、直前の「倭国伝」所述のもの、そのように考える他ないからである。

(ハ)これはもっとも注目すべき一文である。前伝の「倭国」と今伝の「日本」との関係を叙したものだ。しかも、後者が前者を併合した、というのである。この「併」という用語は、旧唐書の夷蛮伝中にも、しばしば出現する。

(a)及太宗崩、賀魯(阿史那賀魯)反叛、射匱(乙毗射匱可汗)部落為其所併。(太宗の崩ずるに及び、賀魯反叛し、射匱の部落、其の併す所と為る。)〈突厥伝、下〉

(b)至則天時、突厥強盛、鉄勒諸部在漠北者漸為所併。

（則天の時に至り、突厥強盛、鉄勒の諸部、漠北に在る者、漸く為に併せらる。）〈北狄、鉄勒伝〉

右の(a)は、突厥の内部から勢力拡大してきた豪族（賀魯）が、突厥統合の王者たる可汗（乙毗射匱可汗）の部落を併合してしまった、という。「反叛、併合」のケースである。

これに対し、(b)の場合、鉄勒の近隣部族たる突厥が、鉄勒の諸部落中沙漠の北に当る部分を併合してしまった、というのである。「近隣、部分併合」のケースである。

「倭——日本」の場合の〝併合〟が、右のいずれに当るか、考えてみよう。

(i)右の(b)のように、「漠北に在る者」といった限定詞がついていない点から見ると、「全面併合」と見られる（また、先にのべた「日本国の領域」が、「倭国」〈九州〉を〝あわせた〟形になっている点も、これを支持しよう）。

(ii)最初にある「日辺にあるから、日本と名づけた」という理由は、〝中国を基点にして考えた〟場合、「日本国」〈近畿中心か〉のみならず、「倭国」〈九州か〉にも当てはまること、「或は曰く」の形ながら、「倭国の自主的改号」説を紹介していること、この二点から見て、「日本」が、もともと「倭国」と無関係だった、とは考えられない。いいかえれば、〝「日本」は「倭国の別種」であったが故、その「本種」たる「倭国」を併合して、「日本」国号を名乗るに至った〟という状況のようである。右では、(a)の「反叛」のケースに近い。

次に問題とすべきは、「旧」の用法である。この文字の用例は次のようである。

①顕慶五年（六六〇）、命左衛大将軍蘇定方統兵討之、大破其国。虜義慈及太子隆、偽将五十八人等送於京師、上責而宥之。其国旧分為五部、統郡三十七、城二百、戸七十六万。

（顕慶五年、左衛大将軍の蘇定方に命じ、兵を統じて之を討たしめ、大いに其の国を破る。義慈及び太子隆、偽将五十八人等を虜にして京師に送る。責して之を宥〈ゆる〉す。其の国、旧、分れて五部為り。郡三十七、城二百、戸七十六万を統ず。)〈百済伝〉

②特許其旧臣赴哭。

(特に其の旧臣の赴き哭くを許す。)〈同右〉

③百済僧道琛、旧将福信率衆拠周留城以叛。

(百済僧道琛・旧将福信、衆を率いて周留城に拠り、以て叛す。)〈同右〉

上の「旧」はいずれも、「顕慶五年」の「亡国――虜囚」事件を〝画期〟として使用されているようである。

このような用例から見ると、「日本」の場合も、「倭国併合」を〝画期〟として、それ以前を「小国」と呼んでいるものと見られよう。この点、「倭国併合」によって〝領域拡大〟したため、「大国」化した時点に立っての「小国表記」と見るべきではあるまいか。

右は、領域上の「大――小」から見た「小国」の問題であるが、もう一つ、別の側面があるようである。

突騎施烏質勒者、西突厥之別種也。(中略)……蘇禄者、突騎施別種也。……突厥先遣使入朝、是日亦来預宴、与蘇禄使争長。突厥使曰「突騎施国小、本是突厥之臣、不宜居上。」(下略)

(突騎施の烏質勒は、西突厥の別種なり。〈中略〉……蘇禄は、突騎施の別種なり。……突厥、先ず使を遣わして入朝す。是の日、亦来りて宴に預る。蘇禄の使と長を争う。突厥の使曰く「突騎施、国小、本是突厥の臣、上に居る宜〈べ〉からず。」と。)〈突厥伝、下〉

右によってみると、突厥の使が自族の「別種」たる「突騎施」に対し、「国小なり。」といっている。

そして「本来、突厥の臣下だ。」というのである（「蘇禄」は、その「突騎施」の、さらに「別種」である）。

だから、唐の朝廷で、一堂にあるとき、自分（突厥）より上座に坐ってはいけない、というのである。

これに対し、唐側の対応は次のようであった。


於是中書門下及百僚議、遂於東西幕下両処分坐、突厥使在東、突騎施使在西。宴訖、厚賚而遣之。

（是に於て、中書門下及び百僚議し、遂に東西の幕下の両処に於て分坐し、突厥の使は東に在り、突騎施の使は西に在り。宴訖〈おわ〉り、厚く賚〈らい〉して之を遣わす。）


突厥の使と突騎施の使を、別々に東西の幕下に座を設け、居らしめた、というのである。

これは、両者に〝うらみ〟なからしめるため、「平等」に扱った、というわけだが、反面から見ると、先の突厥の使の「上に居る宜からず。」という言い分は〝承認〟されたこととなろう。

これによって考えてみると、

(i)最初、唐側は、突騎施の使を「上座」に置いたようであるから、その「勢力」が突厥と同等か、それ以上と見なされていたのであろう。

(ii)しかるに、突厥の「国小、云々」の言い分が認められて、はじめて両者は〝対等〟に扱われた。

以上の事例から見ると、「日本」の場合も、「小国」というのは、単に〝面積が小さい〟という意味を表わすものではなく、日本伝冒頭の「日本国は、倭国の別種なり。」という種族系譜の表記と、深くかかわりのある表現であると思われる。要するに、中国を中心とする東アジア的視野において、「倭国は本流、日本国はその分流。」と見なされている。その表記なのである。


㈡ここでは、「日本国使」の主張に対する中国側の〝判断〟が記せられている。それは次のようだ。

〈その一〉彼等の言い分は、「矜大」（ほこり高ぶっているさま）である。

〈その二〉こちら（唐側）の質問に対して「実」をもって応答することがない。
〈その三〉そこでわれわれ（唐側）は、彼等の言い分に疑惑をいだいている。

注意すべきこと、それはこの一文（三）は、中国側の判断をのべた「地の文」であり、決して「或は云う」の中の一節ではないことである。

では、この時の「日本国使の言い分」とは、いかなるものだったのであろうか。それは右では「多く自ら矜大」という「判定」のみが記されて、その具体的内容は記されていない。すなわち、〝正史に登載すべき価値なし〟として、切り捨てられているのであるから、この旧唐書に〝即する〟限り、わたしたちには、それを認識すること、不可能である。

けれども、幸いにも、わたしたちはそれをほぼ知ることができよう。なぜなら、ここにいう「日本国使」が、近畿天皇家内の使者であることは確実である。

このあと、

①長安三年（七〇三）——朝臣真人
②開元（七一三〜七四一）の初——朝臣仲満
③貞元二十年（八〇四）——学生橘免勢・学問僧空海
④元和元年（八〇六）——判官高階真人

等が、いずれも「日本国使」もしくはその関係者として記述されている。この人々が近畿天皇家内の知名の士であること、疑うべくもないからである。

とすれば、彼等、近畿天皇家内の官人たちの多くが、「日本国の由来と歴史」として語ったところが、他でもない『日本書紀』の記述したものに拠ったこと、疑いないであろう。この史書こそ「日本国の正史」であり、彼等の多くは「日本国の正使」だったから、両者が〝対応〟しなければ、それこそ〝筋が通らぬ〟のである。

前の①〜②は、『日本書紀』の成立（編集）期、③〜④は、明白にこの正史の成立後である。とすれば、これらの「日本国使」の多くが〝主張〟した歴史、それがいわゆる「近畿天皇家中心の一元史観」に立つものであったこと、この一事は、推してあやまりなきところといえよう。

これに対して、中国（唐）側の知悉する史的認識、それは——日本列島（西の部分）に関して——先の「倭国伝」にのべたところ、それが「実」であった。

この、中国側から見れば、東アジアの文字記録の中心の国として、「安定した歴史知識」こそ「実」と呼ばるべきものだったのである。

この点、さらに進一歩しよう。旧唐書、東夷伝の筆頭をなす高麗伝に、この「実」をめぐる興味深い挿話が記せられている。

高祖（唐の第一代の天子）嘗謂侍臣曰「名実之間、理須相副、高麗称臣於隋、終拒煬帝、此亦何臣之有。（下略）」

（高祖、嘗て侍臣に謂いて曰く「名実の間、理須相副す。高麗、臣を隋に称し、終〈つい〉に煬帝を拒む。此れ亦何の臣か、之〈これ〉有らん。」）

前において、「名」とは、「隋——高麗」間に、〝天子——臣〟の「名分」が成り立っていたことを指す。ところが、両国間の外交交渉と行動の実際において、〝戦闘状態〟がくりかえされた。そしていわゆる「隋末の大乱」につながっていったのである。これを「実」と呼んでいるのである。

このような使用例から見ると、このすぐあと（百済・新羅伝をはさんで）出現する「日本伝」中の

「実」も、これと同じく解さるべきではなかろうか。

すなわち、中国歴代の王朝が、各時期の「倭国」と接触し、国交し、行動し、戦闘してきた、実際の事実がこれである。古くは、漢書・後漢書・三国志・宋書・隋書に記録された、その事実、新しくは、唐王朝自身が、七世紀前半より後半にかけて、交渉し、対応してきたところがこれである。

貞観五年（六三一）――太宗の時、遣使献方物。高表仁派遣。（王子と礼を争い、朝命を宣べずして還る。）

貞観二十二年（六四八）――新羅に附し、表を奉じて、以て起居を通ず。

右のような外交交渉の実際と共に、何よりも、百済伝に詳述された「倭国との激戦」（龍朔二年、六六二）たる「白江の戦」が、これである。これも、唐側にとって、大いなる「倭国対応」の「実」をなしていたのであった。

このような「実」に立って、「日本国使」の挙揚した「名分」論、〝近畿天皇家一元主義の由来と歴史〟という、「偽られた名分」を斥けているのである。――「疑焉（これを疑う）」の二字が、その帰結であった。

三

以上、旧唐書の「倭国伝」「日本伝」に対する史料批判を終えた今、筆を改めて、考古学的事実との対応について、若干の考察を付しておこう。なぜなら、わが国の考古学界では、〝近畿天皇家中心の一元史観こそ、考古学的事実と対応する〟旨を主張する、その流派が、いわば「定説派」もしくは「主流派」を占めているのである。

それゆえ、〝中国の文献上の視点から見た「実」はともあれ、真の「実」は考古学的研究の成果に拠るべし〟との主張の存すること、容易に予想しうるからである。

今は、その詳悉は尽くせぬものの、若干の主要問題をとりあげ、客観主義の視点をしめすこととしよう。

第一。「前方後円墳」問題

京都府・大阪府を中心とする近畿地方には「天皇陵」と呼ばれる巨大古墳群が林立し、その多くは「前方後円墳」と呼ばれる墳型をもつ。

その突出した巨大性と、地域的群立性によって、少なくともこの古墳時代（四〜六世紀）以降は、この近畿地方こそ日本列島中枢の地、そのような一種の〝信念〟を一般はもとより学界にも生み出してきたこと、周知のところである。

しかしながら、この問題を詳細に吟味すると、幾つかの〝異なった視点〟が立ち現われよう。

従来、この「前方後円墳」という墳型は、近畿に生れ、東西の他領域に伝播したもの、そのように信ぜられてきた。さらに進んで、日本列島中、いかなるところにても、この墳型の存在、すなわち〝近畿天皇家の統属下にある〟をしめす、そのように主張する考古学者さえ現われるに至った。(7)

しかしながら、近年、筑紫の地に、津古生《つこしょうがけ》掛古墳（福岡県小郡《おごおり》市）が〝最古期の前方後円墳〟として報告された上、筑前の地には、さらにさかのぼる時期の前方後円墳の存在さえその可能性が〝予想〟される状況となったため、にわかに様相は一変してきた。

この点、実は、すでに早くより、わたしの〝予想〟し、〝予告〟してきたところであった。(8)

津古生掛古墳（福岡県小郡市教育委員会提供）

なぜなら、

(i)前方後円墳は、しばしば単数ないし複数の「鏡」を内蔵する上、「鏡・剣・勾玉」という、いわゆる〝三種の神器〟セットの副葬品をもつこと、少なしとしない。

(ii)ところが、右のような特徴は、すでに弥生時代の筑紫、ことに筑前中域（糸島・博多湾岸・朝倉）の地から出土する「弥生墓」にいちじるしい特徴である。(9) たとえば、三雲・井原・平原《ひらばる》（糸島郡）、須玖《すく》岡本（春日市）などの王墓は、その最たるものであろう。

してみれば、のちに近畿で〝高層化〟〝巨大化〟した前方後円墳の淵源は、この九州の地の一画（北辺中央部）に存在したものと考えられる。(10)

(iii)前方後円墳の中の「前方部」は、祭式の場であると考えられる。とすれば、先の「弥生墓」の場合でも、（現在は削平されて原形をとどめぬものの）必ず、その墓に接して〝祭りの場〟が存在していたと考えねばならぬ。

とすれば、いよいよ〝前方後円墳の淵源は九州、なかんずく「筑前中域」にあり〟、そのように考えざるをえないであろう。

(iv)したがって早期の前方後円墳が「筑前中域」とその周辺に見出されるであろう。以上のように考えたからである。この「思考実験」はあやまってはいなかったようである。

さらに、この「前方後円墳」問題に関して重要なのは次の一点である。

(v)古墳時代（四〜六世紀）に、「前方後円墳」は、近畿にも、九州にも存在する。これに対し、従来、「九州の前方後円墳」に対し、「近畿からの伝播」というイメージで考えてきたのはあやまりである。なぜなら、九州の場合、自己の祖先からの〝継承〟であるから、今さらこれを「近畿からの伝播」などと見なすのは、笑止である。

逆に、近畿の場合は、「九州からの伝播」であるのに対し、九州の場合は、「継承」と見なすべきこと、もっとも自然である。

(vi)したがって、近畿以外、たとえば山陰や北陸地方などに「前方後円墳」が存在した場合、直ちにこれを「近畿からの伝播」とは断じえないこととなろう。「九州からの伝播」や「九州から近畿を経て、当地（山陰・北陸等）への伝播」といったケースが考えられるからである。

(vii)以上を要するに、「前方後円墳」という墳型が〝最大の発達〟を見たのが近畿地方であったことは確実であるけれども、そのことから、他地方の古墳文化（ことに「前方後円墳」型の場合）をもって、〝近畿に従属したもの〟あるいは〝近畿から伝播したもの〟と見なすような見地は、理由がないのである。

この点、たとえば、ヨーロッパとアメリカとの関係は、この問題に対して端的な示唆を与えるものであろう。あるいは、イギリス、あるいは、フランスの文化・政治・経済・人間等がアメリカ大陸に流入し、その中で新たな開花を見たこと、人の知るごとくである。

その結果、ヨーロッパより一段と〝高層化〟〝巨大化〟したイギリス・フランス型文化がアメリカ大陸に「造成」された。だからといって、ヨーロッパ文化をもって「アメリカ文化からの伝播」などと称する人があれば、虚偽、これにすぐるはない。「九州と近畿」の関係も、これと同類だ。

またたとえば、南太平洋の島上に〝アングロサクソン型文化〟が遺存していたとしても、それが必ずしも〝アメリカからの伝播〟とは限らず、〝イギリス（ビクトリア王朝など）からの伝播〟の存在すること、周知のごとくである。

日本列島の古墳時代でも、関東や東北地方に「前方後円墳」が存在したとしても、それがいかなる経路で、いずれからの伝播か、にわかには「断定」しえない。――この帰結である。

この点、従来の〝近畿天皇家中心の一元主義的「前方後円墳」理解〟には、大きな疑問がある。そのように言わざるをえないのである。

第二。「装飾古墳」の問題

「装飾古墳」と呼ばれる、特異の古墳様式が九州を中心に分布していること、周知のごとくである。六世紀から七世紀前半、その前後の時間帯に存在した、とされる。

ところが、これに対する、従来の考古学者たちの見解、それは〝近畿天皇家配下の地方文化〟と見なすものだったようである。そうでなければ、この時期に〝近畿天皇家の（九州から関東に至る）統一支配の存在〟を説く、「定説派」の立場は成立しないこととなろう。

ところが、関東の虎塚古墳（茨城県勝田《かつた》市）の「発見」と共に、様相は一変しはじめた。この古墳も明らかに「装飾古墳」であり、連続三角文・鞆《とも》・靫《ゆぎ》・盾・蕨手状渦文・円文等、九州の「装飾古墳」群

虎塚古墳（茨城県勝田市教育委員会提供）

中のものと、無関係のものとは、到底思われない。

その上、重要なことは、虎塚が関東・東北で孤立していない、という事実であろう。茨城県や福島県に、類縁の「装飾古墳」群が分布していること、その中の虎塚である、という点が見のがせない。〝九州から東北（南部）・関東（東部）へ〟という「伝播」の存在がうかがわれるのである。

右のような伝播状況から見ると、「装飾古墳」を〝単なる、九州の一古墳文化〟と見なす見地の、すでに保しがたいことが察せられよう。

この点、さらに問題を深めてみよう。

(i)楽浪郡の地、平壌の周辺に、安岳三号墳（永和三年、三四七）・徳興里壁画古墳（永楽十八年、四〇八）といった「彩色古墳」が知られている。前者は、東晋（南朝）系、後者は、北魏（北朝）系の「文化・政治伝播」がしめされている、といえよう（古田「楽浪文化について」、『市民の古代』第八集、一九八六、新泉社刊、参照）。

当然ながら、この背景には、中国本土における「彩色古墳」の伝統が存在するもの、と思われる。(11)

このような東アジア世界における「彩色古墳」の分布状況から見ると、日本列島における「装飾古墳」も、同じ「彩色古墳」として、その末端に位置することが知られよう。その図柄こそ〝個性的〟なれ〝墓室の内壁に「彩色」の文様・絵画をしるす〟という、この一点において、やはり、大陸・半島からの「伝播」であること、それを否みうる人はいないのではあるまいか。

とすれば、「装飾古墳」は、たとえそれを「地方色」と称するとしても、それは〝大陸や半島に対する「地方色」〟でこそあれ、決して〝近畿に対する地方色〟などではありえない。なぜなら、近畿には、未だ「彩色の波」は、及んですらいないのであるから。

このように考えてみれば、従来の日本考古学界の見解（「近畿を中心とする地方色視」）は、〝大いなる誤認〟であったことが知られよう。

(ii)これに対し、近畿とその周辺は、「彩色古墳」という、大陸と半島の新流行をうけ入れず、三〜四世紀以来の〝古型〟を墨守した。〝非、彩色の「前方後円墳」〟という、「筑紫淵源の古形式古墳」がこれである。

筑紫自身が、過去の筑紫様式から脱皮したにもかかわらず、近畿が「過去の筑紫様式」を維持していったのである。

このような文化現象は、決して珍しくはない。たとえば、

①周代に用いられた「大夫」の称号が、魏晋代にはすでに失われていたのに周辺の「倭国」が、これを伝存していた（三国志、魏志倭人伝）。

②中国の古代に行なわれた「漢音」や「呉音」が、現代中国には失われているのに、周辺の日本には遺存し、使用されている。

右のように、その事例は、世界の文化史上、珍しくない。すなわち、「中心の筑紫には、失われていった（あるいは、少なくなった）〝非、彩色の前方後円墳〟が、周辺の近畿では、依然強力に遺存した」、この文化状況である。

先述の「アメリカ対ヨーロッパ」の例においても、すでにヨーロッパでは見られにくくなった、十七世紀ヨーロッパ（メイ・フラワー号当時）の風習・文物が、かえってよく、アメリカ大陸に遺存している。

――そういうケースは、まま見られるのではあるまいか。

以上のように、「装飾古墳」問題に対する理論的理解は、「九州が中心、近畿が周辺」という基本イメージの妥当性、逆に、「近畿天皇家中心の一元主義」という基本イメージの非妥当性をしめしていたのである。

すなわち、旧唐書の「倭国伝」「日本伝」の記述するところが、意外にも、日本列島内の考古学的出土状況と一致していたことが知られるのである。

以上、ただ二個の事例のみの略論にすぎないけれども、旧唐書の所述が、単なる「机上の非実」の反映と断じがたいこと、その一事、その一端が知られよう。

四

いよいよ、本稿の目途たる、新唐書の史料批判に向かうこととしよう。

先ず、第一に問題とすべきところ、それはすでに旧唐書が存在していながら、なぜ再び、事新しく新唐書が作られねばならなかったか。この問いである。

この点、幸いに、当書には巻末に「進唐書表」が付せられている。その全文（書き下し）を次にしめそう。

「臣公亮言う、竊《ひそ》かに惟《おもん》みるに、唐、天下を有すること、幾《ほとん》ど三百年。其の君臣行事の始終、治乱興衰する所以《ゆえん》の蹟、其の典章・制度の英、其の粲然を宜《よ》くして著は簡冊に在り。而るに紀次無法、詳略、中を失い、文采、明らかならず、事実零落す。蓋《けだ》し又百有五十年、然る後に以て幽沫を発揮するを得べし。闕亡を補緝し、偽繆を黜正し、克く一家の史を備え、以て万世の伝と為す。之を成すこと至難、理、待つ有るが若《ごと》し。

臣公亮、誠惶誠恐、頓首頓首。伏して惟みるに、体天・法道・欽文・聰武・聖神・孝徳皇帝陛下、虞舜の智有りて好問し、大禹の聖を躬《みずか》らして克勤す。天下和平、民物安樂。而して猶《なお》垂心積精、以て治要を求むるがごとし。日に鴻生・旧学と与《とも》に六経を講誦し、前古を考覧す。以て謂《おも》えらく、商・周以来、国を為す長久なること、惟《ただ》漢と唐とのみ、而るに、不幸に五代に接す。

衰世の士、気力卑弱、言淺意陋、以て其の文を起すに足らず。而して明君賢臣をして儁功偉烈ならしめ、与《とも》に夫れ、昏虐賊乱、禍根罪首、皆其の善悪を暴《あば》き以て人の耳目を動かすことを得ず。誠に以て勧戒を垂れ、久遠に示す可からず、甚だ嘆く可きなり。

乃ち因りて邇臣の、言有り、適《たまたま》上の心の閔《あわれ》む所に契《かな》い、是に於て刊脩官・翰林学士、兼、龍図閣学士、給事中、知制誥、臣欧陽脩、端明殿学士、兼、翰林侍読学士、龍図閣学士、尚書吏部侍郎、臣宋祁は、編脩官、礼部郎中、知制誥、臣范鎮、刑部郎中、知制誥、臣王疇、太常博士、集賢校理、臣宋敏求、秘書丞、臣呂夏卿、著作佐郎、臣劉義疇等と与《とも》に、並びに儒学の選に膺《あた》り、悉く秘府の蔵を発し、之を討論せ俾《し》め、共に刪定を加え、凡そ十有七年、二百二十五巻を成す。其の事は則ち前に増し、其の文は則ち旧に省く。名篇・著目に至りては、革有り、因有り。伝を立て実を紀し、或は増し、或は損し、義類凡例、皆拠依有り。纖《こま》かに綱条を悉くし、具《つぶ》さに別録を載す。

臣公亮、典司事領、徒らに日月を費やし、誠に以て大典を成すに足らず。明詔を称し、慚懼・戦汗・屛営の至りに任ずる無し。

臣公亮、誠惶誠懼、頓首頓首、謹言。

嘉祐五年（一〇六〇）六月　日

提挙編脩推忠佐理功臣正奉大夫尚書礼部侍郎衆知政事臣　曽公亮上表」

右の中で旧唐書に対する批判点を抽出し、列挙してみよう。

(1)「紀次無法、詳略、中を失い、文采明らかならず、事実零落す。」

(2)「闕亡を補緝し、偽繆を黜正し、」

(3)「衰世の士、気力卑弱、言淺意陋、……明君賢臣をして雋功偉烈ならしめ……皆其の善悪を暴き……甚だ嘆く可きなり。」

(4)「悉く秘府の蔵を発し、之を討論せ俾め、共に刪定を加え、」

(5)「其の事は則ち前に増し、其の文は則ち旧に省く。……伝を立て実を紀し、或は増し、或は損し、……具さに別録を載す。」

右の五個条、趣意とするところは、左のようである。

(1)では、旧唐書の全体の篇目、すなわち帝紀・列伝等の立て方が適当でない。バランスを失い、事実を鮮明にさせていない。そのように批判している。旧・新両書の目次を見れば、かなりの変動がある。この立場からの実行であろう。

(2)では、旧唐書の「闕亡」（欠けたところ）「偽繆」（あやまったところ）を補正した、とのべている。

(3)は注目すべきである。「唐～宋（新唐書の成立時）」の間に存在した「五代」[12]の時代を批判し、この間には人々の気力が衰え、言動・意向が浅くいやしくなった、とし、そのため、この「五代」の中の後晋（九三六～九四六）時代に編述された旧唐書には、君臣の秩序や善悪のあり方を明らかにし、人々を勧戒する、という道義性・教訓性に乏しい、と批判している。

(4)では、当時（宋代）の朝廷に秘蔵されていた新史料を加え、編集者たちが右の立場から討論し、旧唐書に対して「刪定」（けずり定めること）を加えた、としている。

(5)では、以上を総括し、前のような次第でここ（新唐書）に見るような、新たな編目・新たな加削・新たな綱条・新たな別録がおかれた、とのべている。

右の他に、次のような指摘もある。

①唐滅亡（九〇七）以来、「一五〇年」経った現在（一〇六〇）、はじめてこのような「幽沫」（奥深い消息・形姿）を現わすことができるようになった。

②中国の歴史で、商（殷）・周以来、長期間つづいたのは、「漢と唐」のみである。

③皇帝への称揚。

右の①は、旧唐書より〝年代的に遅れている〟事実を〝逆手にとった〟論弁だ。だが、もしこの立場を強調すれば、史記（漢代の部分）・漢書・三国志・宋書等の「同時代史書」はすべて〝失格〟となりかねない。一種の「後代優先主義」におちいろう。

右の②は、今ことさらに、新唐書を編集する意義をのべたもの。
右の③については、特にいうべきところはない。(13)

五

実際に旧新両書の篇目を比較してみると、帝紀二十巻（旧）が十巻にまとめられたり、礼義志・音楽志（旧）を礼儀志・儀衛志・車服志（新）に編成し変えたり、各所に変動が加えられている。ことに夷蛮伝においても、増減の変動はいちじるしい。対比してみよう。

(A)
〈旧〉突厥・廻紇・吐蕃
〈新〉突厥・吐蕃・回鶻・沙陀

(B)
〈旧〉南蛮・西南蛮
林邑・婆利・盤盤・真臘・陀洹・訶陵・堕和羅・堕婆登・東謝蛮・西趙蛮・牂牱蛮・南平獠・東女国・南詔蛮・驃国
〈新〉南蛮
南詔（蒙嶲詔・越析詔・浪穹詔・邆賧詔・施浪詔）・環王・盤盤・扶南・真臘・訶陵・投和・瞻博

(C)
〈旧〉西戎

〈新〉西域　泥婆羅・党項羌・高昌・吐谷渾・焉耆・亀茲・疏勒・于闐・天竺・罽賓・康国・波斯・拂菻・大食

泥婆羅・党項・東女・高昌・吐谷渾・焉耆・亀茲（跋禄迦）・疏勒・于闐・天竺・摩掲陀・罽賓・康・寧遠・大勃律・吐火羅・謝颶・識匿・箇失密・骨咄・蘇毗・師子・波斯・拂菻・大食

(D)

〈旧〉東夷　高麗・百済・新羅・倭国・日本

〈新〉東夷　高麗・百済・新羅・日本・流鬼

(E)

〈旧〉北狄　鉄勒・契丹・奚・室韋・靺鞨・渤海靺鞨・霫・烏羅渾

〈新〉北狄　契丹・奚・室韋・黒水靺鞨・渤海

〔各巻の順序は次のようである。

〈旧〉突厥・廻紇・吐蕃・南蛮・西南蛮・西戎・東夷・北狄

〈新〉突厥・吐蕃・回鶻・沙陀・北狄・東夷・西域・南蛮〕

右の中、旧唐書にないものが、新唐書に立伝されているものは数多い。増拡の例である。これに対して、逆のケースは比較的少ない（ただし、南蛮・西南蛮を除く）。

その中には、北狄の霫・烏羅渾伝（旧）のように、記事少量のため、バランス上、独立の伝を排されたように見えるものもあるけれど、反面、南蛮・西南蛮伝の林邑伝（旧）や北狄の鉄勒伝（旧）のように、かなりの記事量をもちながら、新唐書では、その伝名の存しないものもある。その点、考察してみよう。

(1)林邑伝（旧）と環王伝（新）

新唐書には、「林邑伝」がない代りに、「環王伝」が立てられ、次のように記されている。

「環王、本林邑也。……（中略）……至徳（七五六〜七五八）後。更号環王。」

（環王、本の林邑なり。……至徳の後、更〈か〉えて環王と号す。）

右によって明白なように、「林邑」という旧名は、八世紀半ばに消滅し、以後、「環王」と国号を変更した。新唐書はその、八世紀半ば以降の「新国号」によって、伝名を立てたのである。

けれども、右の変号以後の記事としては、

「元和初不朝献、安南都護張丹執其偽驩、愛州都統、斬王子五十九、獲戦象、舠、鎧。」

という一節のみだ。この記事は旧唐書の林邑伝にはないから、新唐書が「秘府」に蔵した新史料として追加したものであろう。

右の一節以外は、当然ながら、「林邑時代」の記事、それが「環王伝」（新）の内実なのである。

(2)鉄勒伝（旧）と突厥伝（新）

旧唐書中の、北狄、鉄勒伝はかなり豊富な記事量をもつ。雄篇といえよう。それが新唐書では姿を消している。なぜだろうか。

その秘密を解く鍵は、鉄勒伝末尾の次の一文にあろう。

「至則天時、突厥強盛、鉄勒諸部在漠北者漸為所併。廻紇、契苾・思結、渾部徙于甘・淳二州之地。」

（則天の時に至り、突厥強盛、鉄勒諸部の漠北に在る者、漸く為に併わさる。廻紇・契苾・思結・渾部、甘・淳二州に徙る。）

則天武后（六八四〜七〇五）の時、この鉄勒は突厥に「併合」されて滅亡した。「漠北」部分は、突厥の統治下に入り、他の諸族は中国（甘州・淳州）の領域に入った、というのである。

右の次第であるから、新唐書は、この滅亡した「鉄勒」を独立の伝から除いた。代って突厥伝の中に、

「（西突厥）統葉護可汗勇而有謀、戦輒勝、因并鉄勒、下波斯、罽賓。」

（〈西突厥〉統葉護可汗、勇にして謀有り、戦えば輒〈すなわ〉ち勝ち、因りて鉄勒を并せ、波斯・罽賓を下す。）

という形で、わずかに出現している。

「下された」という波斯・罽賓の場合は、滅亡したわけではないから、依然新唐書でも独立の伝が立てられている。しかし、「併された」鉄勒の場合、すでに「滅亡」しているから、独立の伝は廃止されているのである。

以上の考察によって明らかになったこと、それは次のようだ。

〈その一〉旧唐書は「歴史性」（ことに初唐ないし唐代の前半）を重んじ、新唐書は「現代性」（ことに唐代後半以降）を重んじている。

〈その二〉したがって、新唐書において、「独立の伝がなくなった」という事実は、決して「その国はなかった」ことを意味するのではない。単に「現代（宋代。ことに唐代後半以降）において、存在してい

ない」ことを意味しているのである。

右のような新唐書の〝編述姿勢〟は、不思議ではない。なぜなら中国の朝廷において作られる史書中の夷蛮伝は、〝四夷の変にそなえる〟という、軍事上・政治上の実用を何よりも目ざしていること、史記・漢書・三国志等にも、くりかえし力説されているところ、その伝統を継承するものだからである。けれども、この点は重要な問題点を指ししめしている。なぜなら、右にしめされたごとく、東夷伝において、

〈旧〉倭国伝・日本国伝
〈新〉日本国伝

というように、旧唐書には存在した「倭国伝」が新唐書では〝消滅〟していること、周知のごとくである。

この事実は、わが国の古代史界において、確かに周知のところといえよう。けれども、その事実に対する「理解」は、ほとんど〝正しく〟なかったのではなかろうか。なぜなら、

「（新唐書は）旧唐書より数十年後にできただけあり、倭国と日本を併記するような不体裁なこともなく、記事もととのっているが、」（岩波文庫『旧唐書倭国日本伝・宋史日本伝・元史日本伝』解説、一五ページ。傍点は古田）[14]

というような理解が、わが国の古代史界通有のものとなっていたからである。いいかえれば、旧唐書のみが「例外」であり、「誤謬」である。そのように理解してきたのではあるまいか。

しかし、先の「林邑伝」「鉄勒伝」の例に見るごとく、これらが新唐書で〝カット〟されたのは、「歴史上、それらの国が存在しなかった」という主張をしているからではない。「現代において存在しない」

から、その〝独立の伝を省いた〟にすぎないのである。

同じく、「倭国伝」の立伝が行なわれないのは、その「倭国」が〝存在しなかった〟のではなく、「現代」(宋代)において存在しないこと、それが第一の根拠なのである。

右のような大局の理解は、次のような新唐書自体の具体的な記事によって裏づけられている。

(i)日本、古倭奴也。

(日本、古の倭奴なり。)

(ii)或云、日本乃小国、為倭所幷、故冒其号。

(或は云う、日本は乃ち小国、倭の為に幷せらる。故に其の号を冒す。)

前の(i)では、古え(後漢の光武帝のとき)の国号が「倭奴国」であったことをしめしている。志賀島の金印授与(五七)当時である。

この表記法は、先の「環王伝」(新)において、

環王、本林邑也。

とあったものと、相似形をなす。この「本」が(i)では「古」となっているのは、「倭奴国」が後漢当時の国号だからである。けれども、「日本」より早く「倭」系列の国号があった。その事実はここでも、確認されているのである。

この点、より微妙な問題をもつのが(ii)である。〝「日本」は「小国」であった。その「日本」を「倭」が「幷合」した。そして「倭」は、被併合国たる「日本」の国号を継承した。〟そういう内容である。問題の混乱を避けるため、一つ一つ、ポイントを摘出しよう。この文脈が、

(A)為(B)所幷、(=(B)幷(A))

の形をとっていることから分かるように、ここでは一国Ⓐが併合されて〝消滅〟した。そして一国Ⓑだけの時代になった、といっているのである。

とすれば、新唐書における「倭国伝」の消滅が、この「併合」による、そのように考えられること、当然だ。だから、先の「林邑──環王」という〝国号変更〟のケースのみにとどまるものではなく、次の鉄勒伝の場合のように、〝突厥による併合〟のため、独立の伝を取り去った、そのケースに近いようである。

六

しかしながら、なお残された、肝心の問題がある。それは右に当る部分を、旧唐書（日本伝）と比較してみよう。

「或云、日本旧小国、併倭国之地。」

（或は云う、日本は旧小国、倭国の地を併せたり。──前出、一〇一ページ）

ここでは、新唐書と論理関係が逆になっている。一見して正反対の内容だ。

(α)旧唐書
(A)被併合国──倭国
(B)併合国──日本
(β)新唐書
(A)′被併合国──日本

(B)′併合国――倭

(そして「倭」が「日本」の国号を〝継承〟した。)

従来、右の対立記事は、(一方を無視せざる限り)解きがたい〝矛盾〟と見えていたのではあるまいか。

これを分析しよう。

これを解くべき基本をなす鍵、それは「二つの倭」の概念である。

第一。「倭＝チクシ」

「倭」をもって〝筑紫〟の義に解すべき記事は、各文献に散在、分布している。(15) 今は、三国史記の記事によってしめそう。

(1)脱解王(五七～七九)

脱解、本、多婆那国の所生なり。其の国、倭国の東北一千里に在り。〈新羅本紀、巻一〉

(2)朴堤上(訥祇王〈四一七～四五七〉)

(訥祇王)「吾が弟二人、倭・麗二国に質せられ、多年還らず。……(中略)……遂に径(ただち)に倭国に入る。……行舡、之を追う。適(たまたま)煙霧晦冥、望むも及ばず。」〈朴堤上伝〉

右の(1)は、新羅の第四代、脱解王が、日本列島内(倭国の東北一千里)の多婆那国に、〝卵〟の形で生れ、母(王妃)に「無人の卵舟」に乗せられて沖合いに流された、という卵舟漂流譚にはじまる。はじめに金官国(釜山近辺)、次いで阿珍浦口(慶州近辺)に漂着した、とされているから、これが東鮮暖流(対馬海流から、壱岐・対馬を過ぎたのち、北上)を舞台とした説話であることが判明する。

とすれば、この暖流に乗じうる(日本列島内の)最東限は〝関門海峡付近(北九州市・下関市近辺)〟であるから、「多婆那国」はこの領域であり、「倭国」とは筑紫(博多湾岸をふくむ)を中心とする概念と理解せざるをえない（「一千里」は「短里」〈一里＝約七六〜七七メートル〉による）。

また脱解王の即位年は、後漢の光武帝の建武中元二年（五七）である。この年は有名な志賀島の金印授与の年であるから、上の「倭国」が博多湾岸をふくむ筑紫の地を中心とする概念であることは、当然といえよう。

次に、(2)は、新羅の訥祇王の弟二人が高句麗と倭国に人質とされていたため、王は即位（四一七）直後、朴堤上に依頼して二人をとりかえそうとした。堤上は先ず、高句麗におもむき、交渉によって人質の王子をとりかえした。次いで、倭国に行き、倭王をあざむき、（舟遊びのあと）深夜、人質の王子を舟に乗せて逃がした。夜明けてあと、倭兵はこれに気づき、舟で追ったけれども、たまたま夜明けの海上が「煙霧晦冥」だったため、それに乗じて新羅の領海に逃げのびた、というのである。朴堤上は倭王の手で焚殺された。

右もまた、東鮮暖流を舞台にした説話である。とすれば、そのさいの「倭国」の都は九州北岸、おそらく博多湾岸にあり、とせねばならぬ。なぜなら、もしこの都が〝大阪湾岸〟にありとすれば、右のように〝深夜から夜明けまで〟の短時間に、事が決する（新羅の領海に入る）はずはないからである。

このことは、次の一事によっても裏づけられる。三国史記の冒頭の脱解説話と末尾の堤上説話との間に、約一〇〇回近くの「倭」記事がはさまれているけれど、その中に「倭都の移動」をしめす説話は全くない。とすれば、「脱解――堤上」の両説話中の「倭都」は同一。そう解する他はない。なぜなら、新羅にとって、もっとも〝恐怖〟すべき隣国、〝侵入〟軍が、「倭国」のそれであったこと、三国史記がくりかえし語るところだ。その「倭都の移動」を知らずにいる、そのような〝間の抜けた〟事態は、およそ考えられないからである。

右によれば、一見「一〜五世紀初頭」の内の「倭都」が筑紫（博多湾岸をふくむ）にあったことをしめすのみであるかに見えるけれど、そうではない。上の二説話の間にある「倭」関係記事は「七世紀後半」に及んでいる。そのすべてにかかわる「倭都」、そのように見なすべきだからである。先入観なく、三国史記を「読む」人には、そのように解する他ない。そのように、この史書は構成されているのである。その「倭国」の終結を明記する記事は次のようである。

（文武王十年〈六七〇〉十月）倭国、更〈か〉えて日本と号す。自ら言う「日の出づる所に近し。」と。以て名と為す。（三国史記、新羅本紀第六、文武王紀）

第二。「倭＝ヤマト」

この概念は、古事記・日本書紀を読むときの、いわば〝常用概念〟である。けれども、万葉集における「倭＝ヤマト」の用法を観察するとき、そこには、意外な「上限」の存在することが見出されよう。

（〈　〉内は万葉の番号）

(1)「山跡・山常・八間跡＝ヤマト」

①（雄略）山跡〈1〉

②（舒明）山常・八間跡〈2〉

③（仁徳、もしくは孝徳——難波天皇）山跡（題書）〈484〉

④（天智）山跡〈91〉

(2)「倭＝ヤマト」

①（天智没年——天智十年〈六七一〉）倭大后（題書）〈149〉

②（持統）柿本人麿〈29〉

③（持統）高市連黒人〈70〉
④（文武）忍坂部乙麿〈71〉
⑤（聖武）山上憶良〈894〉
⑥（聖武）山部赤人〈944〉

右のように、天智末年（六七一）を境にして、それ以降に「倭＝ヤマト」の表記が現われ、それ以前にはない。天智天皇自身も、「山跡」である。

このように、一点を「画期」として表記が分れる、ということは、〝偶然〟とは考えがたい。万葉集が、それぞれの歌の書かれた時点における「原表記」に従ったため、そのように解せざるをえないであろう。

しかも、その「画期」点が、先の三国史記における「倭＝チクシ」という概念の終結期という「画期」点と一致する、という、この事実もまた〝偶然の一致〟と解するのは、あまりにも恣意的なのではあるまいか。

以上によって、

(i)「倭」は、「チクシ」と「ヤマト」と二つの概念によって使われたと考えざるをえない。

(ii)その「画期点」は、文武王十年（六七〇）と天智十年（六七一）の間にある。

（旧唐書・三国史記における「白江の戦」が「龍朔二年〈六六二〉」であるのに対し、日本書紀における「白村江の戦」は「天智二年〈六六三〉」である点から見ると、日本書紀の「天智十年」が、実は〈年表上〉前年とされている「文武王十年」と一致する可能性がある。とすれば、この「画期点」は、「六七〇」となろう。）

その上、重要なのは、次の点だ。

(iii)古事記・日本書紀の成立は、八世紀初頭であり、右の「画期点」以降である。したがってこの両文献に現われる「倭＝ヤマト」の用法は、実は、右の「画期点」以降の、新しい概念に、原則として従ったもの、と見られる。右の、万葉集における、人麿や黒人や乙麿や憶良・赤人たちの「用法」と時代性を同じくするものである。

なお、右のような「用法上の一変」の生じた背景には、「白江における、倭国の完敗」があったものと思われる。これは「倭＝チクシ」の完敗であった。

右のように、「倭の使用概念の変化」つまり「倭＝チクシ」から「倭＝ヤマト」への変化、という立場に立つとき、先に解きがたき〝矛盾〟と見えた、旧唐書と新唐書の対立が苦もなく解消するのを見る。

(A)旧唐書日本伝における「被併合国」としての「倭国」とは、「倭＝チクシ」を指す用法である。

(B)新唐書日本伝における「併合国」としての「倭」とは、「倭＝ヤマト」である。

右は、決して〝恣意的〟な弁明ではない。なぜなら、先述来のように、

(A)'旧唐書は、「歴史的国号」を重んじ、

(B)'新唐書は、「現代（宋代）の国号」を重んずる（基準とする）。

そういう方針に立つ史書だからである。ことに新唐書の重んずる「唐代後半期以降」、また「宋代」においては、すでに「倭＝チクシ」という存在は〝消滅〟していたのである。代って古事記・日本書紀がしきりにしめしているように、「倭＝ヤマト」という、「新しい常識」を近畿天皇家は流布せしめつつあった。新唐書は、その「新しい常識」をしめす、新史料の指示に従ったのである。[16]

七

〝現代（宋代）の国号や呼称を基本とする〟という、一面ではもっともな、新唐書の編述方針は、他面、歴史叙述の上で、抜きがたい「混乱」をまねくようになった。

「日本伝」の場合、それをもっとも鮮明にしめしたもの、それは左の一節である。

次用明、亦曰目多利思比孤、直隋開皇末、始与中国通。

（次に用明、亦、目多利思比孤と曰う。隋の開皇の末に直〈あた〉る。始めて中国と通ず。）

右の文の問題点をあげよう。

右で「目多利思比孤」といっているのは、隋書俀《たい》国伝の「多利思北孤」に当ること、疑いない。「隋の開皇の末に直る」というのは、「開皇二十年（六〇〇）」の遣使のことであろう。

ところが、現在の通例の年表では、この年は「推古八年」に当っている。一方、用明天皇は「五八五〈九月〉～五八七〈四月〉」の間の〝足掛け三年〟、実質二年弱である。これがなぜ、「六〇〇」をふくみうるのだろうか。

この点、実は「年表上の重大な齟齬《そご》」と関係がある。「十余年の誤差」問題である。その要点は次のようだ。

(i)推古朝の中国遣使は、すべて「唐」「大唐」への遣使、また「唐帝」からの来訪として記せられている（日本書紀、推古紀）。

一方、「隋の煬帝」との表記が〝高句麗との戦闘にともなう俘虜〟の問題にあらわれている。

(ii)右のような史料状況にもかかわらず、従来の論者（「定説派」）は、すべて右の中国遣使を「遣隋使」と解した。一方で「隋」をそのまま「隋」と表記すると共に、他面、同じ「隋」のことを「唐」「大唐」と表記した、という〝奇妙〟な解釈をとったのであった。

(iii)そのような手法から生れたのが、右の「通例の年表」のしめす「持統八年＝六〇〇」の年表なのである。

(iv)ところが、この新唐書の著者たちの依拠していたのは、それとは異なり、日本側が「十余年」下へさがった年表だった。そのため、「六〇〇」が「用明天皇」の頃に当ることとなったのである（この点、わたしの提起した「十余年のずれ」問題の裏づけとなるものである）。

以上のような次第であるけれども、「正しい年表」に依拠していた、新唐書の著者たちの「誤断」は明白だ。なぜなら、その用明天皇がわずか〝足掛け三年〟の在位であるのに対して、隋書の多利思北孤は、

開皇二十年（六〇〇）

大業三年（六〇七）

大業四年（六〇八）

と三つの年時にまたがって、対隋外交を展開しているのであるから、少なくとも「九年間」以上、在位していなければならない。近畿の天皇家の歴代中に〝比定〟しようとすれば、〝用明～崇峻～推古〟の三代、もしくは〝崇峻～推古〟の二代に〝比定〟せざるをえないのである。

一人の人間を二人や三人に〝比定〟することは不可能だ。だとすれば、隋書に記述された「俀国」とは、近畿天皇家の「日本国」や「倭＝ヤマト」とは、別個の王朝、そのように判断せざるをえないので

ある。

もっとも、新唐書の著者は、〝近畿天皇家一元主義の立場〟に立っていたわけではない。それは、先の「併合」記事によっても明らかだ。

その上、右の一文中に、

始めて中国と通ず。

とある点が注目される。新唐書の著者たちは、三国志の倭人伝の卑弥呼遣使や宋書の倭国伝の倭の五王遣使についても、当然認識しているはずである。しかしそれは、この「日本国」の祖先の王たちの「中国遣使」とは見なしていないのである。それが、隋代に「始めて――」の一文となったのである。

すなわち、新唐書の著者たちは、「倭＝ヤマト」（後、日本国）の「前、日本国」に対する「併合時点」を〝南朝と隋朝の統一〟の間に求めた。しかしその判断のあやまっていたことが、先の「用明天皇＝目多利思比孤」比定の〝矛盾〟によって明示されている。

八

新唐書の日本伝について、もう一つの注目すべき点がある。

ここには、次のように「後、日本国」の歴代が書かれている。

其王姓阿毎氏、自言初主号天御中主、至彦瀲、凡三十二世、皆以尊為号、居筑紫城。彦瀲子神武立、更以天皇為号、徙治大和州。（このあと、歴代の天皇名を列記する。）

次光孝、直光啓元年（八八五）。

〈其の王の姓、阿毎氏。自ら言う。初主、天御中主と号し、彦瀲に至る。凡そ三十二世、皆尊を以て号と為し、筑紫城に居す。彦瀲の子、神武立ち、更〈か〉えて天皇を以て号と為し、徙りて大和州に治す。……〈中略〉……次に光孝、光啓元年に直〈あた〉る。〉

右の大筋において、古事記・日本書紀の記した〝近畿天皇家中心史観〟に立つ歴史を反映していることは明らかである（「筑紫城」問題は別述する）。

それが続日本紀以降の「正史」の記す「天皇系譜」に及んでいるのである。

神武がすでに「天皇」と呼ばれているように、神武以来、「後、日本国」の系譜が、日本列島中心の王者であった。すなわち、「神武東遷」以来、終始一貫して「都」は「倭＝ヤマト」の地にあった。――この記・紀の採用した「擬制」、〝偽られた大義名分論〟それを新唐書は「新しい常識」として採用したのである。

このような立場から見ると、先記の、

日本は乃ち小国、倭の為に幷せらる。

の「小国」表記も、理解しえよう。この「日本」は、「被併合国」たる「前、日本国」であるから、「九州島」という〝面積上の「小国」〟であると共に、「神武東遷」以来、〝中心国でなくなった、傍流の国〟、そういう〝大義名分上の位置づけ〟を示した表現だったのである。

このような「後、日本国」の〝大義名分論〟が、新唐書の著者たちによって採用された理由、それは彼等が、先述の「進唐書表」でのべたところ、すなわち〝君臣の秩序〟を明らかにし、読者に道義上の「勧戒を垂れる」ことを「正史」の任務とする、その政治主義・道徳主義強調の史観と相〝呼応〟するものがあったのではないか。わたしにはそのようにも思われるのである。

九

最後に、残された興味深い問題にふれておきたい。

（先の改国号記事のあと）使者不以情、故疑焉。又妄夸其国都方数千里、南・西尽海、東・北限大山、其外即毛人云。

（使者は情を以てせず、故に焉〈これ〉を疑う。又妄〈みだ〉りに其の国を夸〈ほこ〉ること、都〈すべ〉て方数千里なり、と。南・西、海に尽き、東・北、大山に限る。其の外は即ち毛人と云う。）

先ず、旧唐書で「実を以て対えず」としたところを、この新唐書では「情を以てせず」に改めている。すでに「後、日本国」側の〝偽られた大義名分論〟を「史実」として記載したため、これを「情」と〝改記〟したのであろう。

問題は、「方数千里」問題だ。これは旧唐書そのままだ。だが、これを「妄りに夸った」内容としている。旧唐書では、文脈上、必ずしもそうなっていない。むしろ、ポイントは「実」つまり〝史実〟に関することだった。少なくとも、それをふくんでいた。しかし、この新唐書では、上のように「後、日本国」の〝正史の立場〟を容認したため、〝偽称〟の責めを、この「国土の広さ」の問題に局限したのである。では、この「方数千里」は、「後、日本国」すなわち近畿天皇家の、実際の支配領域に一致するだろうか。

実は、これに対して、真実（リアル）に解する道が一つだけ存在する。それは「短里」（一里＝約七六～七七メートル）によって解する道である。

三国志の魏志韓伝では、「韓地」について「方四千里なる可し」と記している。これが倭人伝内の里程記事と同じ「里単位」に属すること、すでに異論を見ない（三国志全体もまた、この「周・魏・西晋朝の短里」に属すること、わたしの重ねて論証しつづけているごとくである[18]）。

ところが、日本列島と朝鮮半島にまたがる地図を開いてみれば、一目瞭然のように、

(A)近畿の紀伊半島南端（潮岬）から九州の大隅半島南端（佐多岬）まで。

(B)同じく、潮岬から能登半島北端（珠洲岬）まで。

を朝鮮半島南半部（韓国）の東西幅（四千里）と比較すれば、「数千里（＝約五〜六千里）」という表現が、よく妥当することが知られよう。

もちろん、(A)は海上、(B)は陸上、それぞれ距離測定は簡単ではない。また、どの地点からどの地点までを測定するかによって、測定値はさまざまであろう。

けれども、「後、日本国」の領域として指定されている「東界・北界は、日本アルプス山地まで、西界・南界は、九州まで」という、この領域を大観すれば、「短里」で「方数千里」という表現は、決して〝誇張〟などではなく、大約において妥当していることが知られよう[19]。

ところが、これを「長里」（唐代には「一里＝約五三五メートル」）とすれば、右の「短里」の約六倍であるから、面積としては、約三六倍もの〝超巨大領域〟をイメージさせるものとならざるをえない。そして唐朝の人士が、この「里程表現」を耳にしたとき、そのように受け取らざるをえなかったのは自然なのである（唐代では七倍及び四十九倍）。

中国の「里単位」史上に現われた「二つの里単位」問題、この視点からするときにのみ、この研究者周知の旧唐書・新唐書に共通する「方数千里」問題に、真実（リアル）な解明の刃を当てることが可能

となったのであった。

以上の問題は、さらに新たな問題をわたしたちに提供する。

それは、「後、日本国」すなわち近畿天皇家の使者が、中国において「短里」をもって語っている、という問題だ。

今まで、わたしたちの通例の理解では、近畿天皇家は「長里」を使っている、そのように見なしてきた。たとえば、風土記中の大部分の里程記事（九州の筑紫風土記を除く）も、そのことを証言していた。

では、なぜここで。――この問題だ。

しかし、再思すれば、これは不思議ではない。なぜなら、わたしがすでに論証したように、

(i)九州王朝（「前、日本国」）では、七世紀末まで「短里」を使用していた。

(ii)したがって八世紀初葉（天平元年〈七二九〉頃）の筑紫（博多）においても、故老は「短里」で語っていた（万葉集）。

以上のごとくだ（「九州王朝の短里」、『よみがえる卑弥呼』駸々堂刊、所収）。

とすれば、この七世紀から八世紀初頭にかけて、中国に至った近畿天皇家（「後、日本国」）側の使者が、「九州王朝の短里」の影響下で〝語って〟いた、としても不思議はないからである。[20]

近畿天皇家が、文字通り〝日本列島大部分の統一の王者〟となりえたのは、八世紀初頭（大宝元年〈七〇一〉）であるけれど、その前後まで、強烈に「九州王朝の短里」が遺存していたこと、当然だからである。

十

本稿では、次のテーマを分析した。

一に、旧唐書の倭伝と日本伝の両伝併立の姿は、決して〝不体裁〟だったり、〝非真実〟のものではないこと。

二に、それは日本列島の六〜七世紀前後の考古学的事実と対応していること。

三に、新唐書の日本伝も、決して旧唐書の両伝併立の〝単純否定〟ではなく、「現代（宋代。唐代後半期以降）の状態を基準とする」という編述方針に立っているものである。(21)

四に、新唐書日本伝は、隋朝以降を近畿天皇家の時代と判定した結果、大きな矛盾におちいっている（「目多利思比孤＝用明天皇」説等）。

五に、新唐書の中に存在する「短里」表現は、「前、日本国」から「後、日本国」への文化的経過過程を反映した、興味深いテーマであり、今後の研究課題である。

なお、最後に特記する。

一、中村幸雄氏「万葉集『ヤマト』考」〈『市民の古代』(22)第八集、一九八六年〉

一、中小路駿逸氏「旧・新唐書の倭国・日本国像」〈『市民の古代』第九集、一九八七年〉

一、山田武雄氏「新唐書の証言」〈同右〉

右はいずれも、本稿にとって貴重な先行論文となっていること、一読していただければおわかりいただけよう。この『市民の古代』誌所載論文がわたしの所説（九州王朝説）を背景にしつつ、今はわたし自身の研究に対する、先導的影響力をもつに至っていること、その点をここに特記して感謝の意に代えさせていただきたいと思う。(23)

註

(1) 後晋の劉昫撰。天福六年(九四一)開始、開運二年(九四五)完成。
(2) 宋の宋祁・欧陽脩撰。慶暦四年(一〇四四)開始、嘉祐五年(一〇六〇)完成。
(3) 倭国伝には「東西五月行、南北三月行。」の表現が出ている。隋書俀国伝の初出。俀王の「天子」としての勢力(権威)範囲をしめすものか(『失われた九州王朝』参照)。この表記は、新唐書日本伝にもうけつがれている。
(4) この点、大阪と東京の朝日カルチャーや読者の会などの講演のさい、聴講者の方から御質問をうけ、気付きえたところである。
(5) 九州・近畿よりさらに東の「蝦夷国」もみずからを「日本」と称していたようである。
(6) 「倭。(1)したがうさま。(2)廻って遠いさま。(3)逶・委・潙・威に通ず。(4)みにくい。仳に通ず。」「倭傀(ヰキ)容姿の醜い女。仳倠。」(諸橋、大漢和辞典)。
(7) 水野正好氏等。
(8) 『市民の古代』(大阪)の読者の会、その他の講演会。
(9) 『古代は輝いていた』第一巻、第二部第一章、天の沼矛、〈表〉参照。
(10) 森浩一氏「日本の古代文化——古墳文化の成立と発展の諸問題」(『古代史講座三、古代文明の形成』所収、学生社、昭和三十七年)。
(11) 斎藤忠氏「敦煌・酒泉・蘭州への旅——高句麗壁画の源流を探る」朝日新聞(昭和五十五年八月十二日夕刊)。

(12) 後梁(九〇七〜九二三)、後唐(九二三〜九三六)、後晋(九三六〜九四六)、後漢(九四七〜九五〇)、後周(九五一〜九六〇)——五代。

(13) 「虞舜・大禹」「六経」と皇帝が結合されている。

(14) この他に、旧唐書のプラス面にもふれている。

(15) 古事記にも「倭＝チクシ」の事例が出ている(『倭人伝を徹底して読む』大阪書籍刊、昭和六十二年、参照)。

(16) 「雍熙元年(九八四)、日本国の僧奝然(ちょうねん)、其の徒五十六人と海に浮んで至り、銅器十余事幷びに本国の職員令・王年代紀各一巻を献ず。」(宋史日本伝)。

(17) 新唐書日本伝には、「誤植」的なあやまりが少なくない。「天安(孝安)」「海達(敏達)」「雄古(推古)」の類である。「目多利思比孤」も、その一か。

(18) 「里程批判——原島礼二氏に答える」(古田『古代は沈黙せず』所収。駸々堂刊、昭和六十三年)参照。

(19) 『風土記』(岩波日本古典文学大系本、三七ページ、上欄二三、参照)。

(20) 「丙戌に、多禰嶋に遣しし使人等、多禰国の図を貢る。其の国の、京を去ること五千余里。筑紫の南の海中に居す。」(日本書紀、天武紀、十年八月)——この「五千余里」も、「短里」に拠っている。七世紀後半の、九州の一画(多禰島)の文献の事例である。また日本書紀の孝徳紀の白雉五年(六五四)二月に、遣唐使が中国(唐)側から「日本国之地理及国初之神名」を問われてこれに答えた、との記事があり、注目される。

(21) 大和岩雄『「日本」国はいつできたか』(ロッコウブックス)は、「日本国号」の研究史をまとめた好著である。またこの本で扱われた「旧唐書と新唐書」問題に対し、本稿でふれえた。『唐暦』『通典』等の問題には改めて論じる機をえたい。

(22) 東京都文京区本郷二—一五—二〇　新泉社刊。

(23) 将来の研究史は、必ずこれらの論文の占めるべき位置を明記するであろう。

補

旧唐書の帝紀には、次の二記事がある。

(1)〈永徽五年〈六五四〉〉十二月癸丑、倭国献琥珀、碼碯、琥珀大如㪷、碼碯大如五㪷器。

（十二月癸丑、倭国、琥珀、碼碯を献ず。琥珀は大なること㪷（斗）の如く、碼碯は大なること五㪷器の如し。）

(2)〈長安二年〈七〇二〉〉冬十月、日本国遣使貢方物。

（冬十月、日本国、使を遣わして方物を貢す。）

右の(1)について、旧唐書の立場では、当然倭国伝中の「倭国」（九州王朝）を指す。ところが、この点、新唐書では、日本伝中に、

永徽初、其王孝徳即位、改元曰白雉、献虎魄大如斗、碼碯若五升器。

としるしている。「日本国」の孝徳天皇による献使としている。しかし孝徳紀に右の献物の記載はない（このときの日本列島側からの遣使に、近畿天皇家側以外らしい使者団〈倭種、韓智興・趙元宝等〉のいた点、『失われた九州王朝』第四章Ⅱ、参照）。

(2)も、新唐書は、日本伝の次の記事の中に現われている。

長安元年（七〇一）其王文武立、改元曰太宝。遣朝臣真人粟田貢方物。

（長安元年、其の王文武立ち、改元して太宝と曰う。朝臣真人粟田、方物を貢す。）

右の真人の献使は、旧唐書日本伝では「長安三年」となっている。新唐書はこれを、同じ文武天皇の献使として〝まとめ〟たものかもしれぬ。いずれにせよ、この場合は、旧唐書・新唐書とも、「後、日本国」（近畿天皇家）の献使として一致しているわけである。

なお、新唐書日本伝中で、「咸亨元年（六七〇）遣使賀平高麗」（使を遣わして高麗を平ぐるを賀す。）の記事の直後、そして「長安元年」記事の直前の記事群の冒頭に「後稍習夏音、悪倭名、更号日本。」（後に稍〈やや〉夏音を習い、倭名を悪〈にく〉み、更〈か〉えて日本と号す。）とある。上の「倭」と「日本」の両記事の間において、

「国号変化」のあったことをしめしたものであろう（この点、改めて詳論したい）。

——一九八八年二月二十九日稿了——

第五篇　P・G型古墳の史料批判——主従型の場合

〈解題〉　千葉県市原市の稲荷台一号墳出土の銀象眼銘文（鉄剣）は、重要な課題をしめした。「王賜……」の「王」とは誰か。果たして大和朝廷の王者と断定してもよいか。それにも増して重要な一事、それは主室と副室をもつ「P・G型古墳」として、あの埼玉県稲荷山古墳（金象眼銘文付き鉄剣出土）の〝先範〟となっていたことである。ここから、学界がみずから目を蔽うてきた、重大なテーマが新たに万人の眼前に浮き彫りとされることとなった。（『昭和薬科大学紀要』第二十二号、一九八八年、所載）

一

今年（昭和六十三年）一月、(1) 日本古代史上、瞠目すべき発見があった。千葉県市原《いちはら》市の稲荷台一号墳出土鉄剣からの銀象眼銘文の検出である。

「王賜……」にはじまる銘文は、現在、この種の鉄剣銘文中、最古に属する。五世紀中葉とされている。(2)

十年前（昭和五十三年）に検出され、大きな衝撃を与えた、埼玉稲荷山古墳出土鉄剣からの金象眼銘文検出以来の発見ともいえよう。(3)

今回の発見をめぐる報道及び所見（「概要発表要旨」(4)）に関し、一個の看過しえぬ問題点を見出し、ここにその点を報告させていただくこととする。

二

「概要発表要旨」は、一月十一日午後二時に発表された。「稲荷台一号墳出土の『王賜』銘鉄剣」と題されている。(5) 財団法人市原市文化財センターから国立歴史民俗博物館に委託し、関係研究者の協力(6)をえて作製された旨、冒頭に記せられている。

きわめて貴重な資料であり、ことにX線撮影による銘文発見者たる永嶋正春氏に対し、厚い感謝をささげたいと思う。

けれども反面、その銘文判読と銘文解釈に関し、若干の注意点が見出される。左にのべるごとくである。

第一。銘文判読

「概要発表要旨」（以下、「概要」と略称する）では、「釈文」として次の字形を表示している。[7]

（表）王賜□□敬□《安ヵ》

1 2 3 4 5 6

（裏）此廷□□□□

7 8 9 10 11 12

けれども、レントゲン写真のしめす字形によって観察すると、上の判読字の「判明度」には、かなり差があるようである。

かつてわたしは、高句麗の好太王碑を現地に観察し、問題の第一面第九行の一連の字面に対し、左のように分類して表示した（「好太王碑の史料批判――共和国（北朝鮮）と中国の学者に問う」昭和薬科大学紀要、第二十号、昭和六十一年。『よみがえる卑弥呼』駸々堂刊、所収）。

A型――完全に鮮明であるもの。
B型――若干不鮮明であるが、ほぼ字形を確認できるもの。
C型――不鮮明で、残存した字形が二通り以上に読めるもの。
D型――不鮮明度が高く、字形を確認しがたいもの。
E型――完全に不鮮明であるもの。

上について、さらに「AとBの間」とか「BとCの間」といった、中間段階を設定している。それは、当然〝四段階〟存在する。したがって、上の〝五段階〟と合わせて、総計九段階に分類することとなるのである。

このような分類法に拠ってみると、今回の銀象眼銘文の場合、大約次のような〝判定〟となるであろう。

王・賜――BとCの間
敬――BとCの間
安――D型
此――CとDの間
廷――CとDの間

上のうち、とくにわたしが注目していたのは、「廷」の一字であったけれども、とてもそれとして「確言」できる字形、誰人にも「肯認」できる字形ではなかった。熊本の江田船山古墳出土鉄剣の銀象眼銘文の「廷刀」と読まれた文字（福山敏男氏による）からの〝類推〟に拠ったもののようであるけれども、「廷刀」という熟語自体が中国古典中に出現しないものである上、字形自体も、安定したものではない。

その点、今回の字形は、江田船山の場合以上に、残存部分が少ないようであるから、現状で「廷」と判定するのは危険である。

したがって今後、一段と明晰な、新たな「判明」なき限り、これを「廷」と確定した上での論議は、十分な「安定度」をもたぬため、主観性を帯びやすいのではあるまいか。

それゆえ、現在の時点では〈表〉の三字（「王賜……敬」）のみが、これも十分（A型の文字）とはいえないものの、一応の「安定度」をもつもの、と見なす。――そのような立場からの立論が、現在のところ、客観性をもちうるもの、というべきであろう。(8)

三

第二。銘文解釈

この銘文の中心をなす文字、それが〈表〉の冒頭の「王」の一字にあること、疑いがない。それにつづく「賜」という動詞が、この「王」と、鉄剣の被授与者〈おそらくこの古墳の中心〈主室。――後述〉の被葬者〉との間の授与行為を指していること、また「敬」の文字も、この「王」にまつわる、文字通りの〝敬語〟であること、ともに疑いないことと思われる。

したがって、現在、一応「安定度」の高い三文字の、中核をなす概念、それがこの「王」の一字にあること、しかもそれは、この鉄剣銘文全体〈表〉と〈裏〉を通じても、もっとも重要な文字の一であること、誰人にも異論の少ないところであろう。

してみれば、ここに言う「王」とは何者か。この問題が今回の発見にまつわる一焦点をなしていることが知られよう。

この点、「概要」は、「5、内容の検討」の項目下に、「(1)銘文復原」「(2)銘文の主旨」と題して次のようにのべている。

「(1)銘文復原

文章構成は『王賜□□』の後に常用句が続くきわめて簡潔なものであるといえる。次に銘文復原の一例を示しておく。

（表）　王賜□□敬安

（裏）　此廷刀□□

（表）　王□□（剣の意）ヲ賜フ。敬ンデ安ゼヨ

（裏）　此ノ廷刀ハ□□□（吉祥句）

吉祥句の部分は『辟百兵』（百兵ヲ辟ク）、『辟（又は除）不祥』（不祥ヲ辟ク〈除ク〉）など様々な語句が想定できる。」（七～八ページ）

右は、「銘文復原の一例」としるされているごとく、一般に提供された〃一試案〃にすぎぬこと、みずから「抑制」されている通りである。今後の研究者のための参考に供されたものであろう。

ただ、〈裏〉部分が、現状では「不安定度」をもつこと、先にのべたごとくである。

右の文面の直後、「概要」は次のようにのべている。

「(2)銘文の主旨

上に銘文の一案を示したが、『王賜』以下の部分に多少の変動があったとしても本銘文の主たる文意は『王賜』にあり、下賜主体を『王』と明記している点にある。これまでの稲荷山鉄剣銘・江田船山大刀銘などの銘文には直接的な授与関係を示す文言はない。すなわち、稲荷山は『乎獲居臣』がその系譜と杖刀人としてワカタケル大王に近侍し、そのことを記念して剣を作らしめたことを記し、江田船山は『无利弖』が典曹人として同じくワカタケル大王に仕えたこと、それを記念し

て作刀したこと、作刀者・書者を明記しているにすぎない。
ここにみえる『王』については一応次の五ケース
①畿内の大王
②大王の一族　のちの『〇〇王』
③中央の豪族
④地方の豪族
⑤百済・新羅など朝鮮半島の国王
などが想定されるが、②・③・④については、固有名詞を記さなければ意味がないと考えられること、⑤についてはこの時期の朝鮮半島の古墳では、刀が中心で剣はほとんどないことから、畿内の大王であると判断しておきたい。（下略）」（八ページ）
今回の銘文の特徴は、「王」という一語が、何らの人名（固有名詞）抜きで出現していること、この一事である。
これに対し、「概要」の作文者は「畿内の大王」を指す、と考えた。その思惟方法は、
〈その一〉五世紀において、すでに関東は畿内統一政権（大王）の支配下にあった。
〈その二〉したがって、ただ「王」と直指する場合、必ずその統一権者（畿内の大王）を指す。
というにあろう。
これは、あたかも八世紀に成立した、近畿天皇家の史書、『日本書紀』や『続日本紀』を読む場合の方法（ノウハウ）に酷似している。たとえば、
(a)乃ち詳《いつ》わりて天皇（＝仲哀）の為に陵を作る。〈神功紀、摂政元年二月〉

(b)康子。天皇（=聖武）、大極殿に御す。〈聖武天皇、神亀五年春正月〉

のように、ただ「天皇」といえば、当該時代の近畿天皇家内の王者と解する、この手法である。

前者(a)の場合など、この時代に近畿の王者が「天皇」と称せられていたとは信じがたいけれど、ともあれ、当該史書は、そのような〝建て前〟で書かれていることは明らかなのである。

今回の「概要」は、これと同じく、「日本列島中（おそらく、少なくとも九州から関東まで）の地中から出土した考古遺物の中に、人名（固有名詞）抜きの『王』という文字があれば、すべて近畿の統一権者（畿内の王者）と解すべし」という命題を〝主張〟しているのである（ただし、朝鮮半島の国王のケースを除く）。

すなわち、この「概要」の主張する命題は、ただ当該古墳にのみ関するものではない。汎日本列島的なテーマ、いわば、「普遍的な要請」を行なっていることとなろう。

しかし、このような命題は、果たして正当なものであろうか。

四

右のような「概要」の思惟方式にとって、これに反する「五世紀の同時代史料」がある。南朝劉宋の范曄（三九八〜四四五）の著述たる後漢書、その倭伝である。

「武帝（前漢。前一四〇〜前八七）、朝鮮を滅ぼしてより、使駅漢に通ずる者、三十許国なり。国、皆王を称し、世世統を伝う。其の大倭王は、邪馬臺国に居す。」

右で「国、皆」といっているのは、直前の「三十許国」を指していることは疑いがたい。とすれば、この「倭国」の中には、〝三十許国〟のあること、その中心に「大倭王」すなわち〝倭国の大王〟のいたことがのべられているといわねばならぬ。

右にしめされた〝大王と諸王〟の配置図はいかなる時期のものであろうか。それは五世紀の政治状況である、とわたしは考える。すなわち、後漢書の執筆時点である。

これに対し、もし後漢書の執筆対象の政治状況と見なすときには、次のような矛盾が生ずる。

(i)三世紀の同時代史書たる三国志の魏志倭人伝によると、

(伊都国)世〻王あり、皆女王国に統属す。

とあるように、三世紀の「倭国」中、「王」の名をもつ者は、「倭国の女王」(卑弥呼・壱与)と「伊都国王」の二者のみであり、その「両王」間の統属関係をのべたものが、右の一文なのである。

しかるに、これより早い一〜二世紀においてすでに「三十許王」あり、という事態は考えがたいところである。

また、この倭人伝を見、それを〝原拠〟とするところ、少なしとせぬ後漢書倭伝の著者(范曄)が、このように〝矛盾に満ちた〟叙述をするとは、考えられないのである。

(ii)しかも、前の「国、皆王を称し……」の文は、地の文であり、有名な「倭奴国の金印」(志賀島出土)授与記事のように、「建武中元二年(五七)」という、歴史記事としての「時限」つきのものではない。

以上、すでにわたしが論証し、強調したところであった(『失われた九州王朝』第一章、参照)。

けれども、今かりに、右の叙述を〝漢代の政治状況をのべたもの〟と見なしたところで、すでに「漢代」に右のごとく〝諸王並び立つ〟状況であったとすれば、弥生期(漢・魏代)に対して、巨大墓(古墳）の各地に群立する古墳時代に〝諸王なし〟という事態は、到底信じえないであろう。

とすれば、いずれの立場をとるにせよ、「五世紀における諸王の並び立つ政治状況」を否定することは、やはり不可能なのである。

以上の状況から見れば、〝日本列島において、ただ「王」とあれば、すなわちただ一人（畿内の大王）以外になし〟という大前提は、中国側の同時代（五世紀）の史書に対比すれば、きわめてその立脚地の脆弱なことが知られよう。なぜなら、「王」という用語が中国において誕生した概念である以上、中国側史書の所述を無視すること、危険というほかないからである[9]。

五

次いで、右に出でた「大倭王」すなわち、「大王」の概念について吟味してみよう。

右の文は、次のような文面につづいている。

楽浪郡徼は、其の国を去ること万二千里、その西北拘邪韓国を去ること七千余里。

其の地、大較会稽の東冶の東にあり。〈後漢書、倭伝〉

右が、三国志魏志倭人伝の「邪馬壹国」と同一国、同一所在地を指すことは、「万二千里」「七千余里」「会稽東冶（→東治）」といった表現の共通する点より、疑いえないところであろう。

その「邪馬壹国」の所在地が、筑紫の博多湾岸と周辺山地であること、すでにわたしの歴年論証し、強調してきたところである。とすれば、この「大倭王＝大王」とは、筑紫の王者に対する称呼であったこととなろう（魏志倭人伝にも「大倭」の表現がある）。

この〝日本列島内の「大王」〟について、他にも明記された史料がある。朝鮮半島側の史書『三国遺事』である。

七年後に一大卵を産む。是に於て大王、群臣に会問す。〈三国遺事、巻一。第四、脱解王〉

この「大王」は龍城国王を指している。この国は、三国史記では「多婆那国」と呼ばれている。両書とも、〝倭国の東北一千里にあり〟とする上、共に脱解王（新羅第四代国王）の祖国として描かれているのであるから、同一国であること疑いがない。一方「龍城国」は、中国風名称、他方「多婆那国」は倭風（現地音）名称であろう。

その龍城国王が「大王」と呼ばれているのである。この国が日本列島中にあることは、上の位置指定から見て確実である。それがほぼ〝関門海峡近辺（北九州市から下関市にかけての間）〟に存在すべきこと、すでに論証した。その骨子は、次のようだ。

(1)この「卵舟（脱解王が卵として多婆那国の王妃から生れ、妃はその卵を舟に乗せて沖合いに流した。その卵舟）漂流譚」は、対馬海流から、壱岐・対馬を過ぎてから北方へ分岐する、東鮮暖流を舞台としている。そうでなければ、先ず金官国（釜山近辺）に漂着し、次いで慶州（新羅の首都。朝鮮半島東岸部南半）近辺に漂着したという経緯は、「説話」としても成立しえないからである。

(2)右の東鮮暖流に〝乗じうる〟ためには、漂着船の出発地（沖合い）は、関門海峡以西でなければならぬ。それ以東では、この暖流が北行しているため、〝漂流して北上する〟こと、不可能なのである。

(3)この「千里」は、「短里」（一里＝約七六〜七七メートル）であると思われる。なぜなら「長里」（一里＝約五三五メートル）の場合には、「原点」たる「倭国」をいずれにおこうとも、〝はるか関門海峡以東〟となり、右の「海流、漂着の論理」に合致しえないからである。

(4)右の考察の帰結は、次のようである。

(イ)多婆那国＝関門海峡付近（北九州市・下関市近辺）

(ロ)倭国（中心）＝博多湾近辺

このような「位置比定」によれば、先の両条件（「海流の論理」と「東北一千里」）を満足させることができる。これ以外では無理なのである。

(5)右の論証を裏付けるもの、それは脱解王の即位年（五七）の問題である。これは後漢の光武帝が「倭奴国王」に金印を授与した年である。この金印が博多湾頭の志賀島から出土したこと、周知のごとくである。金印は、当種族（倭人）の統合の王者に与えられるものだ。だから、この博多湾岸をふくむ筑紫の地が、「倭国の首都圏」に当っていること、当然である。この出土事実と、前の(4)の(ロ)の論定とは、ピッタリと一致し、齟齬するところがないのである（『関東に大王あり』「復刊のことば」新泉社復刊、参考）。

以上のように、〝関門海峡近辺〟にあった、と見られる「龍城国（＝多婆那国）王」が「大王」と呼ばれている点から見ると、博多湾岸近辺の筑紫の王者（金印の被授与者）もまた、当然「大王」と呼ばれて然るべき存在であること、これを疑うことはできない。

以上によって、〝日本列島の地下（古墳期）から出土した考古遺物の銘文中に「大王」とあれば、必ず「近畿天皇家の王者」（＝畿内の大王）である〟という、現在の〝定説派〟の立場、それが右の史料事実に合致せぬ、一個の主観的主張にすぎぬことが知られよう。

これに反し、「大王、多元説」の立場こそ、中国や朝鮮半島の史書という、東アジアの客観的視野に合致するものといわねばならぬ。事実、朝鮮半島側には高句麗・百済・新羅・駕洛と、各「大王」の存在したこと、三国史記・三国遺事の証言するところ、疑うべくもない。また広く異論を見ぬところだ。しかるに、はるかに広域の日本列島（九州から関東まで）において、〝「大王」とあれば、畿内の王者に限る〟というごとき主張は、あまりにも偏狭。——後代の〝自由な〟研究者から、必ずそのように批評されることであろうと思われる。

六

では、「近畿天皇家中心」の一元史観から自由になった立場から、今回の銀象眼銘文の分析を行なってみよう。

今、この稲荷台一号墳の主室（二つある中の、中央の墓室）の被葬者を〈M〉とすると、この〈M〉にとって、〝「王」と言えば、この人〟という形で、明白極まりない、それゆえことさら「人名（固有名詞）」を付する必要がなかった。——そのように解して大異ないのではあるまいか。

一方、市原市近辺における、在地の豪族なる〈M〉にとって、上総ないし下総近辺を支配する、直上の権力者の存在したこと、疑いがない。

この点、考古学上の事実によって裏付けうる。たとえば、同じ市原市内にも、

(a)天神山（台の大塚古墳）

〈大字〉姉崎

〈規模〉一三〇メートル

〈時期〉四世紀

〈流域〉養老川下流（左岸）

(b)塚山古墳
〈大字〉今富
〈規模〉一一三メートル
〈時期〉四世紀
〈流域〉養老川下流（左岸）

(c)二子塚古墳
〈大字〉姉崎
〈規模〉一一〇メートル
〈時期〉五世紀
〈流域〉養老川（左岸）

さらにこれを千葉県内に見れば、

(d)内裏塚古墳
〈市町村〉富津《ふっつ》市
〈規模〉一四四メートル
〈時期〉五世紀

(e)高柳銚子古墳
〈市町村〉木更津《きさらづ》市
〈規模〉一三〇メートル

〈時期〉五世紀(10)

など、かなり巨大な古墳（いずれも前方後円墳）が存在する。これらの古墳の被葬者が、地域的に見て、今回の稲荷台一号墳（直径二六・九〜二七・六メートルの円墳）の被葬者（主室）にとって、〝直上の主家〟に属する、四〜五世紀の上位権力者であったこと、この一事は、およそ疑いがたいところなのではあるまいか。

右は、外形のしめす規模に拠って考えたものであるが、他面、副葬品の点からも、同じ問題が存在する。

それは「金属環」の有無、という問題である。

四〜七世紀の関東において、金環をはじめ、銀環・銅環・鉄環等の「金属環」が古墳の副葬品として出土していることは、周知のところである。たとえば、

①白山古墳——金環

〈所在〉我孫子《あびこ》市白山

〈墳形・規模〉円墳・二五メートル

〈内部構造〉横穴式石室

②油作古墳群・一号墳——銅環

〈所在〉印旛《いんば》郡印旛村平賀油作

〈墳形・規模〉前方後円墳・三〇メートル

〈内部構造〉箱形石棺

③白幡古墳——金環

〈所在〉佐原《さわら》市大戸
〈墳形・規模〉円墳
〈内部構造〉箱形石棺

④城山古墳群・一号墳――金銀環
〈所在〉香取郡小見川町城山
〈墳形・規模〉前方後円墳・六八メートル
〈内部構造〉横穴式石室

⑤寺台古墳群――金環
〈所在〉香取郡東庄町平山寺台
〈墳形・規模〉前方後円墳
〈内部構造〉箱形石棺

⑥塚原古墳群・四号墳――銀環
〈所在〉八日市場《ようかいちば》市入山崎塚原
〈墳形・規模〉円墳

⑦中原古墳群・三号墳――金環
〈所在〉千葉市平山町長谷部字中原
〈墳形・規模〉前方後円墳・三三メートル
〈内部構造〉木棺墓

⑧向原古墳群――金環

〈所在〉市原《いちはら》市郡本字向原
〈墳形・規模〉円墳
〈内部構造〉横穴式石室
⑨郡本（向原野）古墳群――金環
〈所在〉市原市郡本字向原野
〈墳形・規模〉円墳・二〇メートル
〈内部構造〉横穴式石室
⑩山王山古墳――銅環
〈所在〉市原市姉崎町
〈墳形・規模〉前方後円墳・八〇メートル
〈内部構造〉粘土
⑪瓢箪塚古墳――金環
〈所在〉市原市江子田
〈墳形・規模〉前方後円墳・四七メートル
〈内部構造〉木棺
⑫丸山古墳――金環
〈所在〉木更津市長須賀
〈墳形・規模〉前方後円墳・六五メートル
〈内部構造〉横穴式石室

⑬内裏塚北方――金環
〈所在〉富津市飯野
〈墳形〉前方後円墳
⑭九条塚古墳――銀環
〈所在〉富津市飯野
〈墳形・規模〉前方後円墳・一〇四メートル
〈内部構造〉竪穴式石室
⑮埴谷古墳群・一号墳
〈所在〉山武《さんぶ》郡山武町埴谷
〈墳形・規模〉前方後円墳・三六メートル
〈内部構造〉横穴式石室
⑯大堤古墳群・権現塚――金環
〈所在〉山武郡松尾町大堤
〈墳形・規模〉前方後円墳・一一七メートル
〈内部構造〉横穴式石室（作り付石棺）
⑰蕪木古墳・蕪木五号――金環
〈所在〉山武郡松尾町八田字名城
〈墳形・規模〉前方後円墳・四六メートル
⑱芝山（中台）古墳群・殿塚――金環

〈所在〉山武郡横芝町中台
〈墳形・規模〉前方後円墳・八八メートル
〈内部構造〉横穴式石室
⑲芝山（中台）古墳群・姫塚――金環
〈所在〉山武郡横芝町中台
〈墳形・規模〉前方後円墳・五八メートル
〈内部構造〉横穴式石室
⑳山田・朝倉・宝馬古墳群・山田一号墳――銀環
〈所在〉山武郡芝山町山田
〈墳形・規模〉円墳・三一メートル
〈内部構造〉箱形石棺
㉑山田・朝倉・宝馬古墳群・山田二号墳――金環
〈所在〉山武郡芝山町山田
〈墳形・規模〉円墳・二四メートル
〈内部構造〉箱形石棺(11)

のごとくである。これらには、六～七世紀段階のものも多いようであるけれども、反面、四～五世紀にも「金属環」（金環）の存在したこともまた確実である（稲荷台古墳・一号墳の発掘調査〈上総国分寺台遺跡調査団〉の調査団長であった、滝口宏氏による）。

しかるに、すでに「金属環の時代」となっていた五世紀中葉において、この稲荷台古墳・一号墳にはそれが見られない。ということは、いいかえれば、〝上総・下総等の金属環をもつ被葬者〟に対し、稲荷台一号墳の被葬者は、その「下位」に坐していた。――そのように見なして、大約大過はないのではあるまいか。

以上を要するに、四〜五世紀の上総・下総とその周辺の権力者たち、その「下位」に、この稲荷台の被葬者が位置していた。その事実をわたしたちは、ほぼ確信することができるのである。

とすれば、この稲荷台の被葬者が、「人名（固有名詞）」を記さず、いきなり「王」と呼ぶ人、それは、彼にとって「直上の権力者」すなわち、彼に対する統率者である。――そのように解しはじめることが、解読の基本ルール、その第一の順序である。わたしにはそのように思われるのである。

七

以上の論述は、決してこの「王」をもって「関東の王者」や「近畿の王者」と見なすことを「拒否」すべき論証ではない。

むしろ、今後、未解読部分から、あるいは「全関東」、あるいは「全日本列島（九州から関東まで）」をしめすべき徴証が現われたならば、そのように解すべきこと、もとより当然である。

この点、〝畿内とのかかわり〟をしめすもの、とされるものに、周濠出土の須恵器《すえき》がある。共に出土する土師器《はじき》は、当然ながら在地性の強いものであるのに対して、須恵器の方はTK208型式として分類されるもの、と報告されている（「概要」）。

この土器が、当古墳の築造年代を推定する、その基礎となっているのであるから、きわめて重要な資料であるけれども、さらにすすんで、この須恵器を「畿内産」のものとして判定し[12]、その判定結果を、問題の銀象眼銘文中の「王」を「畿内の大王」と見なすという、その論断の〃支え〃とする論者もあるかもしれぬ。

しかしながら、このような〃思惟の進行の仕方〃には、幾多の問題点が存在する。左に列挙しよう。

(1)須恵器の「かま」の出土が、東海及び東北では知られているのに、関東では未だ知られていない（白石太一郎氏による）という状況から見て、須恵器生産の分布とその実態に関しては、未解明の部分が少なくない。

(2)当古墳出土の須恵器が、事実「畿内産」のものであったとしても、それが直ちに、〃畿内～市原〃間や〃畿内～上総・下総〃間の政治的統属関係をしめすことにはなりえない。

たとえば、近畿の古墳の周濠等から「朝鮮半島製の土器（須恵器等）」が出土したとしても、それが直ちに〃朝鮮半島の権力者と近畿の権力者〃間の政治的統属関係をしめすことにはなりえない。それと同様である[13]。

(3)この点、同じ日本列島内でも、朝鮮半島の須恵器が最初に〃上陸〃したのは、当然ながら北部九州（対馬・壱岐及び肥前・筑紫等）であると思われる。とすれば、畿内における須恵器生産の前には、「朝鮮半島→畿内」という直通関係以外に、（あるいは、以前に）「北部九州→畿内」という伝播関係の存在したことも、当然予想せられよう。

もし、右の伝播関係が事実存在したとしても、それをもって直ちに「北部九州～畿内」間の政治的統属関係の主張にすすむとすれば、それはやはり〃性急〃にすぎよう。それと同様である。

(4)右を要するに、五世紀という古墳期は〃金属器が主、土器が従〃の時代であるから、「須恵器から政治的統属関係を論定する」という方法は、妥当性ないし厳密性を欠いているのである（この点、「土器が文明の華にして中枢」たる、縄文土器文明の場合とは、〝文明の本質〟を異にしている、といわざるをえないであろう）。

(5)その上、周濠から出土した土器（祭式土器）の中で、量的にはるか多数存在するのは、在地性の強い土師器である。[14]この点からも、当古墳の性格を考えるさい、〝先ず、関東の大地から〟考えはじめるべきこと、あまりにも自明といわねばならぬ。その上に立って、「須恵器」という存在を媒介として近畿、さらにその淵源としての筑紫や朝鮮半島ないし中国との文化的・政治的伝播関係を考察する、それがもっとも自然な思惟の進行方向なのではあるまいか。わたしにはそう思われる。

八

本稿にとって、目途とした主題にふれるべき地点に到達した。

それは、今回の稲荷台一号墳と先の埼玉稲荷山古墳との間に、重要な「構造上の共通性」が存在することである（一六六ページの図を参照）。

先ず、市原稲荷台の場合、墓室が二つある。一は、中央の主室、[15]ここから銀象眼銘文をもつ鉄剣が出土した。[16]一は、北部の副室。[17]同じく大刀類を出し、[18]武人が被葬者であることをしめしているが、主室に比べれば、格段に乏しい。

この位置関係及び副葬品の状況から見れば、先ず〈M〉（主室の被葬者）が死んだとき、この古墳（一号墳）が作られ、次いで〈N〉（副室の被葬者）が死んだとき、すでに成立していた、この同じ古墳の一

㈠

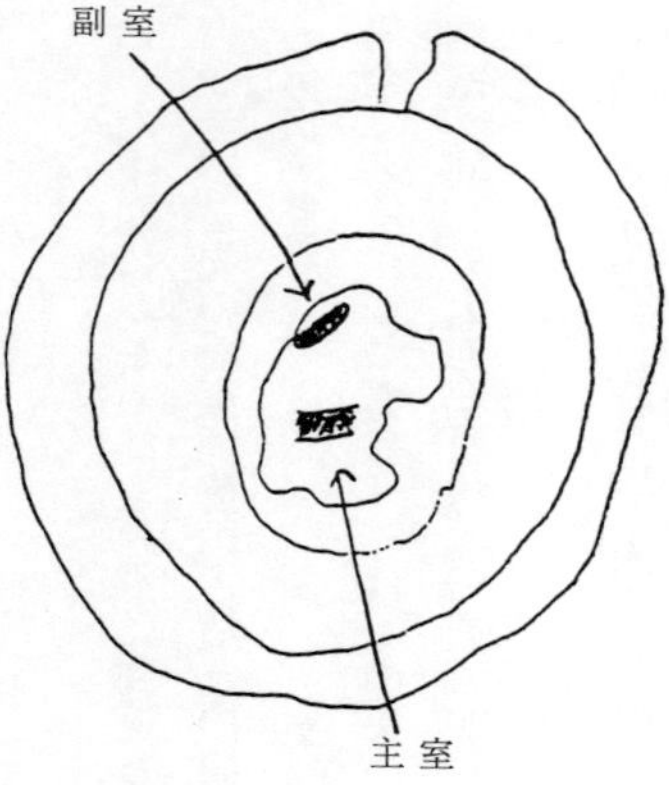

○ 二段築成の円墳か。
○ 26.9～27.6m（周溝内側下底間の規模）のほぼ正円形。
○ 盛土高2.23m以上。

市原稲荷台１号墳

㈡

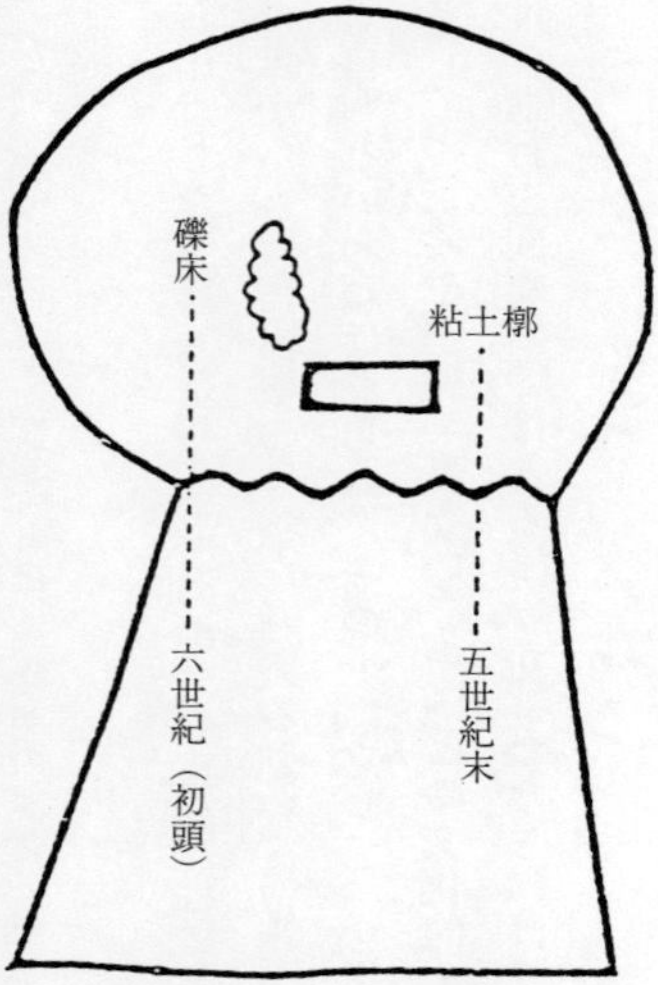

古田『関東に大王あり』
（創世記刊、新泉社復刊）
『古代は輝いていたⅡ』
（朝日新聞社刊、朝日文庫）より

埼玉稲荷山古墳

〔二つの墓室の位置〕

画（北の傍部）に、（おそらく〈N〉の生前の意向に従って）人々は〈N〉の遺骸を葬った。このように想定して、先ず大過なきところであろう（したがって、この古墳自体の最初の築造者グループの中で、〈N〉が中心的役割を演じていた可能性が高い）。

では、この〈M〉と〈N〉との関係いかん。おそらく両者の生前において、両者は深い関係にあったもの。そのように考えてあやまらないであろう。もう一歩すすんでのべれば、両者の生前、〈M〉が当地（市原付近）の豪族、〈N〉がその〝第一の補佐者〟の位置にあった。そのように考えるべきではあるまいか。端的にいえば、「主従」関係である。

それゆえ、このようなタイプの古墳に対して「主従型古墳」の名をもって呼んでみたいと思う。

さらに問題をおしつめてみよう。

この副室の被葬者たる〈N〉の拠って立つ思想的立場は、

〝生前において、〈M〉にお仕えし、補佐申し上げたと同じく、死後においても、おそばに横たわり、お仕え申し上げたい〟

というにある。そのように解して多くあやまらないのではあるまいか。

このような「思想表現」としての、〝二つ（ないしそれ以上）の墓室をもつ古墳〟これを、わたしは〝Partner even to the Grave〟（死に至るパートナー）型古墳、略して「P・G型古墳」と呼ぶこととする。

この「P・G型古墳」に属するものとして、「主従型」以外に幾多のタイプがありうる。たとえば「夫妻型」「家族型」「一族型」その他である（極限形態としては〝殉葬（弥生期）〟も、この一に入るであろう）。

従来も、当然ながら、古墳中に複数もしくは多数の墓室をもつものの存在すること、周知のところであった。しかし、その「思想性」について、必ずしも立ち入って考察されること、少なかったのではあるまいか。

右のような分類に従えば、当市原稲荷台一号墳は、「P・G型古墳」中の「主従型」に属することが知られよう。

九

このように論じきたれば、あの埼玉稲荷山古墳もまた、典型的な「P・G型古墳」中の「主従型」に属することが知られよう。

この古墳の場合、主室（被葬者〈M〉）は中央より、やや前方部寄りに位置し、副室（被葬者〈N〉）は、主室のやや左手に斜めに位置し、一部分がわずかに主室の端部とダブッている。このため、主室の方が早く、副室の方がやや後で〝造り足された〟こと、その事実が明示されているのである。

このような状況から、次の事実が推認されよう。
(1)当古墳の最初の築成時点において、すでに上のような「二つの墓室の配置図」は予想され、企図されていたものと思われる。そうでなければ、主室が〝真の中央〟でなく、やや前方部寄りに構築されている、この配置上の事実は理解しがたいであろう。
(2)右のような「配置図」を企画した人は、副室の被葬者たる〈N〉その人であった可能性が高い。
(3)〈M〉と〈N〉との関係は、先述のごとく〝〈N〉が生前も、〈M〉に仕え、補佐してきた。死後も、変らず、そばに仕え、補佐しつづけたい〟という、「P・G型古墳」中の「主従型」をしめすものとして、先ず、疑いがない。

(4)けれども、主室と副室との位置関係から見ると、〈N〉は単に、〈M〉の〝第一の家来〟たるにとどまらず、

(i)〈M〉と〈N〉とは、血縁関係にあり、

(ii)たとえば「叔父」〈N〉と「甥」〈M〉のごとく、親族関係としては、むしろ〈N〉の方が〝目上〟である可能性がある。

右のように思われる。この点、主室からはなれた「北方の傍辺」に副室の置かれた、市原稲荷台の場合とは異なっている。

たとえば、中国の周王朝における、成王（第二代の天子。武王の子）と周公（武王の弟）との関係のごとくである。

十

市原稲荷台と埼玉稲荷山、この両古墳間には、より具体的な関係の存在すべきこと、その点についてのべてみたい。

それは、後者の築造者（〈N〉）が、前者の「P・G——主従型」による古墳の存在を〝知聞〟していた可能性が大きい、ということである。なぜなら、

(i)前者（市原）は五世紀中葉から、五世紀後半期の前葉にかけての築造とされている。数値的表現では、「四六〇プラス・マイナス一〇」とされている。[19]

これに対して、埼玉稲荷山の方は、五世紀末葉の造成とされ、「四九五プラス・マイナス一〇」、金象眼銘文中の「辛亥年」は「四七一」とされている。[20]

この立場から見れば、市原稲荷台の銀象眼銘鉄剣とその「P・G——主従型」をなす古墳の〝美挙〟は、埼玉稲荷山の〈M〉や〈N〉にとって、彼等の生涯の只中に当っていた。その可能性がきわめて大なのである。

とすれば、埼玉稲荷山古墳を〈N〉が築造するとき、その「P・G——主従型」古墳の企画の先範（の一）として、市原稲荷台古墳の存在があったこと、それはほぼ確実といえよう。

もしそれを否定する人あれば、その人は、「近畿～埼玉」間の関係を〝称する〟資格はないであろう。なぜなら、「近畿～埼玉」間より、「市原～埼玉」間の方がはるかに近い。この地理的事実を否定しうる人はありえないのであるから。

その上、当時、利根川はまっすぐに南下し、東京湾へ流入していた。そして一方の埼玉は利根川流域、他方の市原は東京湾岸領域に属し、両者、陸のみでなく、水をもっても相通じ、まさに隣接地域の中に存在していたからである。

以上にのべたごとく、市原稲荷台と埼玉稲荷山との間には、偶然ならぬ〝相応関係〟の存した可能性の高いこと、この一事を指摘しておきたいと思う。

十一

本稿の到達すべき最高のテーマ、それは埼玉稲荷山古墳のもつ「P・G——主従型古墳」としての性格と、金象眼銘文中の「〜大王」に対する理解との関係である。

岸俊男氏・井上光貞氏等によって「定立」されたかに見える、「ワカタケル大王＝雄略天皇」説は、この視点から見ると、深刻な不可避の矛盾を内蔵している。

なぜなら、この銘文の説くところ、「乎獲居臣」の先祖の列名関係のほかは、もっぱらこの「〜大王」と「乎獲居臣」との関係、それが「唯一の現在（金象眼製作時）の問題」として語られていること、疑いがない。そしてこの「乎獲居臣」こそ、副室の被葬者たる〈N〉その人と見なすべきこと、もっとも自然な見方であろう。

ところが、この「〜大王」が〝大和なる雄略天皇〟であったとしよう。そうすれば、この副室の被葬者〈N〉は、〝自己と大和の権力者との関係〟のみを説く金象眼銘文を右手に抱いて眠り、肝心の〈M〉（主室の被葬者）に対しては、冷然と全く無視し去っていることとならざるをえないからである。

しかし、先述のように、この「P・G——主従型古墳」のもつ根本の思想性は、〝〈N〉が〈M〉に対し、生前において「お仕え」し、補佐し通してきた関係を、死後まで永遠につづけようとする〟この一点にあった。

しかも、この埼玉稲荷山古墳の場合、この古墳の築造は、〈N〉によって行なわれたと共に、あらかじめ〝補佐関係を、二つの墓室の、位置関係に表現すべく配置した〟、そういう特異の「企画」が立てられ、実行されたケース。——そのように見なす他ない様相をしめしているのである。

その〈N〉が、生死を貫く至高のパートナーたるべき〈M〉を無視した金象眼銘文を造ること自体、極めたる矛盾だ。その上、（おそらく当人の意思にもとづき）右手にいだいて当古墳内に葬られる、などということは、全く奇怪もしくは不可解というほかはない事態なのである。

はじめ、岸氏や井上氏等によって「ワカタケル大王＝雄略」読解が行なわれたとき、この古墳に「二つの墓室」があり、当黄金銘文をもつ鉄剣が「副室」の方から出土した事実、この事実に対して全く顧慮がはらわれていなかった。今から見れば〝不可思議〟としか言いようはない事態だけれど、事実はその通りだった。その後、約二カ月近くたった十月末（昭和五十三年）、『週刊朝日』で森浩一氏がこの事実を指摘されてより、はじめて公然たる問題として、学界ないし一般の前に立ち現われるに至ったのである。

この考古学的事実と「雄略説」との間には、致命的な矛盾が存在する。――この一点を強調したのがわたしの重要な論点、そのキイ・ポイントの一であったけれども、岸氏・井上氏その他、すべての「雄略説」論者は、全くこれに答えることがなかったのである。

それも道理だ。「ワカタケル大王＝雄略」説にいったん立脚した以上、いかなる〝微調整〟によっても、右の矛盾を〝解決〟することは不可能、これが率直な帰結ではあるまいか。

しかも〝不可能〟のまま、わたしの立場や提言への応答を欠いたまま、「大王＝雄略」説を、あたかも「定説」のごとく学界であつかい、教育界でも教科書や入試問題（共通一次）としてあつかう。――これがいつわらぬ、日本古代史学界の現況である。

〝各学者そろって「応答」せずにおれば、それですむ。「定説」として定式化できる〟。学問とは、そのようなものであろうか。非ず、それは戦前の「皇国史観」の歴史観と当時の学界、当時の教科書、当時の入試問題、それらとの関係と「酷似」している。[21] わたしにはそのように思われること、ここに率直に記させていただきたいと思う。わたしたちは再び同じあやまちをくりかえすべきではないのであるから。

十二

この点、実は「二つの墓室」問題との矛盾だけではない。

金象眼銘文中に明記されている「斯鬼宮」問題も、同じ帰結を指す。なぜなら、雄略天皇の場合、その宮殿は、

(イ)長谷の朝倉宮（古事記）
(ロ)泊瀬の朝倉宮（日本書紀）

とあって、「磯城宮」とは記されていない。

これに反し、

師木の水垣宮（古事記） 磯城の瑞籬宮（日本書紀）	崇神天皇
師木の玉垣宮（古事記） 纒向の珠城宮（日本書紀）	垂仁天皇

の場合、「師木」ないし「磯城」という表記が現われているから、これらの天皇の場合なら、あるいは「斯鬼宮」といいうるかもしれぬ（もっとも、「シキ」内に複数の宮殿が存在すれば、やはり「シキの〜の宮」という形の二段地名となるのが自然であろう。事実、崇神・垂仁の場合、そのような形となっている）。

この点を反転すれば、やはり、雄略天皇の場合は、「シキ宮」もしくは「シキの〜の宮」と記されていないから、当金象眼銘文の明記する「斯鬼宮」には当らない。これは当然の帰結ではあるまいか。

これに対し、当埼玉稲荷山古墳の東北方、直線距離二〇キロの地点に「磯城宮」が存在した。栃木県藤岡町の大前神社がそれである。同神社は式内社として、延喜式にすでに「大前神社」として記載されているが、その前には「磯城宮」と号されていた。同神社の「字地名」が現在も「磯城宮」である上、明治十二年に同神社社内に建てられた石碑にも、

其先号磯城宮（其の先、磯城宮と号す。）

とあって、式内社としての社号、「大前神社」をさかのぼる、古い名号が、この「磯城宮」であったことが明記されていたのである。

通例、現存地名・社名の場合、一見〝古そう〟に見えても、いつの時代までその成立がさかのぼれるか、所伝も記録もないのが通例である。その点、延喜式に記録された「式内社」の場合、きわめて〝恵まれたケース〟といえよう。ところが、ここでは、その「延喜式の社名」を遡る、さらに古名の記された、例外的に〝恵まれたケース〟なのである。

このような〝古名〟としての「磯城宮」が、すぐ指呼の間（利根川の分岐点）にありとすれば、この金象眼銘文中の「斯鬼宮」を、この地に当てることは、もっとも自然な「比定」ではあるまいか。

もしかりに、ここ（関東の磯城宮）をさておいて、はるか大和なる「シキ宮」を指ささんと欲すれば、「ヤマトのシキ宮」と記すべきこと、文章表現上、きわめたる自然の心理というべきだからである。

そして注目すべき一点、それは当金象眼銘文読解当時（昭和五十三年八～九月）岸氏・井上氏等その他いかなる関係学者も、この約二〇キロしかはなれぬ、真近の「磯城宮」の存在を知らなかったことである。

同年十月末、今井久順氏（神戸市在住）のお知らせを得[22]、十一月中旬、わたしが現地をおとずれ、夕

暮迫る中で、ようやく「磯城宮」の名号を刻した、明治十二年の石碑を「発見」[23]したのであった。

今や、この金象眼銘文中の「～大王（カタシロ大王か）」を、当古墳主室中の被葬者〈M〉に当てるとき、「乎獲居臣」（〈N〉）の力説する、

吾左治天下（吾、天下を左治す。）

の一句は、〝死に至るパートナー〟たる〈M〉（主室の被葬者）との間「生前の補佐（摂政）関係」を高らかにしめすものとして、「P・G——主従型古墳」の考古学的事実とピッタリと符合して矛盾のないこととなろう。

と同時に、

在斯鬼宮時（斯鬼宮に在る時）

の一句は、関東平野の中心を南下する大利根川流域の、北端分岐路に当る藤岡町の地で、北関東・中部関東等を睥睨した、「大王」の宮殿の所在をしめす、好適の句をなしていたのであった。少なくとも、「雄略説」の場合のように、〝記・紀ともに、「シキ宮」にあった、と書かれていないけれども、実際はそこにあったのであろう〟というような、苦肉の〝言い変え〟など、一切必要としないのである。

現代の多くの学者が、たとえこぞって目をふさぎ、耳をそむけようとも、後代の真摯なる研究者は必ず、この平明の道理にうなずくことであろう。わたしはそれを信ずる。

十三

「磯城宮」の地、藤岡町をめぐる、関東における歴史的背景について、昨年（昭和六十二年）、新たな

る局面に遭遇した。これについてのべよう。
ところは、栃木県宇都宮市聖山公園跡、縄文前期中葉の遺跡である。北方にそびえる高原山周辺出土の黒曜石による鏃等製作及び交易場をなす。縦一四・五～二四メートルに、横六～一〇メートルの長方形の木造建築が一五棟、同一規格で群立している。[24] また他方に墓地があり、一に玦状耳飾り、次は管玉、次は石さじ、次は〝副葬品なし〟、このような各様式の墓地が相並び[25]、〝縄文期に階級ないし身分あり〟の事実を証明している（現在、根小谷台遺跡と称する）。

これらの建築物群や墓地群等に三方から囲まれた広場（製作・交易場）の一方が川（の断崖）に向かって開かれている。思川である。この川は姿川と名を変えたあと、利根川に合流している。この川並みを通じて、関東平野各地から〝交易品〟をもってこの地に来り、黒曜石の製品と交換していったのであろう。その〝交易品〟などの蓄積場、それがあの木造建築群だったのではあるまいか。

その思川・姿川が利根川に合流する、その分岐点、それが今問題の藤岡町。「磯城宮」の地である。

右は、縄文前期中葉という、限られた時間帯の遺跡にすぎないけれども、これは「高原山という黒曜石の産出地と利根川流域」とを結ぶ、一大結節地の一、そのように考えて大略あやまらないのではあるまいか。

とすれば、縄文一万年、さらに旧石器時代以来、悠久なる「黒曜石の時代」にわたって、その直接の交通中心地をなしたところ、それがこの藤岡町付近だったのである。

わたしたちは「弥生時代」「古墳時代」などと、それぞれ、横の時間帯に目を奪われる。考古学などの専門家も、そのような形で分れているから、止むをえぬ事態であるかもしれぬ。しかしながら、縄文時代が一万～一万二千年であるのに対して、弥生時代は五百～六百年、古墳時代は三百年である。とすれば、「五世紀の関東」が先ず何よりも、旧石器・縄文時代の「一万年以上の時間層」の上に立っている、その事実を無視したり、軽視したりすべきではないであろう。[26] その上で、次に他地域、たとえば出雲・筑紫・近畿など、金属器時代の先進地域との交渉・伝播を考えるべきである。決して、ことの順序は、この逆ではないのである。

わたしは、埼玉稲荷山の金象眼銘文の分析を通じ、ただ、実証主義を貫くことによって、はからずも、「磯城宮」の地を藤岡町という、横に直線距離約二〇キロの地に求めることとなった。ところが今、その地を貫く、悠遠なる縦の歴史に遭遇することとなったのである。

以上のような思惟の方法は、すなわち、関東における他の重要な局面に目を向けさせることとなろう。それは、神津島・伊豆半島という、南関東側における「黒曜石の産出地」の存在である。現在、世界最古の土器（無文土器）の産出地たる神奈川県大和《やまと》市の周辺も、この南関東文明圏の中に位置する。[27] 東京湾をはさむ対岸の千葉県側にも、有名な加曽利《かそり》貝塚など、縄文時代の繁栄をしめす遺跡は少なくない。当の市原市にも、貝塚遺跡が目立っている。

このような南関東文明圏は、弥生時代から古墳時代にかけて、断絶することなく、継続していたようである。

たとえば、七世紀前半、岩屋古墳（千葉県印旛郡栄町竜角寺）は、一辺約八〇メートルの方墳であるが、その規模は、同時代の推古陵古墳の規模と同じ、あるいは上廻るほどである。盗掘によって副葬品は失われたものの、七世紀前半に至っても、この地には、近畿と〝相拮抗〟する権力の存在した可能性をしめすものであろう。

副葬品の知られているものとしては、東京湾にのぞむ金鈴塚古墳（千葉県木更津市長須賀）がある。直

径九五メートルの前方後円墳であるが、その副葬品は、
鏡・銅鋺・環頭大刀・円頭大刀・圭頭大刀・頭椎大刀・鳥首大刀・方頭大刀・鉾・鉄鏃・刀子・玉類・金鈴・金銀製腰佩残片・金銅製さしば残片・衝角付兜・挂甲・弭・金銅馬具類・馬鐸・須恵器・土師器(28)
といったように、すこぶる多岐にわたっている。

中でも、その名称の由来となった「金鈴」は、北関東・中部関東にいちじるしい特色をもつ、鈴鏡・鈴釧・環鈴・鈴杏葉等の「鈴文明圏」の一翼をになう文明徴証である。もって北・中部関東の利根川流域の権力と、南関東の東京湾周辺の権力とが、深き連契の中にあったことをしめすものであろう。当金鈴塚古墳は、六世紀末から七世紀初頭の古墳とされている(29)。とすれば、少なくともこの時代まで、関東には関東独自の文明が存在し、その上で九州・近畿等との交渉をもっていた。その事実がしめされているといいうるように思われる。

とすれば、今問題の五世紀中葉、市原稲荷台一号墳の被葬者〈M〉を、いきなり「畿内の大王」に〝連結〟させる手法は、やはり短絡に過ぎるのではあるまいか。

利根川上流の分岐点、藤岡町には「磯城宮の大王」が存在した。同じく、南関東の東京湾周辺部にも、「南関東の大王」の存在した可能性もまた、これを無視しがたいであろう。

ともあれ、「大王」のもとには、「諸王」があること、自然であり、「乎獲居臣」も、「大王」に対しては「臣」であっても、より下の目から見れば、やはり「王」でありえたこと、中国における「臣」の用例から見ても疑いがたいところであろう。

南関東、上総・下総の地にも、当然「王」は存在した。その「王」から、市原稲荷台一号墳の被葬者

〈M〉は、鉄剣を「賜」うた。――そのように理解するのが、ことのもっとも自然な理解のように、わたしには思われる。

もしこれを非とする論者あれば、本稿で指摘した「P・G――主従型古墳の論理」に対し、また「磯城宮の論理」に対し、明晰な反論を行なった上でなければ、学問上、意味をもたないであろう。

「無視の手法で、『定説』を固守する」、そのような慣習を廃棄せずして、日本の学問にとって実証的、かつ独創的な未来はない。きわめて僭越ながら、この一点をここに明記させていただきたい(30)。

終りに当って、市原稲荷台一号墳に関する御教示をいただいた、滝口宏氏（上総国分寺台遺跡調査団、調査団長）及び市原市教育委員会関係の方々、また佐倉の国立歴史民俗博物館の関係の方々、さらに梁木誠氏（栃木県宇都宮市教育委員会、社会教育課、文化振興係）、その他御助力をいただいた多くの方々に対し、厚く御礼を申し上げると共に、非礼の点あらば、学問のため、御寛恕いただくことを切に願い、ここに筆をおかせていただくこととする。

註

（1）　昭和六十三年一月十一日朝刊（毎日新聞・読売新聞等）。

（2）「概要発表要旨」では、「五世紀中葉から後半の早い段階」とする（須恵器TK208型式による）。

（3）　その後、「額田部臣」銘大刀（島根県松江市岡田山一号墳、昭和五十八年検出）・「戊辰年」銘大刀（兵庫県八鹿町、箕谷二号墳、昭和五十九年検出）の報告があった。

（4）「稲荷台一号墳出土の『王賜』銘鉄剣――概要発表要旨」（昭和六十三年一月十一日、市原市）。〈調査地〉千葉県市原市山田橋字稲荷台四九他。〈調査主体〉上総国分寺台遺跡調査団（調査団長）滝口宏（調査担当者）田中新史〈調査年次〉昭和五十一年十二月～昭和五十二年三月〈遺跡の現状〉調査後削平。現状は新興住宅地。

〈遺物・記録の保管場所〉財団法人市原市文化財センター（国分寺台事務所）〈協力機関・個人〉国立歴史民俗博物館（永嶋正春（情報資料研究部、助教授）・平川南（歴史研究部、助教授）・白石太一郎（考古研究部、教授））・西嶋定生・平野邦雄・市毛勲・杉山晋作・東野治之・前之園亮一・大久保奈奈・平野卓治〈当事業の委託機関〉財団法人市原市文化財センター。

（5）右記。

（6）右記。

（7）ただ市毛勲氏は、個人的見解として、〈表〉七字〈裏〉七字、計一四字、と解されているようである。昭和六十二年度文化講演会（市原市教育委員会）として、「稲荷台一号墳出土の『銀象嵌有銘鉄剣』をめぐって」の題のもとに、講演会が行なわれた（昭和六十三年一月二十九日、午後六時、市原市市民会館小ホール）。そのさい「①考古学の立場から――早稲田大学講師、市毛勲。②文献史学の立場から――共立女子短期大学助教授、前之園亮一」の二講演が行なわれた。市毛氏の見解はこのさい発表された。

（8）もし〈裏〉に「此廷（刀）」という文字の存在が確認されたとしても、「朝廷」は「大和朝廷」の専称に非ず、「出雲朝廷」「筑紫朝廷」（および「関東」においても）等の存在すべき点、『よみがえる卑弥呼』（駸々堂刊、昭和六十二年）等、参照。

（9）五世紀の同時代史書、宋書には「諸王」「藩王」等の概念が出現している。

（10）註（7）のさいの資料中の「市原市の主要古墳」（文化課作成）に拠る。

（11）『古墳時代（上）』（『日本の考古学』Ⅳ、河出書房新社刊）に拠る。

（12）白石太一郎氏による（「概要」）。

（13）もっとも平明な一例を挙げれば、江戸時代の江戸城から、九州伊万里産の伊万里焼が出土したとしても、江戸の権力者が伊万里の政治的統属下にあったことを意味しないこと、当然である。これと共通の問題性を有する（千歳竜彦氏の御教示による）。

（14）「○須恵器五（坏身・無蓋高坏・𤭯・壺・甕瓦）○土師器一六以上（高坏・坏・坩）」（〈外表土器群〉「概要」）。

(15) 中央施設（「概要」）。
(16) 「○東西主軸。棺の規模、形態不明。○剣二振がほぼ原位置（そのうちの一振が有銘鉄剣）で、遺物の大半は二次的に散乱した状態で出土。○短甲一、剣三、鉄鏃一〇、刀子一。」〈中央施設〉「概要」）。
(17) 北施設（「概要」）。
(18) 「○木棺直葬（両木口を粘土粒で押さえる）。棺長二・五六～二・六五m。主軸N55°E前後。東枕か。○大刀一、鉄鏃一〇、胡　金具一、ささげ状工具一、砥石一（「ささげ状工具」金属面のわずかなでこぼこを削って平らに仕上げるときに使う工具。ささっぱ。スクレーパー。〈広辞林より〉」〈北施設〉「概要」）。
(19) 註（7）の市毛氏講演による。
(20) 同右。
(21) 戦前の〝定説派〟たる「皇国史観」の学者たちは、ほとんど津田史学の問題提起を〝無視〟しつづけるという「方法」で、敗戦まで、自己の立場を〝維持〟しつづけてきたこと、周知のごとくである。今は、津田史学とその亜流の学者たちが、かつての「皇国史観」の学者たちと「同一の手法」に立っているように見える。
(22) 前沢輝政氏の『下野の古代史（上）』（有峰書店刊）に、大前神社の字名「磯城宮」が記されている。
(23) 当然ながら、土地の方々はこの石碑の存在を知っておられたであろう。ただこれを埼玉稲荷山古墳の金象眼銘文中の「斯鬼宮」との関連において〝見出した〟のである（右の前沢氏の著も、この石碑の存在には触れておられない）。
(24) これらの木造建築物は、大・小あっても、同一型式をとっている。また〝建て換え〟が頻繁に行なわれた模様である。
(25) 〝副葬品なし〟の墓域は、他よりやや離れている。
(26) 縄文時代は土器の時代であり、金属器なき時代である。これに対し、弥生・古墳時代は金属器中心の時代に属する。一見、両時代は全くその時代性格を異にする、と見られよう。一応その通りである。しかしながら、大陸・朝鮮半島側から日本列島内へ金属器が流入するとき、当然〝交換〟の形をとるものと思われるから、縄文一万年の〝蓄積〟の上に立って、金属器との〝交易〟が可能になったもの、と思われる。このような考察に立てば、いよいよ縄文一万年の姿と弥生・古墳期の姿とが緊密な〝対応性〟をもつことが知られよう。出雲（隠岐島の黒曜石）、佐賀（腰岳の黒曜石）、讃岐（金山等のサヌカイト）等がその実例である。

(27) 横浜市内の縄文遺跡からも、伊豆半島産出と思われる黒曜石の鏃が出土しているが、伊豆半島〜横浜市の間に、大和市は位置している。

(28) 註(11)書による。

(29) 大塚初重編『探訪、日本の古墳、東日本編』（有斐閣選書R刊）による（二二四ページ）。

(30) 本稿では、市原稲荷台一号墳に関する、考古学的諸事実に関して「概要」のおかげを常にこうむりながら、その「結論」には相反する帰結となった。もとより、この「概要」は、後来の研究者のために〝参考意見〟を記したものとも見られよう。しかしながら反面、近畿天皇家中心主義の史観に立つ「演繹」ないし「弁証」といった行文の趣もまた、遺憾ながら少なくないのである。未来の考古学界において、公的な「概要」「報告書」の類が、自分の歴史観に依拠する「説」でなく、あくまで事実のみに依拠する、即物的実証的言及にとどめる、そのような自己抑制をもって尊しとする、そういう時代の来ることを切に祈らざるをえない。

——一九八八年二月二十五日稿了——

第六篇　歴史学の成立——神話学と考古学の境界領域

〈解題〉　古事記・日本書紀の神代巻、その中心をなす神話、それは「天孫降臨」である。戦前は、教科書の冒頭を飾り、戦後は、墨で消された。

しかし、それは本当に史実にあらぬ「造作」の説話なのだろうか。「神話的叙述と考古学的出土物との一致」という、トロヤの発掘にしめされた「シュリーマンの原則」によって、日本の神話に相対する。新しき、実証的な歴史学の成立を目指した。

（『昭和薬科大学紀要』第二十三号、一九八九年、所載）

一

古代トロヤの冒険的発掘者として著名なハインリッヒ・シュリーマンは、その主著『トロヤとその遺跡』（一八七五年）の中で次のようにのべた。

「（発掘したトロヤが自分の予想より〝小さかった〟ことにふれたのち）けれどもわたしは、何事よりも真実を尊重する。それゆえ、たとえ予想より小さなスケールであったにせよ、わたしの三年間の発掘によってホメロスのトロヤが明らかになったこと、この一事をわたしは喜びとする。すなわち、あのイリヤッドが他ならぬ真の事実の上に基礎をおいていたこと、それをわたしは証明したのである。」（三四四ページ、古田訳）(1)

右の一文は、彼が自己の仕事のもつ研究史上の意義を明確に自覚していたことをしめしている。すなわち、ホメロスの語るイリヤッドのトロヤとダーダネルス海峡の南、トルコのヒッサリクの丘から出土した都市遺構と、この両者の一致したこと、これこそ彼の希求したところの達成であった。――伝誦的文献と考古学的出土事実との相応、この証明である。

周知のように、シュリーマンの提起に対する西欧学界の反応は必ずしも率直ではなかった。それどころか、彼をもって詐偽的宣伝者のごとく見なす「識者」(2)さえ、跡を絶たなかったのである。彼はそのような中傷との戦いの中で没した。(3)

爾来、一世紀有余を閲《けみ》した。さすが、当時のような狷介《けんかい》なる誹謗者は消え去ったものの、反面、彼の業績の学的意義、その樹立した原則を古代学上において明確に受容すること、それは未だ決して十分に行なわれているようには見えがたい。すなわち、古典学や神話学や考古学の諸学界に対してシュリーマンの提起した原則——〝伝誦・文献と考古学的出土状況との対応の検証〟というテーマがこれである。

この点、西欧の古典学・神話学等が「シュリーマン以前」の長大な伝統を背負うていたため、わずか一世紀では、〝にわかに〟シュリーマンの教訓を受容しえなかったとも、あるいは言いうるかもしれぬ。(4)同じくこの点、西欧の学界の深い影響下に成長した、明治以降、また敗戦以降の日本の学界の大勢もまた、例外ではなかった。古事記・日本書紀を「神典」視した戦前の史学の場合は当然ながら、これを「造作」視した敗戦後の史学もまた、このシュリーマンの原則に対して、真剣に対面してはこなかったのではあるまいか。

これは、率直に言えば、この一世紀有余、歴史学にとって〝研究史上の時計が止まった〟ままになっている。そういう研究状況をしめしているとも言いえよう。

本稿は、このような学界状況に反し、歴史学における実証的方法の確立を求めたいと思う。——いわく、記・紀ともに神代の巻の中心をなす、「天孫降臨」神話（及び「神代三陵」説話）と考古学的出土状況との対応の検証、この問題である。

二

「天孫降臨」神話の考古学的検証、このテーマにとって不可欠のもの、それは先ずその〝地理的位置〟の確定であろう。

奇しくも、一世紀余り前、あのシュリーマンに課せられていたテーマ、それも同じ問題であった。

"ホメロスのトロヤの所在地は、スカマンデル川（メンデレ川）の上流に位置するブルナバシの丘か、それとも下流域に当るヒッサリクの丘か"という点である。

一般の評価（多数説）が前者に傾いていた(5)にもかかわらず、シュリーマンは敢然と後者を是とした。ホメロスのイリヤッドの詩句を厳格に解する限り、海からの距離、丘の広さ（スケール）等各種の点で、後者の他なし、と判断したからである。そしてこの判断の正当だったことを、彼自身の発掘が証明したのであった。

同じく、「天孫降臨」地に関しても、二つの候補地がある。

一は、宮崎県と鹿児島県の県境に存在する高千穂峯ないし霧島山と見なす立場である。本居宣長・平田篤胤等の国学者がこれを強調し、ために明治以降の学界の主流となり、敗戦前の教科書の冒頭を飾ることとなったもの、それがこの見地であった。敗戦後、神話学・民俗学等の視点からこの神話を題材とする論者の場合も、この見地を"立脚地"もしくは"考察上の出発点(6)"とするのが通例である。多数説といえよう。

二は、福岡県の高祖《たかす》山連峯（博多湾岸と糸島平野との間）にこれを求める立場である。故原田大六氏及び筆者（古田）、更に山田宗睦・中山千夏の諸氏。少数説である(7)。

それぞれの論拠をしめす前に、依拠史料を下に列挙してみよう。

〈日本書紀〉

①時に、高皇産霊尊、真床追衾を以て、皇孫天津彦彦火瓊瓊杵尊に覆ひて、降らしむ。皇孫、乃ち天磐座を離れ、且天八重雲を排分けて、稜威の道別に道別きて、日向の襲の高千穂峯に天降りき。

〈神代下、第九段、本文〉

②皇孫、是に、天磐座を脱離（おしはな）ち、天八重雲を排分（おしわ）けて、稜威の道別に道別きて、天降るなり。果して先の期の如くに、皇孫は則ち、筑紫の日向の高千穂の槵触峯（くしふるだけ）に到りき。〈第一・一書〉

③故、天津彦火瓊瓊杵尊、日向の槵日の高千穂の峯に降到りて、……〈第二・一書〉

④天孫の前に立ちて、遊行き降来りて、日向の襲の高千穂の槵日の二上峯の天浮橋に到りて、……〈第四・一書〉

⑤故、此の神を称して、天国饒石彦火瓊瓊杵尊と曰（い）う。時に、降り到りし処は、呼びて日向の襲の高千穂の添（そほり）の山の峯と曰う。〈第六・一書〉

故、爾（ここ）に天津日子番能邇邇芸命に詔りて、天の石位を離れ、天の八重多那雲を押し分けて、伊都能知分岐知分岐弖（いつのちわきちわきて）、天の浮橋に宇岐士摩理（うきじまり）、蘇理多多斯弖（そりたたして）竺紫の日向の高千穂の久士布流多気（くじふるたけ）に天降りき。

〈古事記〉

右の史料に対して本居宣長は、その主著『古事記伝』十五において、躊躇なく、第一説を採用している。『日向国風土記』（後述）中の叙述を引き、

名意、高千穂は、此風土記に云るが如くなるべきか、

と述べ、この降臨地が「日向国」なることを疑っていない。

そのため、直ちに、当の降臨地が、その名そのままの「高千穂嶽」（日向国臼杵郡智保郷）か、それとも「霧嶋山」（日向国諸県郡霧島神社）か、そのいずれかを論ずる、という地点へと、もっぱら筆をすすめている。すなわち、問題は、同じ両県（宮崎県と鹿児島県）の境に近き両山のいずれかという、いわば

「微調整」に局限され、「日向国」という巨視域に変動なし。――この根本姿勢に関しては、毫も〝迷い〟を見せていないのである。

この点は、現代の古事記注釈者においても、おおむね右の宣長説が継承されているようである。

ⓐ「南の霧島山とも北の宮崎県臼杵郡高千穂とも言われているが明らかでない。」

〈古事記、日本古典文学大系本、一二九ページ注一四〉

ⓑ「鹿児島県の霧島山の一峰、宮崎県西臼杵郡など伝説地がある。思想的には大嘗祭の稲穂の上に下ったことである。」

〈古事記、武田祐吉訳注、[8]六五ページ注一八〉

ⓒ「南の霧島山とも北の宮崎県臼杵郡高千穂とも言われているが明らかでない。」

〈『古事記評解』倉野憲司著、[9]八二ページ〉

ⓓ「筑紫《つくし》の日向《ひむか》の国《くに》の、たいへん霊力があるといわれる高千穂の峰に天降りさせなすった。」

〈『古事記』梅原猛著、[10]六四ページ〉

ⓔ「筑紫《つくし》の日向《ひゅうが》の高千穂の神ごうしい峰におり立った。」〈『直木孝次郎が語る古事記物語』[11]、八三ページ〉

ⓕ「景行天皇十七年紀曰、幸二子湯県一遊二于丹裳小野一時東望レ之謂二左右一曰『是国也、直向二於日出方一故号二其国一曰二日向一也。」

〈『書紀集解』河村秀根、益根著、[12]巻之二、十、日本書紀「天二降於日向襲之高千穂峯一矣」の注の冒頭〉

ⓖ「（朝鮮の首露王の降下する神話との関連をのべたあと）また高千穂と現在地との関係は、南の霧島山とも北の宮崎県臼杵郡高千穂ともいう。」

〈日本書紀、日本古典文学大系本、[13]補注(2)の十三〉

以上、いずれによってみても、宣長の設定したルートに従って（断定はしないながら）考察が行なわれている状況が知られよう。

しかしながら、この多数説は、果たして記・紀という根本史料の表記に対して、厳格な理解なのであろうか。――そして考古学的出土状況との対応は。これを以下、検証してみよう。

三

多数説における第一の問題。それは「筑紫」という表記の無視である。

右にあげた天孫降臨神話の〝降臨地指示〟の文節の冒頭にしばしば「筑紫（竺紫）」の文言が現われる。日本書紀の第一・一書や古事記がそれだ。これらの史料のしめすところ、それは〝降臨地は、筑紫の中にある〟、この帰結である。

この点、冒頭に「筑紫」を持たざる一群、日本書紀の本文、第二・一書、第四・一書、第六・一書の場合はどうだろうか。先の「筑紫」の冒頭語を持たざる一群と、異なった「降臨地」を主張し、指示しようとしているものなのであろうか。

この推定を否定するものは、日本書紀の本文だ。なぜなら、この一節の末尾には次のように記せられている。

久しくして天津彦彦火瓊瓊杵尊崩ず。因りて筑紫日向可愛之山陵に葬りき。〈第九段、本文〉

右の本文中には、同じ瓊瓊杵尊の「降臨地」として、

日向の襲の高千穂峯

と記していること、先述のごとくだ。とすれば、この「降臨地」の場合も、「筑紫の日向の……」縮約形であると見なすのが当然である。

以上の用例から見ると、

第一群――「筑紫の日向の……」型

第二群――「日向の……」型

とも、別型をしめすものではないこと、この帰結がえられる。

では、この「筑紫の……」という冒頭句の意味するところは何か。多数説は、この冒頭句をいかに処理したか。

その答えは、一つしかない。「筑紫とは、九州全土を意味する」、この回答である。これなくして「筑紫の日向の……」という、第二番目に叙述される「日向」を「日向の国」と解する多数説は、生ずべくもないこと、自明であろう。

その依拠史料の最たるもの、それは古事記中の左の一文である。

次に伊予の二名島を生みき。……次に筑紫島を生みき。此の島も亦、身一つにして面四つ有り。面毎に名有り。故、筑紫国は白日別と謂ひ、豊国は豊日別と謂ひ、肥国は建日向日豊久士比泥別と謂ひ、熊曽国は建日別と謂ふ。……次に大倭豊秋津島を生みき。(下略)〈神代巻、第八、島国の生成〉

右では、九州全土を指すと思われる「筑紫島」という語と、ほぼ福岡県領域を指すと思われる「筑紫国」という語と、二つの概念が表明されている。この中の前者に立てば、先の「降臨地」の「筑紫の日向の……」をもって「九州の中の日向の国の」の意と解する可能性あり、とも見なされよう。少なくとも、いわゆる多数説はその立場に立ったのである。しかし、本当にこの見地は可能だろうか。

四

この見地には、表記上、幾多の矛盾がある。それを左に列記しよう。

第一。「日向国」と「熊曽国」問題。

右の文中で「筑紫島（九州）」に属する、四つの中の一、南九州は「熊曽国」とされている。従ってこの「九州全土」の意の「筑紫」を冒頭にもし冠したならば、そのあと、

「筑紫の熊曽の日向の……」

といった形で叙すべきであろう。しかしこの形に反している。日本書紀の中で、

㋑日向の襲の高千穂峯〈本文〉

㋺日向の襲の高千穂の添の山の峯〈第六・一書〉

とあり、一見「熊曽——襲」と相通ずるようであるけれども、実はそうではない。なぜなら、この「襲」は〝日向の中の一小地域をしめす表現〟であるのに対し、「熊曽国」の方は「南九州全体（鹿児島県・宮崎県）」をしめす広域表現であること、先の全九州四分表記の記載から見て疑うことができない。従ってこの両者（熊曽——襲）を同類視することは不可能なのである。

要するに、この古事記の文面全体の文脈（コンテキスト）に立つ限り、「降臨地」記事を、この「筑紫島」の概念に立って処理しようとするのは不適切だ。いわゆる〝断章取義〟、一つの単語だけを文脈全体から切り離して使用する、主観主義的処理以外の何物でもないのである。

第二。「筑紫」と他の二国問題。

記・紀に存在しないのは、「筑紫の熊曽国」といった表現だけではない。

筑紫の豊の（豊国の）……

筑紫の肥の（肥国の）……

といった表現そのものが皆無なのである。

〈古事記〉

即ち日向より発《た》ち、筑紫に幸行す。故、豊国の宇沙に到るの時、（下略）〈中巻、神武記〉

〈日本書紀〉

①豊国の国前郡に至て〈垂仁紀、二年頃、原注〉

②天皇、遂に筑紫に幸し、豊前国の長狭《ながを》の県に到りて、〈景行紀、十二年九月〉

③是に於て磐井、火・豊の二国に掩《おそ》ひ拠《よ》りて、〈継体紀、廿一年六月〉

④豊国の滕碕《みさき》の屯倉。〈安閑紀、二年四月〉

⑤又其の筑紫・肥・豊、三国の屯倉。〈宣化紀、元年五月〉

⑥肥後国の葦北津に泊る。〈推古紀、十七年四月〉

⑦肥後国の皮石郡の壬生の諸石〈持統紀、十年四月〉

以上がそのすべてだ。史料状況の事実が知られよう。しかるに、問題の「降臨地」のケースのみ、

筑紫の島の日向の国……

という表記と見なすとは、率直に言って恣意極まりない読解法と言わねばならぬ。しかし、これが多数説の依拠している手法だったのである。

第三。筑紫以外の「島」の表記問題。

けれども、論者あって、次のように論ずるかもしれぬ。「右の豊国・肥国記事は、いずれも、神武記・神武紀以降のものだ。だが、問題の降臨地は、神代巻に属する。すなわち、一種古風な表記法である」と。

一応、もっともだ。では、「本土」を指すとされる「大倭豊秋津島」のケースを見よう。

㋑出雲国の肥の河上、名は鳥髪といふ地に降りき。〈古事記、神代記、須佐之男命の大蛇退治〉

㋺此の八千矛神、高志国の沼河比売を婚《よば》はむとして、〈古事記、神代記、沼河比売求婚〉

㋩是の時に、素戔鳴尊、天より出雲国の簸の川上に降り到る。〈日本書紀、神代紀、第八段、本文〉

㋥是の時に、素戔鳴尊、安芸国の可愛の川上に下り到る。〈日本書紀、神代紀、第八段、第二・一書〉

㋭「吾は日本国の三諸山に住まむと欲ふ。」〈日本書紀、神代紀、第八段、第六・一書〉

右の「出雲国」「高志国」「安芸国」「日本（やまと）国」いずれも、「本州」の中の国だ。だが、そのどれ一つとして、「大倭豊秋津の……」という「島の名」を冠した例はない。この他、記・紀中は数多い「本州中の『国』」の表記中、どれ一つとして上のような「島名の冠」からはじまる国名表記など、存在しない。これは、記・紀を通覧する人には、誰一人疑いえない史料事実であろう。

しかるに、今問題の「降臨地」のみ、先頭の「筑紫の」をもって、「島名の冠」と見なして処理するとは、恣意的手法、これに過ぐるものはないのではあるまいか。

第四。「日向国」の〝複数所在〟問題。

以上のような史料状況にもかかわらず、問題の「降臨地」の場合のみ、冒頭の「筑紫の……」を「島名の冠」と見なす道は、ただ一つだけ残されていよう。それは、日本列島内に「日向国」が複数、もしくは多数存在する。――そういうケースだ。

そういうケースなら、〝「本州の日向国」や「四国の日向国」ではなく、「九州内の日向国」だ〟という趣旨で、今問題の、

筑紫の（島の）日向の（国の）……

という表記は、有意味となろう。

しかし、事実は、万人周知のごとく、「日向国」は、本州にも、四国にもない。九州ただ一つしかないのだ。だとすれば、残された、一つの道も、とざされる。やはり、この「降臨地」をもって、「日向国」に当てる、多数説の理解はついに不可能なのである。

とすれば、可能な理解は、もう一つの道しかない。それは「降臨地」を、

筑紫の国の日向（地域名）の……

と見なす。すなわち、第二の少数説の立場である。

五

筑紫の中には、二つの「日向」の地がある。

その一は、筑前。博多湾岸と糸島平野の間に聳える高祖《たかす》山連峯の地である（一九六ページ地図参照）。ここに日向峠があり、博多湾岸西部を流れる室見川上流域（都地《とぢ》）と糸島平野南部との間の通路に当っている。またここから博多湾岸側へ流出する川は日向川と呼ばれている。さらにこの高祖山連峯中に日向山のあったことが黒田長政書状（手塚誠氏蔵）によって知られる。すなわち、この地帯が「筑紫の中の日向（ひなた）」と呼ばれる地域であったこと、疑いがない。

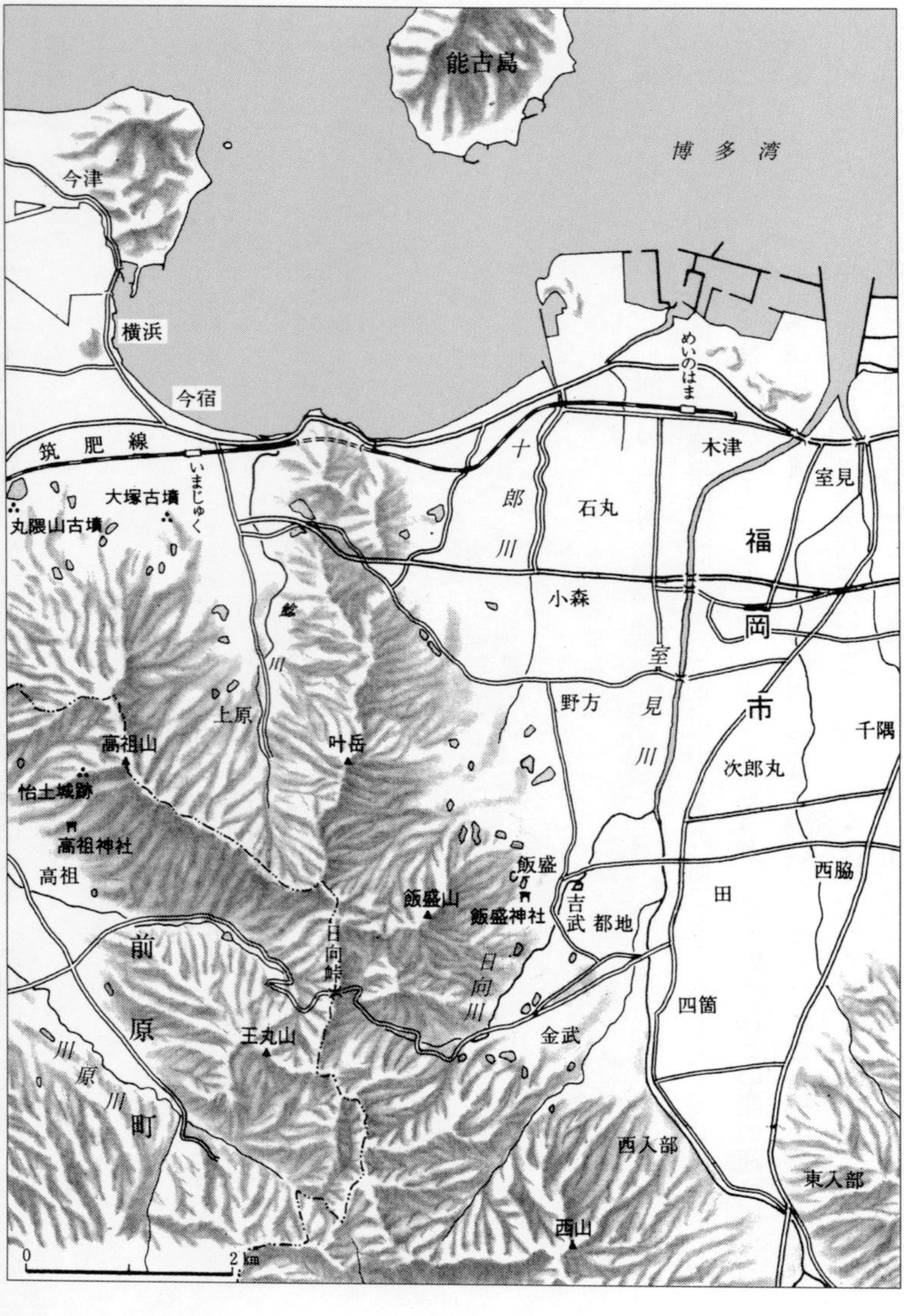
能古島
博多湾
今津
横浜
今宿
めいのはま
筑肥線
いまじゅく
十郎川
木津
室見
石丸
大塚古墳
丸隈山古墳
福岡市
小森
鉈川
室見川
上原
野方
千隈
高祖山
叶岳
次郎丸
怡土城跡
高祖神社
高祖
飯盛
西脇
吉武
都地
田
飯盛山
飯盛神社
日向峠
日向川
前原町
四箇
王丸山
金武
川原川
西入部
東入部
西山
0
2 km

さらにこの高祖山連峯中に「クシフル山」のあることが現地の地理誌に記録されている（『怡土志摩郡地理全誌』大正二年五月発行）。

その二は、筑後。八女郡の矢部・大淵二村の山々を日向山という。また矢部川渓流の中に日向神岩がある。ここの場合は「ひうが」と発音するようである。この地域も、「筑紫の日向」と呼びうるかもしれぬ。

ただ、筑紫郡筑紫村が「筑前」にあることでも分かるように、本来、「筑紫」とは「筑前」を意味した。この点から見ると、〈その一〉の方が、より適切なようである。

六

この点、もっとも端的な判定基準を与えているもの、それは古事記において、「降臨説話」に接続して出現している、次の文言である。

於ㇾ、是詔之、此地者、向二韓国一、真来通、笠沙之御前而、朝日之直刺国、夕日之日照国也。故、此地甚吉地詔而、（下略）

〈古田読み下し〉

是に詔《の》るに、「此地は、韓国に向ひて真来通り、笠沙の御前《みまへ》にして、朝日の直刺す国、夕日の日照る国なり。故、此地は甚だ吉き地。」と詔りて、（下略）

〈日本古典文学大系本〉

是に詔りたまひしく、「此地は韓国に向ひ、笠沙の御前《みさき》を真来通りて、朝日の直刺す国、夕日

の日照る国なり。故、此地は甚《いと》吉き地。」と詔りたまひて、（下略）

いずれにせよ、この「降臨地」が「韓国に向ひて」存在していると、（ニニギが）のべている点、疑いはない。

この指示語の率直に意味するところ、右の〈その二〉の「筑後の日向（ひゅうが）」より、〈その一〉の「筑前の日向（ひなた）」の方が妥当すること、誰人の目にも明らかであろう。

この点、いわゆる多数説の場合、当らざること遠きにあることが知られよう。ために、これに属する論者は、後述のごとくさまざまな〝弁説〟をほどこさねばならなかった。しかし、学問にとって真に必要なものは、その種の〝弁説〟ではなく、史料事実の率直な理解、その端的な指示を直視すること、その一事なのではあるまいか。

七

以上は、わたしにとって必ずしも新しき論証ではない。すでに昭和五十年、第三の古代史の書『盗まれた神話』(14)において、右と同趣意を論述したのであったけれども、古代史学界・国文学界・神話学・民俗学界・神道学界等各界の論者とも、右の論述の論証点に対して何等反論することのないまま、依然従来の多数説に従って注釈し、釈義し、口語訳しきたっていること、先記また後述のごとくである。わたしはこれを不本意とし、かつは学界のためにその停滞を憂え、本稿において新たな論証を提出しうることとなった。以下、論述しよう。

記・紀とも「天孫降臨」後の説話中、「御陵」記事を掲載している。左のようだ。

〈古事記〉

故、日子穂穂手見命は、高千穂の宮に伍佰捌拾歳坐しき。御陵は即ち其の高千穂の山の西に在り。〈上巻、神代巻末尾〉

〈日本書紀〉

①瓊瓊杵尊（ニニギ）

久しくして天津彦彦火瓊瓊杵尊崩ず。因りて筑紫日向可愛之山陵に葬りき。〈前出。第九段、本文〉

②彦火火出見尊（ヒコホホデミ）

後に久しくして、彦火火出見尊崩ず。日向の高屋山上陵に葬りき。〈神代巻下、第十段、本文〉

③鸕鷀草葺不合尊（ウガヤフキアヘズ）

久しくして彦波瀲武鸕鷀草葺不合尊、西洲の宮に崩ず。因りて日向の吾平山上陵に葬りき。〈神代巻下、第十一段、本文〉

以上の陵墓は、どのような性格をもつ墓であろうか。その副葬品いかん。それを指示すべき史料が記・紀中に存在する。それはこのニニギ・ヒコホホデミ・ウガヤフキアヘズたちの祖たる天照大神に関する、所持物（宝器類）の描写である。

〈古事記〉

①勾玉

八尺の勾璁《まがたま》の五百津の美須麻流の珠を纏《ま》き持ちて、（下略）〈須佐之男命の昇天。他に「千人の靫」「伊都の竹鞆」をもつ。〉

②勾玉・鏡・丹寸天（にきて）

上枝に八尺の勾璁の五百津の御須麻流の玉を取り著け、中枝に八尺鏡《やたかがみ》を取り繋け、下枝に白丹寸手・青丹寸手を取り垂《し》でて、（下略）〈天の石屋戸〉

③十拳剣・勾玉

天照大御神、先づ建速須佐之男命の佩ける十拳剣を乞ひ度《わた》して（中略）須佐之男命、天照大御神の左の御美豆良に纏かせる八尺の勾璁の五百津の美須麻流の珠を乞ひ度して、（下略）〈天の安の河の誓約〉

〈日本書紀〉

④十握剣・九握剣・八握剣

躬《み》に十握剣・九握剣・八握剣を帯《は》き、（下略）〈第六段、第一・一書。他に「靫」「高鞆」「弓箭」をもつ。〉

⑤日矛

故、即ち石凝姥を以て治工として、天香山の金を採りて、日矛を作らしむ。〈第七段、第一・一書〉

⑥鏡・幣・玉

時に、諸の神、憂へて、乃ち鏡作部の遠祖天糠戸者をして、鏡を造らしむ。忌部の遠祖太玉には幣を造らしむ。玉造部の遠祖豊玉には玉を造らしむ。〈第七段、第二・一書〉

⑦八咫鏡・八坂瓊の曲玉・木綿

上枝には、鏡作の遠祖天抜戸が児石凝戸辺が作れる八咫鏡を懸け、中枝には、玉作の遠祖伊奘諾尊の児天明玉が作れる八坂瓊の曲玉を懸け、下枝には、粟国の忌部の遠祖天白鷲が作れる木綿を懸けて、（下略）〈第七段、第三・一書〉

右のように、天照大神をとりまく器物（宝器）は、勾玉・鏡・剣という三種の神器や矛類等を中心としたものであることが判る（以後、これを「三種の神器類」と略称する）。

とすれば、この天照大神の孫及び子孫たち、ニニギやヒコホホデミやウガヤフキアヘズたちの陵墓の中に蔵さるべき宝器、副葬品は何か。当然、同一物、すなわち「三種の神器類」である。

八

これらの陵墓の位置はどこか。

もっとも注目すべき位置比定は、先にあげた、古事記の記載である。これを分析してみよう。

〈その一〉日子穂穂手見命は、高千穂の宮に伍佰捌拾歳坐しき。

この「高千穂の宮」が、降臨地として記載されている、

　竺紫の日向の高千穂の久士布流多気

の「高千穂」に当ることは疑いない。従って、いわゆる多数説の場合には、宮崎県と鹿児島県の県境近辺の地にあった「宮」の意となろう。これに対し、わたしの説（第二説）の場合は、当然高祖山連峯近辺の「宮」となろう（たとえば、高祖神社の地などである）。

　次の問題は「伍佰捌拾歳（五百八十歳）」である。一人の寿命として、ありうる年歳ではない。他の古事記の「天皇寿命」などは、皆「百六十八歳（崇神天皇）」が最高限だ。だからいわゆる「二倍年暦」[15]によれば、八十四歳。人間の寿命として可能な年歳である。

　これらとは、質を異にするもの、それがこの五百八十歳だ。「二倍年暦」で二百九十歳。これとて一人間の寿命ではない。そこで二つの仮説を立ててみた。

(i)襲名。代々同名を世襲する。この場合、一人十年平均とすれば、約三十人前後。一人二十年平均とすれば、約十五人前後となろう。

(ii)称号。「彦火火出見尊」とは、最初は一個人(山幸彦)名であったけれど、その後は「称号」化した。たとえば、「天皇」のように。この場合も、人数は、右と同様である。

以上、右の二つのケースとも、その実質に大異はないであろう。すなわち、これら歴代の王者の在位期間をのべているのである。

〈その二〉御陵は即ち其の高千穂の山の西に在り。

本稿にとっての一焦点、それはこの一句にある。

もしいわゆる多数説の場合、この陵墓群は、宮崎・鹿児島県境の西、すなわち鹿児島県内に存することとなろう。

これに対し、わたしの立場(第二説)の場合、高祖山連峯の西、すなわち糸島平野の領域がこれに当ることとなろう。

(もし、右の「五百八十歳」を〝誇張〟として無視し、彦火火出見尊をもって「唯一人」と解する論者にとっても、その位置する領域については、変わりはないであろう。)

では、右の二領域の中、いずれが「三種の神器類」の副葬品の出土する領域であろうか。誰人にとっても、この問いは不可避であろう。

弥生時代の南九州(鹿児島県・宮崎県)はいかなる文化特徴をもつ領域であろうか。

「以上南九州の後期の土器文化はきわめて地方色のつよいものであって、ほとんど他地域との交渉が少なく独自の文化圏を形成している。一方とくに中ごろから終末にかけて、相当停滞性がつよいことをみとめなければならない。弥生終末期に一応その停滞性が解消されるが、その後薩摩式の時期にはいってふたたび装飾文様において地域的特色が濃厚になり、南九州は他の地域から隔離的な生活環境におかれるとみねばならない。」

〈森貞次郎「九州」『弥生時代、日本の考古学Ⅲ』河出書房、五八～六〇ページ〉

「……南九州では実に終末期以後まで打製有肩石斧など一部の石器が残存する。また住居の形式でも南部九州は中期のものが終末期まで残存する。社会においても免田式および薩摩式土器の分布域である日向西南部小林市地方や薩摩および大隅の西半部は地下式横穴しかつくられず、薩摩半島ではそれすらもつくられなかったことによって、民族共同体社会の分解がきわめて緩慢であったことが考えられよう。免田式土器の主要分布地域は古典にいう熊襲の地域と一致する後進地域であり、薩摩式土器の文化圏は隼人の地域と一致する後進地域である。」〈同右、七四～五ページ〉

右の「後進地域」という表現には、一種の主観的評価が存するけれど、要は、金属器をふくむ中国・朝鮮半島側からの伝播物の多く受容された地域（北部九州）と、容易にそれを受容せず、南方（沖縄・フィリピン島）とのかかわりをもつ固有文物を、誇り高く保持しつづけていた地域（南九州）とのちがい、それが右の各文に現わされたところであろう。その点、金属器については、さらに端的だ。

「九州における後漢鏡あるいは小形仿製鏡の分布をみると、それは筑前・豊前を中心としており、前漢鏡の分布よりいっそう拡大されているが、その分布地域は北部九州を東にのびており、筑後および肥後がこの分布圏の中心からそれていることは、弥生時代の中期から後期におよんでも、なお鏡を副葬するような社会的基盤が十分できていなかったといえよう。」〈同右、七四ページ〉

右は、いずれも森貞次郎氏の論述によるものだが、樋口隆康氏編の『大陸文化と青銅器』中の「弥生時代青銅器出土地名表」のしめすところ、一段と簡明率直である。その表から福岡県と鹿児島県・宮崎県の項目数を抽出してみよう。

〈福岡県〉

糸島郡――12　早良郡――2　福岡市――24　春日市――29　筑紫野市――3
筑紫郡――3　大野城市――2　朝倉郡――6　甘木市――7　小郡市――7
久留米市――6　三潴郡――3　山門郡――4　浮羽郡――9　八女市――4
八女郡――3　伝筑後――1　粕屋郡――3　宗像郡――6　遠賀郡――4
中間市――1　鞍手郡――1　直方市――1　飯塚市――6　嘉穂郡――5
北九州市――3　京都郡――3　田川市――7　田川郡――3　行橋市――2
築上郡――1　福岡県内――1

〈鹿児島県〉――2

〈宮崎県〉――2

この表では、「遺構」「剣・矛・戈」「鏡・その他の青銅器」「伴出品」「備考・文献」がしるされている。

この表のみによっても、森貞次郎氏ののべられた出土分布状況の疑いなきが知られよう。鏡・剣等の金属器文明において、北部九州（福岡県）と南九州（鹿児島県・宮崎県）との落差はきわめて大なのである。

この点、今問題の「糸島郡」と「鹿児島県」ないし「宮崎県」とを対比してみよう（次ページ参照）。

右の表（昭和四十九年六月）に〝カット〟されているものに、有名な平原遺跡（糸島郡前原町）がある。

糸島郡，鹿児島県，宮崎県出土対比表

福岡県糸島郡					
前原町三雲南小路	甕棺	細剣　細矛２　細戈	雷文鏡　重圏文鏡　連弧文銘帯鏡26　重圏銘帯鏡７	ガラス璧　勾玉　管玉	青柳種信「柳園古器略考」1823
前原町三雲川端		広矛鋳型			「対馬」1953
前原町三雲		広矛鋳型			同上
前原町前原	甕棺	細剣２			「考古学集刊」2-4
前原町井原鑓溝		広矛鋳型			「福岡県報告」第１輯
前原町井原鑓溝	甕棺		四神鏡21　七脚巴３	鉄刀　鉄剣	梅原末治「史林」16-3
前原町井原赤崎	甕棺	細剣（現存せず）			高橋健自「銅鉾銅剣の研究」
前原町原添		細剣			「考古学集刊」2-4
前原町泊大塚		細剣２			中山平二郎「考誌」7-10・8-9
二丈町吉井		細剣			中山「考誌」15-4
志摩町御床松原15			貨泉		中山「考誌」7-10
志摩町御床松原		鉄戈			永井ほか「九州考古学」33・34
宮崎県					
宮崎県内		平剣（？）			「考古学集刊」2-4
伝日向国（文政年間）		中広戈			鎌田共済会蔵
鹿児島県					
始良郡吉松町永山	地下石室		素文鏡（仿）	鉄剣　鉄鏃３	「鹿児島考古」8,1973
曽於郡有明町野井倉下原		中広矛			瀬之口伝九郎「考誌」8-2

故原田大六氏の発掘（昭和四十年）になるものであるが、氏が生前はこれを〝全面公開〟されなかったため、この表に入らなかったものであろう。氏の『実在した神話』[16]によれば、左のようである（昭和六十三年四月、前原町に新しい資料館が完成し、その出土物は全面公開された。故原田大六氏は当館初代の名誉館長となっておられる）。

Ⅰ鏡(a)船載鏡　三七面
(b)仿製鏡　五面
Ⅱ武器　素環頭太刀　一口　鉄製
Ⅲ玉類
ガラス製勾玉　三個
ガラス製管玉　三〇個以上
ガラス製連玉　多数　すべて破砕
ガラス製小玉　六〇〇個以上
瑪瑙製管玉　一二個
瑪瑙製小玉　一個
琥珀製丸玉　一〇〇〇個以上
琥珀製管玉　一個

以上だ。江戸時代に発見された三雲遺跡・井原遺跡（前ページ表）と並んで、いずれも燦然《さんぜん》たる〝「三種の神器類」を副葬品とする、弥生期の王墓群〟である。

しかも注目すべき問題がある。

それは、〝考古学的出土物がX個あるとき、実際に存在したのは、その五倍ないし十倍と考えて処理せねばならぬ〟というテーマである。考古学者の森浩一氏がしばしば同類の思考をのべておられること、著名である。

「そればかりか、日本には一部の学者が魏の製品と断定している三角縁神獣鏡だけで約三百面ある。しかもこの鏡は一面約一キログラムあるから、たいへんな銅の量である。さらに注意してほしいのは、古墳から発掘してわれわれが数えあげているのは、古墳に埋められていた、あるいはまだ埋まっている総数のごく一部にすぎないということである。おそらく、当時あった三角縁神獣鏡の総数は、数千面という数にたっするだろう。」〈『古墳』保育社、一二四～五ページ〉

「(銅鏡について)だから、われわれが博物館や大学の資料室、あるいは個人のコレクションとして知っているものの少なくとも十倍、あるいはそれ以上が古墳時代にあったと推定しなくてはいけない。

現在知られている数で、考古学的な研究を進めるのは一向構わない。事実、その方法しかないわけです。ところが、卑弥呼がもらった鏡の数に相当するというような、歴史的な解釈をするときには、考古学的資料をそのまま横すべりさせて使うとまずい。そこに人間としての常識論を加味しないといけないと思うのです。しかし、いま指摘されたような数の錯覚はよくあるのです。」

〈『古代人の伝言』朝日出版社、二一一ページ〉

右にのべられている研究思想――わたし自身も、同志社大学における氏の研究室でこのテーマにふれ、互いに共感をのべあった記憶をもつ。――に対し、今(氏がくりかえし記述されていることに敬意を表し、)「森の定理」と呼ばせていただこう。

その定理に依拠して、今の問題を考えてみよう。

糸島郡から出土した、弥生の三王墓、三雲・井原・平原遺跡は、いずれも「三種の神器類」を副葬品とする、豪華な王墓である。いずれも、あるいは江戸時代、あるいは明治以降、すべて偶然（農耕中、及び果樹園の植え変え作業中）発見されたものだ。だから、実際に実在している、同類の王墓は、「森の定理」によれば、五倍とすれば一五墓、十倍とすれば三〇墓、あるいはそれ以上、実際に存在し、今も地下に〝眠っている〟こととなろう。

とすれば、先の「彦火火手見尊、歴代の墓」が、「高千穂の山の西」、すなわち糸島郡に存在する、という、わたしの分析と全く軌を一にしていることを知るのである。

もとより、「一五」とか「三〇」という数の一致に意味があるのではない。いずれも概数にすぎないからだ。問題の本質、それは次の一点だ。〝高祖山連峯を「降臨地」とするわたしの説（少数説）の場合、古事記の「御陵」記載は、考古学的出土分布領域と相対し、ピッタリと一致している。〟――これである。

これに反し、いわゆる多数説の場合、そこは〝弥生の、誇りある隼人墓の領域〟であって決して、新来の、中国大陸・朝鮮半島風の金属器伝播世界、すなわち「三種の神器類」副葬の弥生墓の世界ではなかったのである。すなわち、シュリーマンの原則による限り、多数説は非、少数説たる原田大六氏やわたしの説が是だったのであった。

九

明治維新の轟煙、いまだ覚めやらぬ、明治五年六月、明治天皇の鹵簿《ろぼ》は西に向かい、鹿児島の行在所（旧鹿児島城内、鎮西鎮台分営）に到着した。

「二十三日　午前七時行在所庭上に仮設せる御拝所に於て彦火瓊瓊杵尊可愛山陵・彦火火出見尊高屋山上陵・彦波瀲武鸕鶿草葺不合尊吾平山上陵を遙拝し、鹿児島・都城両県官をして陵前に幣物を供進せしめたまふ。」〈明治天皇紀〉

いわゆる「神代三陵」（瓊瓊杵尊・彦火火出見尊・鸕鶿草葺不合尊の陵墓）に向かっての遙拝が行なわれているのであるが、その年時の早さに驚きさえ覚えよう。

そして翌々年（明治七年）七月、右の「神代三陵」の治定が行なわれた。

「十日　天津日高彦火瓊瓊杵尊の可愛山陵、天津日高彦火火出見尊の高屋山上陵、天津日高彦波瀲武鸕鶿草葺不合尊の吾平山上陵の所在地は従来明かならざりしが、文獻に徴し実地を踏査せしめ、遂に薩摩国高城郡水引郷宮内村八幡山を可愛山陵、大隅国始羅郡溝辺郷麓村神割岡を高屋山上陵、大隅国肝属郡始良郷上名村鵜戸陵を吾平山上陵と定めらる。○公文録」〈明治天皇紀〉

これを鹿児島側は、次のように受けとめている。

「爰に於て神代の三山陵は薩隅の地に現存すること愈々天下に明かになり益々邃古の霊場を仰望するに到る」〈鹿児島史談会『神代三山陵』序文〉

さらにこの後、大正天皇、昭和天皇と行驚は、次々この地に至り、果然「神代三山陵」の地、鹿児島は、明治・大正・昭和の三代を通ずる一大盛儀の地となった。

「其後に至り明治四十年十月東宮殿下の鶴駕を鹿児島に駐めさせ給ふや此山陵に侍従を御差遣あらせられたり
亦大正九年三月
今上の青宮に存す時に御行啓ありて可愛山陵と高屋山陵に輿を駐めさせられて親く天祖を崇拝あらせられたり」
〈同右。右の「東宮殿下」は大正天皇、「今上」は昭和天皇を指す〉

以上の結果、現在の「陵墓要覧」（宮内庁書陵部）の冒頭には、次のように記載されている。

陵墓要覧
天津《あまつ》日《ひ》高彦《だかひこ》火《ほの》瓊瓊杵《ににぎの》尊可愛《え》山陵《のみささぎ》　鹿児島県川内《せんだい》市宮内町字脇園
方形　天忍穂耳尊・妃萬幡豊秋津姫命
天津《あまつ》日《ひ》高彦《だかひこ》火火出見《ほほでみの》尊　高屋山上陵《たかやのやまのへのみささぎ》　鹿児島県姶良《あいら》郡溝辺《みぞべ》町麓《ふもと》菅《すげ》ノ口《くち》
円墳　瓊瓊杵尊・妃木花開耶姫命
天津《あまつ》日高彦波瀲武鸕鷀草葺不合《ひこなぎさたけうがやふきあへずの》尊　吾平山上陵《あひらのやまのへのみささぎ》　鹿児島県肝属《きもつき》郡吾平《あいら》町大字上名《かんみょう》

けれども、遺憾ながら、これは事実ではなかった。本稿の論証のしめすごとく、薩摩・大隅の地は、誇りある隼人の人々の歴史を悠遠にうるわしく伝統する地でこそあれ、決して新規・外来の「三種の神器類」の分布すべき中心領域に非ること火を見るより明白なのである。

何故、真実の歴史に対する、これほどの「背理」が、明治以降の国家の名によって公然と公認されるに到ったのであろうか。

十

この間の事情、その経緯を暗示するもの、それは先の「明治天皇紀」の明治七年七月項に現われている。

「(三陵の)所在地は従来明かならざりしが、文献に徴し実地を踏査せしめ、遂に……と定めらる。」

これは「公文録」に依った、とされているが、この文面には、一種の〝気負い〟の見られること、注目されよう。いわく、「明治維新以前には、これら三陵の所在地は明らかでなかった。しかし、わが明治新政権は、これを今、明らかになしえたのだ。」との口吻がにじんでいる。これは何か。

右ではその根拠として「文献に徴し実地を踏査せしめ」とのべているが、その具体的な実情を明らかにしているものが、現地側の左の文である。

「……位置二説ある也然るに平田篤胤の著す古史伝第三十巻に曰く師(本居宣長)の引れたる三陵考(白尾国柱著)には謂ゆる中陵(水引郷五代村)を御陵と為さるを三陵志(後醍院真柱著)にそを否として直にその八幡山乎御陵と定めたる是も決めて然るべし是の言に依て可愛山陵は即現在の位置に定まり亦高屋山陵は従来肝属郡国見嶽を以て霊場と為したりしが高屋山陵考に依て姶良郡溝辺村の現在位置に定まれり而して明治七年七月官は神代三陵を決議して其位置を本県に達したり」〈鹿児島史談会『神代三山陵』序文〉

ここでのべられているのは、次の諸点だ。

(一)伊勢の国学者、本居宣長は、その主著『古事記伝』において、いわゆる「神代三陵」の地を薩摩・大隅の地(鹿児島県)に考定した。

(二)これは、薩摩の国学者、白尾国柱(才蔵。一七六二〜一八二一)の研究(『神代山陵考』『神代三陵取調書』等)に依拠したものであった。

(三)この中でニニギの陵墓(可愛山陵)は、中陵(水引郷五代村)であるとされていたが、その後、同じく薩摩の国学者、後醍院真柱(彦次郎。一八〇五〜一八七八)の研究(『神代三陵志』)によって八幡山(現在の陵墓治定地)がそれである、とされた(両者ともに、現在の鹿児島県川内市内。隣傍の地)。

(四)本居宣長の〝没後の門人〟を自称した平田篤胤は、その主著『古史伝』第三十巻で、師の宣長説を継承しつつ「神代三陵」の位置比定を行なった中で、この可愛山陵のみは、真柱の新説を受け入れて、〝調整〟を行なった。この篤胤の「論定」によって、今回の陵墓治定地が決められた。

(五)大きな変更のあったのは、高屋山陵(彦火火手見尊)の位置決定であった。従来は、肝属郡国見嶽(鹿児島県肝属郡内之浦町大字北方)とされていたが、幕末より明治にかけて活躍した田中頼庸(一八三六〜九七)の研究(『高屋山陵考』)によって現在の治定地(始良郡溝辺村。鹿児島県始良郡溝辺町麓菅ノ口)が定まった。

(六)以上の経緯によって、明治七年七月の治定決議が公に行なわれ、本県(鹿児島県)に通達された。以上だ。

右の田中頼庸の『高屋山陵考』の末尾は、次のようにしめくくられている。

「予《オノレ》彼内浦なる山陵の事は山内時習(人名)と初より信ひかざりしが、今度官命を以て高屋山陵を覓《マキ》巡りつつ、竟に溝辺の郷に到りて其の陵所を探得たりしかば、乃《スナハチ》官にも復命まをさむ為にそぞろに筆とりてかくは物しつるになむ。時は明治の四年といふ歳の正月田中頼庸畏みもしるす」

田中頼庸の探究が、単なる私的研究に非ず、「官命」をもってする調査であり、その「探得」の結果が「復命」されたこと、そのためにこの『高屋山陵考』がしるされたことが判明する。もって先の「明治天皇紀」の「神代三陵治定」記事において「実地を踏査せしめ」と書かれた、その背景が知られよう。頼庸は、もと鹿児島藩士、明治初年、薩摩の藩士、造士館国学局初講となった。のち（明治十年）伊勢神宮の宮司となったという。

以上によって「神代三陵治定」の背景には、思想的には本居宣長・平田篤胤の系譜を引く「国学」が存在したこと、それを現地側で〝補佐〟したものに「薩摩国学」の系譜の存在していた事実が知られよう。

そして現実的にこれを明治維新直後急遽《きょ》「作定」せしめたもの、それはいうまでもなく、薩長政権の新権力であった。

十一

薩長政権のあわただしい「公定」はあやまっていた。なぜならそこは、「三種の神器類」副葬の中心領域に非ず。誇りある隼人塚世界に属していたからである。

シュリーマンの原則に拠る限り、これが「誤認」であるという判断は不可避である。西欧古典学の権威も、ついにシュリーマンの発掘の意義を、本質的には否定しえない[17]ように、あわただしい薩長政権の

「誤認」を、権力の名において〝おしかくし〟、正当化しつづけんと欲しても、ひっきょう真実の前では無益だからである。

ではなぜ、薩長政権はあやまったか。政治的には〝新たな天皇制の樹立〟という必要に迫られていたからであろう。しかしその反面、思想的には、宣長・篤胤流の「国学」において樹立され、喧伝されていた「仮説」に左右され、依存していたこと、先述来の論述によって明らかであろう。

ではなぜ、国学はあやまったか。その源由は、左の宣長の『古事記伝』冒頭の文に暗示されているように思われる。

「皇大御国は、掛まくも可畏き神御祖天照大御神の、御生坐る大御国にして、……大御神、大御手に天つ雲を捧持して、(御代御代に御しるしと伝はり来つる、三種の神宝は是ぞ、)万千秋の長秋に、吾御子のしろしめさむ国なりと、ことよさし賜へりしまにまに、……千万御世の御末の御代まで、天皇命はしも、大御神の御子とましまして、(御世御世の天皇は、すなわち天照大御神の御子になも大坐ます、故天つ神の御子とも、日の御子ともまをせり、)……(上の件、すべて己が私のこころもていふにあらず、ことごとに古典に、よるところあることにしあれば、よく見む人は疑はじ、)かくいふは、明和の八年といふとしの、かみな月の九日の日、伊勢国飯高郡の御民、平阿曽美宣長、かしこみかしこみもしるす。」

〈古事記伝一、「直毘霊《ナホビノミタマ》」( )内は自注文の形をとったもの。傍点は古田〉

宣長が右で主張するところ、それは一言にして次のようだ。〝天皇家は天照大神の直系の子孫である〟と。そしてその核心は「天孫降臨」にしめされている、というのである。このような宣長の「基本構想」にとって、「天孫(ニニギ)の『日向国降臨』」というテーマは不可欠だった。なぜなら、天皇家第一代の神武天皇の「故国」の「日向国」であることが自明である限り(いわゆる「神武東征」の出発地は

「日向国」)、「天孫降臨」の「降臨地」は、同じくその「日向国」でなければならなかった。

それゆえ、先にのべた通り、宣長には、「降臨地は、筑紫国か日向国か」といった問いの前に、深く悩まされた形跡さえない。ただ高千穂峯か霧島山か、という、いわば「微差」にのみ、紙幅を費やすこととなったのである。

となれば、〝その高千穂の山の西にあり〟と古事記の明記する彦火火出見尊の陵墓の地は、薩摩・大隅の地。――そういう帰結へと向かう他はなかったのである。

もとより宣長には、「シュリーマンの原則」など〝知る〟べくもなかった。それは止むをえまい。しかしながら、本稿の冒頭部にのべた、わたしの文献上の四つの検証、

第一、「日向国」と「熊曽国」問題

第二、「筑紫」と他の二国問題

第三、筑紫以外の「島」の表記問題

第四、「日向国」の〝複数所在〟問題

は、いずれも文献処理上の常道だ。しかるにこれらを一切かえりみず、「降臨地」が「日向国」であることを、〝自明〟のごとく見なすとは。「シュリーマンの原則を知らなかった」では、すませうることではない。

宣長の「古事記」研究は、その学問の本質上、真実のための探究ではなく、「天照大神――天皇家」直流化の「神学」、そのための注疏に他ならなかった。そのように評価せざるをえぬことを遺憾とする。

しかしながら歴史学にとって、ここに本質的な問題が立ちあらわれる。〝明治以降の天皇家は、「自家の父祖の地」を完全に見失っている。それはなぜか〟――この問いである。

十二

平安期（延長三年、九二五）に成立した延喜式において、「神代三陵」について次のように記載されている。

諸陵寮

可注山名

日向埃山陵

天津彦彦火瓊瓊杵尊。

在㆓日向国㆒。無㆓陵戸㆒。

日向高屋山上陵

彦火火出見尊。

在㆓日向国㆒。無㆓陵戸㆒。

日向吾平山上陵

彦波瀲武鸕鷀草不葺合尊。

在㆓日向国㆒。無㆓陵戸㆒。

已上神代三陵。於㆓山城国葛野郡田邑陵南原㆒祭之。其兆域東西一町。南北一町。

〈延喜式巻二十一、陵墓　諸陵寮〉

右の記載において特徴的な問題を列記しよう。

第一に特筆すべきこと。それは平安期の天皇家においてすでに「神代三陵」の正しい位置が見失われている、という点だ。

日本書紀の三陵記事の「筑紫」という「冠の指定」を無視し（「筑紫」を九州全土名と〝曲解〟し）、天孫降臨の「降臨地」をもって日向国（宮崎県）と見なす「誤認」がすでにここにも表現されているのである。

第二に、右の内実とかかわり合ったことだが、ここでは「陵戸」そのものの存在が認識されていない。いいかえれば、実体が〝見失われ〟ている。ただ、日本書紀の語句に対して〝「筑紫」抜き〟の解釈をほどこしただけなのである。

第三に、後代の宣長・篤胤等と異なり、ここの「日向国」は、必ず宮崎県であって鹿児島県ではない。なぜなら、同じ延喜式中の巻十、神祇十、神名下には、

日向国四座（並小）
大隅国五座（並小）
薩摩国二座（並小）

とあり、「日向国」は明確に「大隅国」「薩摩国」とは別だ。だから「延喜式」自体の認識に関する限り、〝「神代三陵」は宮崎県内にあり〟の立場であることは疑いえない。

第四に、続日本紀巻六、元明天皇の和銅六年四月の項に、

割二日向国肝坏、贈於、大隅、始羅四郡一、始置二大隅国一。

とあることは有名である。すなわち、のちの「大隅国」は「和銅六年四月、以前」には「日向国」であった。それは確かだ。だが、この点から〝類推〟ないし〝拡大解釈〟して、〝のちの「薩摩国」も、か

つては「日向国」の中に属していた〟というごときは、単なる（自己の薩摩説を合理化するための）拡大解釈にすぎない。

第五に、右の「神代三陵」記事の末尾の二行は、〝文徳天皇陵の南原（京都市右京区太秦三尾町）〟において、この〝「陵戸所在地不明」の三陵に対する祭式を行なっている〟との主旨である。これは、三代実録巻一、清和天皇の天安二年十月の次の記事と関連しているものであろう。

〇三代実録巻一　清和天皇（天安二年九月～十月）

〇冬十月　陵邊修二三昧一沙弥廿口。令レ住二雙丘寺一。元是右大臣清原眞人夏野之山床。今所レ謂天安寺也。〇廿二日己酉。授二日向国従五位上高智保神。都農神等従四位上一。従五位上都万神・江田神・霧島神並従四位下。伊予国正六位上布都神従五位下。〇廿三日庚戌。遣二外従五位下行陰陽助兼陰陽権博士笠朝臣名高一。鎭謝（文徳）眞原山陵。

右の記事の語るところは次のようである。

第一、清和天皇の父親、文徳天皇の没後、先ず仏教方式で供養を行なった（沙弥廿口によって三昧を修す）。

第二、そのあと、「行陰陽助兼陰陽権博士」を遣わして、父の陵（真原山陵）に「鎭謝」させた。

第三、右（第二）に先立ち、「高智保神」を筆頭として、「日向国」内の各神「都農神・都万神・江田神・霧島神」及び「伊予国」の「布都神」に対して贈位（昇任）が行なわれた。これは、次（第三）の「鎭謝」にかかわるものと思われる。

右は、先ず「仏式」で文徳天皇に対する〝慰霊〟の儀式を行なったところ、「陰陽」を司る〝儒教――神道〟関係の勢力から異議を生じた。その主張するところは、中国流の「父祖への祭り」をなすべし、というにあったものと思われる。

宋、帝乙を祖とし、鄭、厲王を祖とす。猶《なほ》祖を上《たつと》ぶなり。

〈左氏、文、二。「宋」「鄭」は周の国名。帝乙は殷の第二十七代の天子、厲王は国の第十代の天子。〉

二祖、四宗に告祠す。

〈後漢書、章帝紀。二祖は高祖・世祖。四宗は文帝・武帝・宣帝・明帝〉

惟公太宰、二祖を光翼す。

〈陸機、覃長に答うる詩。注「晋の太祖大将軍為り。……世祖、禅を受くるに及び、太宰に転ず。」〉

右のように「祖を祭る」必要を、「陰陽」学者達が進言した。その結果、「高智保神」をはじめとする「日向国」内の神々に贈位し、その上で父たる文徳天皇の陵前にこれを報告し、「鎮謝」することとなったのではあるまいか。

この記事の中にも、

①「神代三陵」は「日向国」（宮崎県）の中にあり、と考えられていたこと。

②しかし、肝心の、それら「神代三陵」の所在を〝見失って〟いたこと。

右の実情が知られる。それゆえ、延喜式の「神代三陵」記事に後記されたように、文徳天皇陵（京都市）の南原で、その祭祀の儀礼が行なわれることとなったようである。

ではなぜ、平安朝の天皇家は、自家の枢要の祖霊の地をすでに〝見失って〟しまっていたのであろうか。

十三

天孫降臨の降臨地を、明確に「日向国」と見なした、最初の文献、それは「日向国風土記」逸文であった。

　知鋪の郷

日向の国の風土記に曰く、臼杵の郡の内、知鋪の郷。天津彦彦火瓊瓊杵尊、天の磐座を離れ、天の八重雲を排けて、稜威の道別き道別きて、日向の高千穂の二上の峯に天降りき。（下略）〈釈日本紀八〉

右の本文そのものは、「筑紫の日向の……」の中の「筑紫」抜きのケースである。従って、日本書紀内の「天孫降臨」（第九段）の本文もしくは、第二・第四・第六、一書の型式にすぎず、その実体が、

(イ)筑紫の国の日向（ひなた）の高千穂……

(ロ)日向の国の高千穂……

のいずれか、その問いが解読上の基本問題であること、すでにのべたごとくである。

本稿の冒頭に論証したように、わたしの文献上の「四つの検証」の指向するごとく、史料の客観的な処理に依る限り、「日向」は「ひなた」であり、〝筑紫国の一部領域〟、そのように見なす他の道はなかった。

それは、ただ文献処理の帰趨にとどまらなかった。「シュリーマンの原則」によって、これを考古学上の出土物分布と対応させるとき、やはり上の処理のみが正当であり、可能なるべき唯一の道であることが判明した。

以上の論証に誤りなき限り、〝「日向国」への再解釈〟という、八世紀（頃）の新しき解釈者、それが「日向国風土記」の造文者であった。そのように帰結する他はないのである。

ここで実は、右のような「日向国風土記」の造文者の歩んだ道は、すでに記紀そのものの中に用意されていた。——その一事をここで明記しておきたい。

〈その一〉はすでにあげた古事記の「国生み神話」の一節だ。

次に筑紫島を生みき。……故、筑紫国は……。

通例の「筑紫国」以外に、「筑紫島」（全九州島）という概念の提起がある。これによって、これよりあとの天孫降臨項の、

竺紫の日向の高千穂の……

という一節に対して、これを「全九州島の中の日向の国」という解釈への道を開く、いわば〝血路〟が開かれているのが看取されよう。

それが全史料の客観的史料事実に合致せざること、すでにのべたごとくであるけれども、いわば〝主観主義的〟に、「日向国、降臨説」への細い小路が、すでに古事記の冒頭部に用意されていた。この点への注目をうながしておきたいと思う[18]。

〈その二〉は、日本書紀の「国生み神話」である。その第七・一書は次のようだ。

一書に曰く、先ず淡路洲を生む。次に大日本豊秋津洲。次に伊予二名洲。次に億岐洲。次に佐度洲。次に筑紫洲。次に壱岐洲。次に対馬洲。

このタイプにおいてはじめて、もっとも「矛盾のない」説話が〝形成〟された。なぜなら、

ⓐ大日本豊秋津洲（本州島）

伊予二名洲（四国島）

筑紫洲（九州島）

ⓑその他――淡路・億岐・佐度・壱岐・対馬

（いずれも、島）

そして、すべて「島」であり、〝重複の矛盾〟をふくまないからである。

この点、他のすべてのタイプは、いわば〝重複の矛盾〟をふくんでいる。たとえば、「国生み神話」（第四段）の本文では、

産む時に至るに及びて、先ず淡路洲を以て胞とする。意に悦びざる所なり。故、名づけて淡路洲と曰う。廼《すなは》ち大日本豊秋津洲を生む。次に伊予二名洲を生む。次に筑紫洲を生む。次に億岐洲と佐度洲とを双《ふたご》生む。世人、或は双生むこと有るは、此に象りてなり。次に越洲を生む。次に大洲を生む。次に吉備子洲を生む。

右において「大日本豊秋津洲」を〝本州島〟と解するとき、「越洲」「吉備子洲」「大洲」（〝出雲〟と解す――古田）等と〝重複の矛盾〟を犯すこと、避けがたい。少なくとも、「越洲」と〝ダブる〟こと、不可避なのである。

この点、他の一書記載においても、同様である。

これに対し、先の第七・一書のケースのみは、それぞれ独立した「島」となって、スッキリとし、〝重複の矛盾〟を犯す心配がないのである。

わたしはすでに、この「国生み神話」を分析した。この地名群は、二つのタイプに分かれている。

(A)一段地名

大八洲表						
日本書紀						古事記
〔本文〕	〔第一〕	〔第六〕	〔第七〕	〔第八〕	〔第九〕	
大日本豊秋津洲	同　左	同　左	淡路洲	同　左	大日本豊秋津洲	淡道之穂狭別島
伊予二名洲	淡路洲	伊予洲	大日本豊秋津洲	同　左	淡洲	伊予之二名島
筑紫洲	伊予二名洲	筑紫洲	伊予二名洲	同　左	伊予二名洲	隠伎之三子島
億岐洲	筑紫洲	億岐洲	億岐洲	筑紫洲	億岐三子洲	筑紫島
佐度洲	億岐三子洲	佐度洲	佐度洲	吉備子洲	佐度洲	伊伎洲
越洲	佐度洲	越洲	筑紫洲	億岐洲	筑紫洲	津洲
大洲	越洲	大洲	壱岐洲	佐度洲	吉備子洲	佐度洲
吉備子洲	吉備子洲	子洲	対馬洲	越洲	大洲	大倭豊秋津島
			〔「古事記」と同類 一帝王本紀〕			

筑紫洲——筑紫国
大洲——大国（出雲。「大国主命」）
越洲——越国

(B)二段地名
豊秋津——豊国の秋（安岐）津
伊予二名——伊予国の二名
吉備子——吉備国の子（児島半島）

(C)島
淡路・億岐・佐度・対馬・壱岐

右のごとく、対馬海流圏では「国名」（一段地名）、瀬戸内海圏では「地点名」（二段地名）という形の記載である。すなわち、前者を主舞台として、後者を傍舞台とする〃政治的勢力圏〃を「大八洲国」として記載したもの、それが本来の姿たる原型式だったのである。

それを見失い、「大日本豊秋津洲」という、いかにも「大和中心」の〃全本州島〃に見せかけた「改文」の結果生じた矛盾、それが先の第四段本文等における〃重複の矛盾〃だったのである。

この矛盾を避けるため、〃大改造〃をほどこした、いわば究極の形、それが、〝矛盾を切り捨てた、第七・一書〟の姿だったのである。これによって「筑紫洲」は〝安んじて〟「九州全土」をしめすもの、となりえたのである。

すなわち、これによって、あとにつづく天孫降臨の「降臨地」を「日向国」と見なす〝血路〟が開かれているのである。

この一番〝スッキリ〟した、第七・一書の形が、各「国生み神話」群中、一番〝新しい形〟であること、言うまでもない。すなわち、日本書紀成立の「七二〇年」に、もっとも近い時点である。

これによってみれば、日本書紀成立時点において、すでに「筑紫＝九州全土」説、すなわち「日向国、降臨地」解釈が〝用意〟されていた状況が知られよう。なぜならそれによって、「日向国出身の神武天皇」が、あたかも天照大神の〝直系〟であるかに、〝再解釈〟しうるものと思われたからである。

この間の事情を証言するもの、それが先に挙げた、延喜式中の「神代三陵」記事である。

日本書紀は、その成立直後より、「講読」が開始された。それによって〝書紀解読のプロ〟たる「学生」たちが養成され、彼等はそれぞれ各地・各機関でその〝学習成果〟を伝達した。[19] 日本書紀が近畿天皇家の「正史」として製作された以上、これは当然の事態であった。

そのような〝公的な学習〟の成果、それが現われたものこそ、平安朝、十世紀初頭の延喜式の「神代三陵」記載。すなわち、先述のごとく、「日向国に在り、陵戸なし。」という、一種不思議な記事であった。――そのように見なすことは、果たして独断であろうか。――否。唯一の妥当な理解、わたしにはそのように思われる。右は八世紀の奈良朝より十世紀の平安朝に至る、近畿天皇家内の、いわば〝統一見解〟だったのである。

以上のように考察してくれば、一見ひとり〝異彩を放つ〟かに見えた「日向国風土記」逸文の記事は、実は八〜十世紀の近畿天皇家の「記・紀理解」、あるいは近畿天皇家が記・紀によって〝公的にP・Rせんと欲したところ〟の「補完」に過ぎなかったことが知られよう。

十四

今、風土記のもつ二つの性格についてのべておこう。

第一、各地独自の神話・説話・伝承を記載する。これが本来の性格だ。

たとえば、出雲風土記。「天の下造らしし大神、大穴持命」を中心の王者とする構成であり、ストーリー展開である。もちろん記・紀にも同一神が出現しているけれど、それは「天の下造らしし大神」すなわち「主神」としての活躍の姿は、ほとんどない。これに反し、当風土記の場合、記・紀とは異なり、出雲の主神としての形姿をもつ。その上、記・紀に全く存在しない「国引き神話」なども収録されている。現地独自伝承の粋ともいえよう。

第二、記・紀を「補完」する。記・紀の中の「盗用」ないし「偽史」部分を〝裏付ける〟ための製作である。

たとえば、豊後風土記と肥前風土記。いずれも、景行天皇が主役である。同天皇の巡行譚の観がある。すなわち、日本書紀の景行紀における、景行天皇の「九州巡行譚」の「補完」版といえよう。では、両者の一致の故に、これをもって「景行の九州大巡行譚、史実性の証」と言いうるであろうか。——非。

なぜなら、すでに津田左右吉も詳論したように、これは日本書紀の編者の「造作」。そのように論ぜられて以来、これを直ちに「史実」視する歴史学者は、今日ほとんど存しないからである。

わたしもこれを、別の面から分析した。筑紫の「前つ君」の全九州統一譚、すなわち九州王朝の発展史の重要な一コマを〝切り取っ〟て、ここに挿入した。そのさい、主格を「前つ君」（九州王朝の王者）から「景行天皇」へと換骨奪胎させているのである。「盗用」だ。

この近畿天皇家側の「盗用」を糊塗《こと》し、〝裏付け〟ようとしたもの、それがこの二つの風土記の役割なのである。これが「補完」型の風土記だ[20]。

以上、二つの型の中で、今問題の「日向国風土記」の場合、いずれの型に属するか、明らかであろう。第二の「補完」型だ。それも、日本書紀に明記された「景行紀」中の「盗用」部分の「補完」〈A型〉に比し、これは八世紀以降の近畿天皇家の〝希求した解釈〟（日向国、降臨説）の「補完」〈B型〉なのである。

本居宣長は古事記伝の中で、「日向国、降臨」を主張するための、最強の証拠、「古典」として、この「日向国風土記」を引用したけれど、その史料批判上の不適正が知られよう。

十五

従来の国語学・古典学・神道学等の諸家は、こぞって「日向国、降臨」説を「定説」視、もしくは「観想の出発」地としてきた。

たとえば、西宮一民氏。氏は『古事記』の注解（桜楓社版、新潮社版）や各種の考証論文[21]によって斯界に著名な論者である。氏は次のようにのべられた。

「古事記の『筑紫日向』は常に宮崎県を指すと考えられる（拙稿「古事記行文注釈二題[22]」参照）ので、

これは宮崎県臼杵（うすき）郡高千穂町の四周の山の一つ〈例えば国見ケ丘〈五一三米〉〉を指す。但し日本書紀では右の鹿児島・宮崎両説がすでに記述されているのであって古代から高千穂峯が両説存したことを示すものである。[23]〈桜楓社版『古事記』昭和四十八年刊、七六ページ注〉

「今の宮崎県西臼杵郡高千穂町の四周の山の一つ。たとえば国見ケ丘（五一三メートル）をさすか。[24]」〈新潮社版『古事記』、新潮日本古典集成、第二七回。九一ページ、注一六〉

といった形で、一貫して南九州説から注釈し、論述しておられる。

この点、意欲的な『古事記注釈』全五巻（平凡社、昭和五十一年四月刊）によって注目すべき業績を累積してこられた西郷信綱氏は、さすがに「日向国風土記（逸文）」を引文されながら、

「要するにこれはチホという名の由来を書紀の伝えにからませた地名起源説話の一態に他ならない。逆にいえば、『筑紫の日向の高千穂』を直ちに日向国臼杵郡の地と見なすのは、地名説話の水準に身を置くに等しいということになる。そこにはもっと考慮せねばならぬ問題がある。」〈『古事記注釈』第二巻、二六六ページ〉

とし、

「古事記に『筑紫の日向の高千穂』とあって『日向国』とないのに注目すべきである。『筑紫の日向の橘の小門の阿波岐原』（六一四）の条で指摘したように、その『日向』は黄泉国にたいするもので、必ずしも実の『日向国』のいいではなかった。」〈同右〉

と言われる。けれども、その論の帰向するところ、

「かくしてヒムカの高千穂への降臨は、ソの国に棲む隼人の服属と表裏一体をなすわけで、むしろ隼人がいるからそれをまつろわすべく、そこが降臨の地に撰ばれたと見てよかろう。南九州は大和

の王権にとって、いわばもっとも弱い危機的な環であったはずだ。」[25]〈同右、二六七〜八ページ〉

として、結局、伝統的な、否、伝襲的な「日向国、降臨説」へと〝回帰〟された。

左右各様、研究思想のへだたりにもかかわらず、いずれも「本居宣長の掌」の上から逃れられぬ。これが今日の研究状況といえよう。否、本稿で縷々論述しきたったごとく、それは八世紀以来の「新王朝」たる、近畿天皇家の希求したところ、そのわくの中で研究がすすめられてきたこと、その事実を物語っているのである。もし然らず、とする論者あれば、本稿の提議する、「四つの検証」と「シュリーマンの原則」に対して敢然と批判の手を向けられんことを乞い願う。

十六

本稿の最終局面に到達した。

近畿天皇家は、八世紀以来、〝悠遠なるべき〟自己の「皇祖」の陵墓の所在を見失ってきた。それは十九世紀中葉以降の、東京天皇家においても、例外ではなかった。

この意外な帰結は、人間の理性的判断、すなわち「四つの検証」と「シュリーマンの原則」に依る限り、回避することは不可能である。

では、なぜ、このような〝連綿たる見失い〟が生じたのか。三たび、わたしはこの率直な問いを提起せねばならぬであろう。

これには、三つの局面がある、とわたしには思われる。以下、順次のべよう。

第一は、「継体の断絶」問題である。

郵便はがき

料金受取人払郵便

山科支店承認

99

差出有効期間
平成26年11月
20日まで

6 0 7 - 8 7 9 0

（受　取　人）

京都市山科区
日ノ岡堤谷町１番地

ミネルヴァ書房

読者アンケート係　行

◆　以下のアンケートにお答え下さい。

お求めの
書店名＿＿＿＿＿＿＿＿市区町村＿＿＿＿＿＿＿＿＿＿＿＿＿＿書店

＊　この本をどのようにしてお知りになりましたか？　以下の中から選び、3つまで○をお付け下さい。

A.広告（　　　　　）を見て　B.店頭で見て　C.知人・友人の薦め
D.著者ファン　E.図書館で借りて　F.教科書として
G.ミネルヴァ書房図書目録　H.ミネルヴァ通信
I.書評（　　　　　）をみて　J.講演会など　K.テレビ・ラジオ
L.出版ダイジェスト　M.これから出る本　N.他の本を読んで
O.DM　P.ホームページ（　　　　　　　　　　　）をみて
Q.書店の案内で　R.その他（　　　　　　　　　　　）

名　お買上の本のタイトルをご記入下さい。

上記の本に関するご感想、またはご意見・ご希望などお書き下さい。
「ミネルヴァ通信」での採用分には図書券を贈呈いたします。

よく読む分野（ご専門）について、３つまで○をお付け下さい。

1. 哲学・思想　2. 宗教　3. 歴史・地理　4. 政治・法律
5. 経済　6. 経営　7. 教育　8. 心理　9. 社会福祉
10. 高齢者問題　11. 女性・生活科学　12. 社会学　13. 文学・評論
14. 医学・家庭医学　15. 自然科学　16. その他（　　　　）

〒

ご住所　Tel　（　　）

年齢　性別

お名前《ふりがな》　歳　男・女

ご職業・学校名
（所属・専門）

Eメール

ミネルヴァ書房ホームページ　http://www.minervashobo.co.jp/

「論理の導くところ」——新しいシリーズ『古田武彦・歴史への探究』に寄せて

青年の日、わたしは聞いた。「論理の導くところへ行こうではないか。たとえそれがいかなるところに到ろうとも。」と。この一言がわたしの生涯を決定した。

ところは、広島。あの原爆投下の前、一九四三年（昭和十八）、皆実町の旧制広島高校の教室の中である。

岡田甫《はじめ》先生はこの一言を、黒板一杯に大きく書かれた。そしてコッコッと生徒の席の間をゆっくりと歩いてゆき、わたしたちに問いかけた。「この中で、一番大事なところはどこか、分るかい。」みんな、沈黙していた。先生は、その沈黙を見定めるようにして言葉を継がれた。「たとえそれがいかなるところに到ろうとも、だよ。」と。そのときは、もとの教壇へ帰っていた。その黒板の最後には、「ソクラテス」と書かれている。

後日、調べてみたけれど、プラトン全集には、直接このままの表現はなかった。先生が全集の中の師弟の対話篇の中から、その真髄を趣意された。まとめたのである。それはどこか。もちろん、あの『ソクラテスの弁明』だ。わたしの生涯の、無上の愛読書である。

だから、一冊の本から「抜き書き」して引用したのではない。己がいのちを懸けて、真実を未来の人類に向けて静かに語りかけて、ためらうことなく死刑の判決を受け入れて死んでいった、そのソクラテスの精神を、右の一言として表現したのであった。

やがて広島を襲った、一九四五年の原爆も、この一言から脱れることはできなかった。誰が投下したのか。誰が被害を受けたのか。彼等が人類の悠大な歴史の中で下される、真実の審判は何か。ソクラテスはすでにそれを見通していた。未来の人類に警告したのだ。

それはわたしの生涯をも決定した。学問のありかたをハッキリとしめしたのである。いかなる地上の権力も、「時」の前では空しいのである。それは倫理（「道義」と改称）の一時間の教育、忘れることができない。

二〇一三年一月

古田武彦

ファン待望の
新シリーズ刊行開始！

周知のように、日本書紀の武烈紀には、数々の武烈天皇の悪業が列記されている。

　二年秋九月、孕《はら》める婦の腹を刳《さ》きて、其の胎を観る。
　五年夏六月、人をして塘《いけ》の樋《ひ》に伏せ入らしむ。外に流れ出づるを、三刃の矛を持ちて、刺し殺すことを快と為す。

右の類の記事が執拗にくりかえされている。一見、「正史」の品格を失わせるほどの〝強調〟である。これはなぜか。

津田左右吉はこれを、中国の史書（夏の桀王・殷の紂王等）を範とした「文飾」にすぎず、と見なした。一見鋭きに似た〝批判〟に見えたけれども、その実、歴史の真相をおおい隠すものであろう。なぜなら、右の、中国における悪業記事が、いずれも、前王朝（夏・殷）最末の王者（天子）を指している点、実は次王朝初代の王者の「天子位、簒奪」の非行（大義名分に反する大逆行為）を〝合理化〟し、〝美化〟する、という、明確な目的をもつ、という肝心の一点を看過しているからである（殷の湯王・周の武王）。史記や漢書が単なる文学書に非ざると同様、日本書紀もまた一文学書ではない。単なる「文飾」のためにして、歴史の枢要事実に関連せず、と称するは、史家にも似ぬ、恣意の暴言と言わねばならぬ。わたしたちは左右吉が戦前に果たした勇敢なる史料吟味、その研究史上の意義は十二分に認めつつも、この一点に関しては、敢然と、これを非とせねばならぬであろう。

ではその、「歴史の枢要事実」とは何か。率直に言って、前王朝たる、「武烈以前の王朝」に対し、「次王朝たる、継体以降の王朝」が行なった、「非行の簒奪」がこれである。「応神五世の孫」（古事記）、「応神六世の孫」（日本書紀）というごときは、〝あいまいなる遁辞〟にすぎぬ。なぜなら、肝心の記・紀とも、その間（五～六世）の系譜を書きしるしえないでいるからである。(26)

この「非行」をうけついだのが、「継体以降、天智・天武から元明・元正に至る、八世紀現在」の天皇家であった。わたしたちは、歴史の真実に忠ならんとする限り、この歴史理解から目をそむけ、また〝御用学者〟風の弁説に奔ることは許されないであろう。

以上の理解にしてあやまりなし、とすれば、次の問いが生れよう。〝「武烈――継体」間の断絶にもかかわらず、「武烈以前の、前王朝伝承」は、果たして十分に後代（継体以降）へと伝承されえたか〟、この問いである。

武烈天皇は、一個人ではない。いやしくも、王者である。それを悪業の主とすることは、すなわち彼をとり巻く「伝承者・記録官」や「重臣・名家」を〝悪業の補佐者〟として斥ける、そういう状況をともなわないであろうか。むしろ、「武烈天皇ひとり、悪。他はすべて、是。」そのようなケースこそ、稀であろう。すなわち、〝一応の公的伝承・記録は、辛うじて継受しながら、そのきめこまかな実質伝承を欠く〟、このような状況が、「継体以降の、新天皇家」の運命となったのではあるまいか。この疑いである。

今、問題の、「皇祖の陵墓群のとりちがえ」のミスにも、陰に陽に、この歴史的経緯が色濃く影を落しているのではあるまいか。

第二は、「先在、九州王朝の無視」問題である。

三国志・宋書・隋書・旧唐書といった中国史書が「倭国」（ないし「俀国」）として記載した、日本列島中心の王者は、筑紫の王者であった。志賀島から出土した「漢委奴国王」の金印も、この筑紫の弥生の王者が中国（漢）から授与されたものであった。

これは決して、大和なる近畿天皇家ではなかった。その証拠に、記・紀には「金印授与」の記事がない。〝忘れ去られ〟ている。これほど印象的な事件を〝忘れ去って〟片鱗の伝承も、記録も遺存せぬ。そんな〝悠遠なる王朝〟があるものだろうか。明らかに、本来の「倭国」は、近畿天皇家ではなかったのである。

それが〝変化〟したのは、七世紀中葉であった。

（文武十年〈六七〇〉、十二月）倭国、更えて日本と号す。自ら言う「日の出づる所に近し。」と。以て名と為す。〈三国史記、新羅本紀第六、文武王紀〉

この「倭国」こそ、一世紀以来の「九州王朝」であり、「国号変更」後の「日本」がいわゆる近畿天皇家である。これと符節を合するように、この時点以後、万葉集の中の歌の表記において、はじめて、「ヤマト」の表記に「倭」の字が用いられはじめる。わたしたちの馴れ親しんできた、記・紀中の「倭=ヤマト」の用字法は、この新用字法に依拠したものに他ならなかった。これに反し、本来の、古来の用法は、志賀島の金印にも明確に表現された、「委（倭）=チクシ（ツクシ）」の用法であった。

以上は、わたしが年来論証し、論述しきたったところの略述である[27]。

これに対し、近畿天皇家は右の七世紀後葉以降、日本列島代表の王者たることを主張し、それが決定的に中国（唐）の権力者（則天武后）に認められたのが、八世紀初頭であった。

（長安二年〈七〇二〉）各十月、日本国、使を遣わして方物を貢す。〈旧唐書、本紀巻六、則天皇后〉

ところが、近畿天皇家は、この二十年後（七二〇）、「正史」たる日本書紀を記載するさい、率直に以上の〝歴史的経緯〟を認めず、最初から、すなわち「初代の神武天皇以来」、連綿として、日本列島代表の王者でありつづけてきたかのように、〝よそおった〟のである。歴史の偽造だ。

この点、遺憾ながら、先在王朝の実在認識の上に立って、その「簒奪」（革命）なり「禅譲」なりを、率直にのべる、中国史書の先範にならわなかったのである。

そのため、先在の九州王朝、すなわち筑紫の王者にとっては当然「認識」のある、先王の墓域、いわば〝忘る能わざる〟神聖の領域（糸島平野、並びに博多湾岸）に対して、近畿天皇家は全く「真実《リアル》な認識」を見失い、あたかもはるかかけ離れた、南九州の地にこれがあったかのごとく〝錯認〟の中に陥入することとなった。そして、いわば近畿天皇家の〝御用の学〟としての性格をになう国学者流がこれを強調したのである。

そして明治以降の天皇家も、薩長政権のリードのもと、これに追随することとなった。「先在王朝の無視」、「歴史の変造」の報いは、千二百年を超えて今日を〝呪縛〟している姿が知られよう。歴史の神の〝報い〟というべきであろうか。

第三は、神代巻における、筑紫中心的性格の「改ざん」問題である。

以上の立論に対して、旧来の論者は言うであろう。「これらは、古田自身の仮説展開に立脚した批判ないし観察であって、そのような〝臆説〟に立たざる我等にとっては、何の意味もない」と。――もっともだ。

では、聞こう。今問題の神代巻の「国生み神話」について、先にのべた、

大日本豊秋津洲

をめぐる分析について、旧論者は、この一見「大和中心」と見える表現を、「本来形」として、なお主張しつづけるのであろうか。「筑紫、越」ないし「大国」という「一段地名」が対馬海流沿いの地域であり、「伊予の二名」や「吉備の子」と同じく、「豊の秋（安岐）津」という「二段地名」が瀬戸内海領域の部分地名（国の中の一部）に当っている、という、わたしの分析を非とされるのであろうか。もし

然らば、その「非の理由」をしめしてほしい。けれども、わたしが昭和五十年、その分析を『盗まれた神話』で発表してより、いまだかつて反論を見たことがないのである。ないままに無視しつづけること、それは学問の怠廃以外の何物でもないであろう。

これに反し、もしわたしの分析を認めるとしよう。そのさいは、〝筑紫中心の神話を、一見大和中心であるかのごとく「変造」している〟という、わたしの上の立論を認めざるをえないであろう。

もし認めざらんと欲する論者は、「大日本豊秋津洲」の表記が「本来形」であること、それが「越洲」などの表記と〝重複の矛盾〟をふくまざること、その立証に赴《おもむ》かるべきであろう。学問に誠実ならんとする論者ならば。

もう一つ、別の論点をあげよう。

わたしが記・紀の研究に立ち入ったとき、先ず当面したのは、「国生み神話」冒頭の「天瓊矛」「天瓊戈」問題であった。場所は筑紫。なぜなら、記・紀神話中、最多出現国名は「筑紫」の二字だ。だからこの神話群の中心舞台が「筑紫」であることを、おのずから証言しているように見えたからである。

とすると、この「矛——戈——筑紫」という〝三点セット〟は、まさに弥生時代の筑紫の考古学的出土分布状況と一致する。そこに「銅矛——銅戈」の鋳型が集中していること、疑うべくもなかったからである。すなわち、弥生時代において、やはり「矛——戈——筑紫」のセットが存在する。この両者の一致が果たして偶然だろうか。

論者あって、鉄矛や鉄戈をあげる人もいようけれど、昨年（昭和六十三年）(28)も福岡県筑紫野市隈から銅鏡（重圏鏡）、鉄剣・鉄戈《い》（弥生時代中期後半）の出土があったように、その出土分布も、「銅矛・銅戈」の出土分布と中心領域（筑紫）を異にしないのである。近畿の弥生墓や古墳や周辺領域に、このような

「矛と戈」の密集状況を見ることはない。

このような実情から見ると、その「国生み神話」をもって、〝六世紀以降の大和朝廷の史官による造作〟と見なす津田左右吉の「造作史学」に対し、深い疑問を抱かざるをえなかったのである。これがわたしの「記・紀の史料批判」への入門だった。

この経験を今ふりかえってみると、これこそ本稿のキイ・ポイントたる「シュリーマンの原則」の発見だったのである。なぜなら「神話と考古学的出土分布との対応」の立場をそこに見ていたのだからである。

今、問題のテーマからこの神話を見ると、これこそ「記・紀神話が『筑紫中心』に本来作られていた」その証拠をなすものだった。それを「近畿で作られた、後代の記・紀」が〝借用〟、もっとハッキリ言えば〝盗用〟していたのである。

それが、堂々たる、筋の通った「継承」と「伝統」に立つ使用でなかったこと、それを証明するものこそ、本稿の主題をなす一点、すなわち「神代三陵の錯認」問題だったのである。

この一事から目をそむけ、「古田の臆説に立つ立論」というような揚言に奔られざらんこと、それを切に望みたい。

十七

本稿の論証を総結しよう。

第一に、本稿の論証の対象は、記・紀神代巻における最肝要の叙述というべき「天孫降臨」及び「神代三陵」記事であった。いずれも、戦前においてはこの二書が「神典」視されていたため、戦後においては津田左右吉の批判がうけ入れられて「造作」視されたため、両時期とも、真剣な学問的検証をうけることなく、今日に至っていた。

しかも、明治維新直後、鹿児島県内の三領域（川内市《せんだい》・溝辺町《みぞべ》・吾平町《あいら》）に「神代三陵」の所在地が決定され、「天皇陵」群の筆頭におかれた。これは、本居宣長・平田篤胤の国学の挙揚するところ、現地の薩摩国学に呼応するものであった。そしてそれをささえたのが、他ならぬ薩長政権であった。

その上、明治以降の国語学・国文学・神話学等、ほとんどの諸家がこの「国学の土俵」の中で発言してきた。そして、この「国学的理解」は、一には文献処理と史料検証の的確さを欠き、二には考古学的出土分布との対応を欠いていた。この基本問題に対して、かつて歴史学は正面から立ち向かうことがなかったのである。

第二に、右の文献処理と史料検証について。先に、「四つの検証」をあげたが、このように簡単明瞭な検証も、かつて行なわれたことがなかった、とすれば、奇異これにすぎるはない。

たとえば、先述の西宮一民氏は、もっとも詳密にこの問題を論ぜられた——その点において敬すべき——学者の一であるけれども、そこでは、あまりにも〝容易に〟「筑紫の日向の……」の「筑紫」が〝全九州島〟であるとして〝論断〟せられているように見える（註22参照）。

また古事記神代巻、天孫降臨段の、現地性の鮮烈な表現、

韓国に向ひて真来通り、……

の一節に対しては、次のように論ぜられる。

「さて、場所は宮崎県の高千穂で、北西は朝鮮に向ひ、南西は鹿児島県の加世田の野間の崎に道が

真直に通じているといふのは、地理的に甚だしく誇大性がある。しかし、これは、いわゆる〈国ぼめ〉の表現であるから、実際上の距離は問題でなく、心理的に近距離であることを示すものである。すなわち、朝鮮を好もしい国として意識し、鹿児島県の笠沙の岬は愛する妻のゐる所として意識してゐるわけで、〈国ぼめ〉の表現である。」

〈西宮一民「古事記行文注釈二題」『倉野憲司先生古稀記念、古代文学論集』所収。昭和四十九年〉

氏の立論方法によれば、問題はもっぱら「文学的」「心理的」誇張として、ここでも〝容易に〟処理されているように見える。なぜなら、もしこの手法の解釈が許されるなら、この行文が、「洛陽に向ひて真来通り」でも「大和に向ひて真来通り」でも、「富士の山に向ひて真来通り」でも、何でもいいことになってしまうであろう。要は、その「作文者」がそれらの土地を「好もしいところ」と見なしていればいい、この表現で妥当する、というのであるから。〈国ぼめ〉という術語は、あたかも原文の臨地性の香気を抜き去るための〝魔術〟のように使用されている。

このように、〝便利〟な、いわば「万能の手法」に依拠せざるをえなかったところに、氏のような「多数説」の論者の陥らざるをえぬ、必然の窮地があった。ただ、氏は、精細の立論を展開されたために、その内実を衆人の前に露呈されることとなったにすぎないのである。それはあたかも、あのトロヤの位置について、当時（シュリーマンの発掘前）の「多数説」の論者たちが、彼等の目途した「ブルナバシの丘」がイリヤッドの叙述に合致しない（海からの距離や丘の規模等）のは、詩人（ホメロス）の空想と文学的誇張のため、と称したこと、それと同一の研究思想に立たれたものであろう。彼等「多数説」論者もまた、イリヤッドの各章を、いわば古代ギリシャの「国ぼめ」風の〝文学作品〟と解し、その臨地性に対し、シュリーマンのように〝真剣に〟立ち向かおうとは、一切しなかったのであるから。

冒頭にのべたように、日本の現代の解釈・注疏の古典学が、西欧の「シュリーマン以前」の古典学と同軌を奔り、同じ窮地に停滞している研究状況がうかがえよう。

第三は、本稿論証の焦点をなす「シュリーマンの原則」の適用問題である。

わたしはかつて、この天孫降臨の「降臨地」問題を論じ、故原田大六氏の立論と同じく、博多湾岸と糸島郡との間に聳える高祖山連峯にその地を求めた(29)（『盗まれた神話』）。そして氏の発掘された平原遺跡の出土物を呈示したのであった。

けれども、故原田氏と同じく、多くの論者の無視の中で、十余年を経過した。そして当の原田氏も没せられた。その翌年（昭和六十三年）四月、博多の地でシンポジウム（安本美典氏との討論）があり、本居宣長と同じく、「南九州、降臨地」説をとられる安本氏と討論することとなった。そのさいは、もっぱら「文献分析」のルールからの立論を展開するにとどまったのであったけれど、その帰途、

(i)「降臨地」の位置指定問題
(ii)「神代三陵」の位置指定問題（日本書紀）
(iii)日子穂穂手見命「御陵」の位置指定問題（古事記）
(iv)天照大神と「三種の神器類」の関連
(v)「三種の神器類」の考古学的出土分布状況

これらの諸要素が結合して、明晰な論証を構成していることを知ったのである。〝神話的伝承の記述と考古学的出土物との対応〟すなわち、「シュリーマンの原則」の問題であった。

第四は、「シュリーマンの原則」の適用の可否問題である。旧来の論者は、あるいは「自分は古典学の学究であって、考古学は専門外」と称し、「シュリーマンの原則」に無関心をよそおわんと欲するで

あろう。大学の講座が各専門に分化し、他学科の領域に干渉せざるを旨としている実情が、この揚言を支持するかもしれぬ。

しかしながら、「大学」というも「講座」というも「学部」「学科」というも、いずれも学問という名の真実探究の「手段」にすぎぬこと、言うまでもない。すなわち、古典学も考古学も、いずれも「古代の真実」を探究するための〝一分化〟の手法にすぎないのである。

従って、論者が、あるいは「古典学」、あるいは「考古学」という、自己の専門によって立論するのは、よい。しかしながら、その〝自家の帰結〟に安住して「他領域との矛盾」に対して〝目をつむる〟ことは、厳正なる学問にとって許さるべきことではない。

この点、「文献研究の成果と考古学という別領域の成果とを早急に結合するは非」というごとき議論の横行する現状に対して一言させていただいた。実は、西欧の古典学もまた、同様の見地に立って、「シュリーマンの原則」を無視しつづける論者、少なしとしないようである。(30)

第五は、「一打逆転」問題である。

邇邇芸命の陵墓として、薩長政権によって〝決定〟された「可愛山陵」(鹿児島県川内市)をめぐって、次のような立論をなす論者がある。

「川合の陵のすぐ近く、川内市五代町の外川江遺跡からは、弥生時代の小型の仿製鏡(31)が出土している。(中略)そして、この宮里町堀之内の日吉遺跡からは、弥生時代後期の弥生土器片・高坏の一部や、腐触した鉄剣の一部が出土している。……さらに、川内市の中心部からみて、北西にあたる陽成町の麦之浦貝塚からは、「流雲文縁方格規矩鏡」の鏡片が出土している。これは、中国後漢期の鏡で、輸入鏡(舶載鏡)である。」

〈「神代三山陵入門」『季刊邪馬台国』三七号、一九八八冬号、二三〜五ページ〉

右のようにこの地方の考古学的出土事実を指摘した上、次のように記されている。

「亀山のまわりの地域には、あきらかに、卑弥呼の時代と近接した時代の、北九州文化がおよんでいるのである。

このあたりは、今後、考古学的に、なお、精査される必要があるであろう。

出雲の荒神谷遺跡の、三五八本の中細形銅剣の出土のような、一打逆転的な大出土も、なしとしないのである。」〈同右〉

右の出土事実がしめしているように、若干の小銅鏡や鉄剣、また鏡片が出土している。これは、同類の出土物が、質量とも、抜群の出土分布をもつ、糸島郡・博多湾岸から朝倉に至る筑紫（筑前）が、これら「三種の神器類」の中央領域であり、この南九州（川内市等）がその分岐領域、換言すれば、勢力派及領域ではあっても、決して「中心の王者の王墓領域」に妥当しないことを明瞭にしめしている。

この明瞭な出土分布格差を〝無視〟し、「一打逆転」に藉口《しゃこう》して〝自己主張〟を「合理化」できるとすれば、少なくとも全九州各地とも（あるいは西日本各地域とも）、「神代三陵」の候補地を〝自称〟しうることとなろう。あたかも、あの「邪馬台国」候補地の〝乱立〟と同じように。そしてそれは現存の考古学的出土分布の学問的考察を〝無意義〟と化することとなろう。なぜなら、いかなる出土があっても、絶えず、各論者は自己の主張領域の「一打逆転」を期待しうることとなろうから。

出雲の場合はこれと異なった。神代巻のストーリー展開の要が、いわゆる「国ゆずり神話」にあること、周知のところである。その「国ゆずり」とは、「出雲から筑紫へ」という権力移転を説くものだったのである。

そしてその筑紫。先にあげた「矛——戈——筑紫」の三点セット問題のしめす通り、この「国ゆずり神話」の新権力中心が筑紫にあったことを、弥生期の糸島・博多湾岸等（筑前）の考古学的出土分布が証明した。とすれば、旧権力中心たる出雲にも、弥生期の質量ともにすぐれた考古学的出土がなければならぬ。——これがわたしの論理的「予告」であった[32]。そしてそれは、先の三五八本の「銅剣」（わたしはこれを「出雲矛」と見なす）や、一六本の銅矛（筑紫矛）や六個の小型銅鐸の出土が〝裏付け〟はじめているのである。

さらに目を「弥生以前」にむければ、その出雲は、旧石器・縄文以来、黒曜石（隠岐島出土）文明の一中心であった。このような歴史の流れから見れば、今回の大量出土は、決して〝予想外の突発事〟ではなかったのである。

以上のような客観的考察なしに、この出雲の「先例」を〝引き合い〟に出して、〝ここでも、一打逆転があるかも〟といった発想は、やはり「万能の期待」というべきであり、ひっきょう非学問的な期待であると言わねばならぬ。

第六は、近畿天皇家の「誤認」問題である。

記・紀のしめすところ、すでに八世紀以降、天皇家は自己の「皇祖の墳墓の地」を〝見失って〟きた。十世紀、平安時代においても、その「錯認」はつづいていた。その「錯認」の上に立って、イデオロギー的強調をこととしたもの、それが本居・平田の国学であると同時に、「現地」薩摩の国学者たちであった。彼等は、薩摩の人々固有の伝統を、確固として誇ること、その一点を忘失していたのではあるまいか。なぜなら、〝天皇家にかかわりあるが故に誇る〟という、歪曲された歴史観に依存している。率直に言って、そのように見えるからである。そしてその「歪曲の歴史観」を〝利用〟したもの、それが他ならぬ薩長政権だったのである。

薩長政権の〝政治的思わく〟はいかにあれ、明治以降の天皇家もまた、この「誤認」の歴史認識の上に立っていたこと、その事実を、わたしたちが見まがうことは、ついに不可能なのである。

第七は、その「歴史的誤認」の背景をなすものの問題である。

その一は、「継体の断絶」問題だ。この断絶こそ、日本書紀の編纂にとって一の中心主題であったにもかかわらず、現代の歴史学はその意義に深く意をそそぐことがなかった(33)。

まして「先在した九州王朝の無視」という、もっとも肝心のテーマに関しては、多くの論者は〝目をそむけた〟まま、この「神代三陵、錯認」問題に臨んでいるのである。

第八は、最後の総結である。

その一に、天孫降臨の「降臨地」に関し、多数説の「南九州」説は非、少数説の「高祖山連峯（筑紫）」説が是であった。

その二に、津田左右吉の「造作」説は非であった。なぜなら記・紀神代巻の「天孫降臨」と「神代三陵」記事に対し、表記通りの客観的理解を求めた結果が、考古学的出土分布の事実と合致していたからである。「造作」説のように、もしこれが〝六世紀以降の近畿天皇家の史官〟による「造作」であった、とすれば、このような「合致」のありえようはずはないであろう。すなわち、戦後の古代史学にとって、「定説」視されてきた、津田の「造作」説が、いわば〝「造作」中の「造作」〟と見なしてきた、この根本伝承が、実は「造作」に非ず。弥生時代における筑紫なる中心権力の創建を語る、史実であった。その歴史事実を立証したものこそ、この「シュリーマンの原則」であった。歴史学は今、新しき出発点に立つに至ったのである。

――一九八九年二月二十四日夜、筆了――

註

（1）“Troy and its remains” by Dr. Henry Schliemann, London: John Munay, Albemarle street. 1875.

（2）たとえば、アテネ大学図書館長は〝おそらくシュリーマンの宝は「ヒッサリックではなくて中古品を扱う商売人のところで」発見されたのだろう〟と書いたという（アーノルド・C・ブラックマン『古代への夢』衣笠茂訳、社会思想社刊、二二四ページ）。

（3）シュリーマンが当初、トロヤ遺跡の第二層をもって「イリヤッド時代のトロヤ」と信じたが、実は第六層（W・デルプフェルト）ないし第七層A（K・W・ブレーゲン）であったこと、今は周知のところである。その他、〝正規の考古学者〟でなかったため、彼の犯した数々のミス（第六〜七層の破壊その他）は十分に指摘さるべきであるけれども、にもかかわらず、彼の独創的発掘のもつ意義、それは決して〝見失わる〟べきではないであろう。

また以上とは別の、シュリーマンに対する非難がある。それは「黄金などの遺物持出人」としてのトルコ側からの批判である。たとえ当時のサルタンの承認があったとしても、現在（ケマル・パシャの革命後）のトルコの国民感情からの批判として、その批判は根本的には正当であると思われる。しかも、彼の発掘した「プリアモスの財宝」の多くが、第二次大戦末期に〝失われ〟てしまったといわれる。――若干は、ヨーロッパやアメリカやギリシャに散在しているようである。

（4）たとえば、聖書学と考古学との関係にも、同様の問題があろう（「シュリーマンの原則」の適用問題）。

（5）前記〈註（1）（2）〉書及び“Troja: results of the latest researches and discoveries on the site of Homer's Troy” by Dr. Henry Schliemann（New York, Horper & Brothers, Franklin Square, 1884.）参照。

（6）たとえば、『シンポジウム、日向神話』（伊藤清司・岡田精司・松前健・森浩一・吉井巌〈司会〉大林太良。

学生社刊）参照。

(7) 原田大六『実在した神話』（学生社刊）、山田宗睦『日本神話の研究、上』（三一書房刊、昭和五十二年）。中山千夏『ヒミカ』（ブロンズ新社刊、昭和六十二年）。

(8) 角川文庫本。

(9) 有精堂刊。

(10) 学習研究社刊。

(11) 平凡社刊。

(12) 臨川書店刊。

(13) 岩波書店刊。

(14) 註（7）参照。

(15) 「其の人寿考、或は百年、あるいは八・九十年。」（三国志魏志倭人伝）の一文に対し、これを〝現在の一年を「二年」と見なす倭国の暦〟によるもの、と見なす。その暦の名称。記・紀の天皇寿命も、この「倭国の暦」に依拠している（古田『「邪馬台国」はなかった』〈朝日新聞社刊、角川文庫所収〉第六章Ⅲ、同『「風土記」にいた卑弥呼』第六部第二章）。

(16) 註（7）参照。

(17) シュリーマンがはじめ「イリヤッドのトロヤ」と考えた第二層が実は非、正しくは第六層ないし第七層Aであったことなど、彼が考古学の専門家でなかったため、犯した、その「誤認」は著名だ。だが、そのことによって彼の発掘のもつ本質的な意義を否定したり、軽視したりする論者あれば、それは学問上、決して客観的、かつ適正ではない（前出、註（3））。

(18) 古事記の神代巻、ことにその冒頭部に〝後代の手〟の見られることは著名だ。たとえば、神々の系譜が「五柱の神」「神世七代」というように、もっとも〝整頓された形〟をもつことは、よく知られている。

(19) 『日本古典文学大系本、日本書紀・上』の解説四、参照。

(20) 他にも、少なくない。たとえば「陸奥国風土記」逸文「八槻の郷」なども、その一例であろう。

(21) 『日本上代の文章と表記』（風間書房刊）等収録。

(22) 『倉野憲司先生古稀記念、古代文学論集』（昭和四十九年、桜楓社刊）所収。ここで氏は次のように論じておられる。

「たまたま、倉野憲司博士が記紀を通じて、『竺（筑）紫の○○』とある場合の○○は地名ないし国名であるといふことを述べられた。今これを敷衍すれば次のやうなことにならう。

(1)

天皇至二竺紫国岡水門一。（神武前紀）

於二竺紫之岡田宮一、一年坐。（神武記）

帯中日子天皇、坐二穴門之豊浦宮及筑紫訶志比宮一治二天下一也。（仲哀記）

足仲彦天皇、居二筑紫橿日宮一。（神功摂政前紀、一云）

筑紫国之伊斗村（仲哀記）

筑紫伊覩県主祖（仲哀紀八年正月）

筑紫之蚊田（応神前紀）

(2)

行至二筑紫国菟狭一。（神武前紀）――豊国宇沙（神武記）――天皇将レ向レ京、以巡二狩筑紫国一。始到二夷守一。（景行紀十八年三月）

筑紫末羅県之玉島里。（仲哀記）――北到二火前国松浦県一而進二食於玉島里小河之側一。（神功摂政前紀）

において、(1)は今の福岡県、(2)は九州全体を指してゐるが、要するに『竺（筑）紫』の次の○○は地名を指してゐることは明瞭である。そこで、

(3)

因葬二筑紫日向可愛之山陵一。（神代紀下）

到二坐竺紫日向之橘小門之阿波岐原一而禊祓也。（記上）

至二竺紫日向戸橘之檍原一而祓除焉。（神代紀上、第六の一書）

天二降坐于竺紫日向之高千穂之久士布流多気一。（記上）

天神之子、則当レ到二竺紫日向高千穂槵触之峰一。（神代紀下、第一の一書）

の表記法をみると、⑴⑵と全く同じであるから『竺（筑）紫』の次の『日向』は国名とみることができるのである。」

右の所論に対し、吟味させていただこう。第一点は、「筑紫国の範囲」問題である。氏の挙げられた⑵の史料は、果たして〝筑紫＝全九州〟の実例としうるものであろうか。いわゆる「筑紫国」が、ほぼ現在の福岡県に当ること、一般にも認められ、氏ものべておられる通りだ。だが、もちろん「全く同一」ではない。また時代によって〝拡大・縮小の発展史〟のあったこと、他の国々のケースと同様である。このような見地からすれば、氏のあげられた古事記の例において、

(i)筑紫末羅県之玉島里〈仲哀記〉

では、「末羅国」（のちには肥前国）が〝筑紫国の範囲内〟であったことをしめす。

また日本書紀の例では、

(ii)行至二筑紫国菟狭一。〈神武前紀〉

のように、「菟狭」が「筑紫国」に属していたことがしめされている。この場合、「筑紫」でなく、「筑紫国」であるから、これが〝全九州〟を意味するはずはないのである（その上、この書紀の立場が必ずしも古事記と同じでなく、「ウサ」は「ウサ」でも、一般に著名な「豊国のウサ」でなく、「筑紫国のウサ」である、という主張である、という可能性も見落すことはできぬ）。

この問題を、氏は一切考慮せず、氏は早急に「筑紫＝全九州」の用例視されたのである。では、氏には「国の拡大・縮小の発展史」という視点は存在しなかったのであろうか。――否。氏は、同じ論文中で日向国について次のようにのべておられる。

「以上がわたくしの見た『日向国』の変遷史である。いまこれを、表示しよう。
①宮崎県（古への）
②宮崎県・鹿児島県・熊本県南部（クマソ服属後）
③宮崎県・鹿児島県東部（大宝ごろから和銅初頭）
④宮崎県（和銅六年四月三日以降の）
となる。」

これらは、氏独自の様々の吟味によるものであり、必ずしも（わたしには）肯定しうるものではないけれど、ともあれ、当の「日向国」について、〝時代によって、範囲の変遷あり〟の立場に立っておられることは明白である。

であるにもかかわらず、今問題の「筑紫国」に関しては、一切これを考慮せず、直ちに「筑紫＝全九州」の事例と称されるのは、研究思想上の矛盾に他ならないであろう。

まして「筑紫国菟狭」「巡二狩筑紫国一」のように「～国」の用例まで、「全九州」と解されるのは、いかにも無理の観をぬぐえない（後者の用例の意義については、『盗まれた神話』第四章参照）。

第二点は、記・紀の〝混合処理〟問題である。

古事記の神武記冒頭に次の文がある。

〈その一〉即自二日向一発、幸二行筑紫一。故二豊国宇沙一之時……。

上の「筑紫」が「豊国」や「日向」と別の領域であることは、疑いない。すなわち「全九州」の意にあらず、〝福岡県のあたり〟の称である。とすれば、同じ古事記の、

〈その二〉天二降坐于竺紫日向之高千穂之久士布流多気一。

の「竺紫（＝筑紫）」もまた、〝福岡県のあたり〟と見なすべきこと、当然である。両史料はともに、同じ書物（古事記）中の文だからである。

これに反し、もし〈その一〉と〈その二〉と、二つの「筑紫（竺紫）」が別の意義であるとすれば、それを表記上に明示するのが自然である。しかもそれは、簡単だ。一方に「筑紫洲」、他方に「筑紫国」と書き分ければいいのであるから。

このような〝表記上のルール〟に対する、当然の吟味を行なわず、〝読解者の手もと〟に二つの意義（「国」と「島」）を用意し、それを自分の欲するように〝使い分ける〟というのでは、あまりにも安易な読解法なのではあるまいか。

もし冒頭の「国生み神話」（大八島国の生成）によって「筑紫島」と「筑紫国」の二つの概念あり、としたにせよ、そのいずれかを判別すべき「表記法上のルール」の検出こそ、学問上、必須だ。しかるに、氏の立論には、遺憾ながら、それが存在しないのである。

また氏は、

(i)日向国橘小門（神功皇后摂政前紀）と

(ii)竺紫日向之橘小門之阿波岐原（神代記、禊祓と神々の化生）

とを対比して(ii)の「竺紫」が「九州全土」、「日向」が「日向国」である証拠のように論じておられる。本居宣長以来の論点だ。

だが、これも〝当をえぬ〟論証である。なぜなら、「橘の小門」は、〝立鼻の小門〟であり、「立鼻」は「〜鼻」という、一般的な地形名詞を接尾語とする地名だ。現に筑前にも博多湾岸の東部に「立花山」の名称がある。海岸への突出部に多い地形名詞である。「小門」は、もちろん〝小さな河口〟などの名称だ。だから「橘の小門」といった地名（地形称呼）は、各地にありうる地形称呼（地形に対する呼び名）なのである。多元的だ。そしてそのような河口には「表筒男・中筒男・底筒男」の三神あり、とせられていたのであろう。

以上のように考えてくると、この〝一般的な地形称呼〟から、いきなり右の(i)と(ii)をもって同一地と断じ、それゆえ(ii)の「日向」も、「日向国」という帰結へと導くのは、武断である。〝筑紫の国にも、日向の国にも、同じ「橘の小門」と呼ばれる地域があった。〟そのように解すべきものと思われる（もっとも、神功紀には、九州王朝の史書からの「盗用」多きこと、『盗まれた神話』第四章で論証したごとくであるから、ここも、九州王朝の史書〈日本旧記など〉からの「盗用」ないし「借用」であり、そのため、「筑紫の日向の橘の小門」を「日向国」と〝誤解〟したため、といった分析もありうるけれど、今は立ち入らないこととする）。

要は、筑紫（福岡県あたり）に春日あり、その地に御笠山（御笠川のほとり）があり、大和（奈良県あたり）に春日あり、そこに三笠山がある。だからといって、両地を同一地点と断じ、「筑紫＝大和」といった結論を導くことはできぬ。それと同断である。

氏の所論については、他にも論ずべき問題点が多々存するけれども、氏の反論を得て、再反論させていただきたい。なお、このように氏の論文を特記させていただいたのも、氏の立論がもっとも詳密な所論のごとく見えたからであって、他意なきこと、くりかえしのべさせていただきたい。

(23) 西宮氏の注記の全体は左のようである。
「『此地』は鹿児島県姶良（あいら）郡の霧島連峯（例えば高千穂峰〈一五七四米〉や韓国岳〈一七〇〇米〉を指すかというと、（以下、本文引用部）古事記はその一つ、宮崎県高千穂町の四周の山の一を掲げたもの。従って韓国は朝鮮で、国ぼめの表現であり、韓国岳という山の名ではない。」

(24) これに次いで下のように記されている。「神話的思考としては『日に向う』『高く積んだ稲穂の山』『奇《く》し振る』を懸けてある。朝鮮神話の亀旨《くし》峰（加羅《から》国首露王の降臨地）に類似する。『多気《たけ》は岳。』」。

(25) 氏は次のようにつづけられる。「しかし、『高千穂』という語にもっと神話的なふくみがあるのは、疑うべくもない。それはたんに高く秀でた山であるだけでなく、同時に山のごとく豊かな稲穂というものをも暗示する。他でもないホノニニギがタカチホに天降ってきたわけで、その点、さきに引いた日向国風土記に、千穂の稲を籾と為して投げ散らさば天開晴《ソラアカ》りなむといっているのが思い出される。もとよりそこに含意されているのは、赤らんだ秋の稲穂である。そしてこのことを踏んで古事記の本文に再びもどるならば、『天の八重たな雲を押し分けて、いつのちわきちわきて』の暗から、『竺紫の日向の高千穂』の明への転調が、いっそうはっきりと読みとれるだろう。これに比べると紀の『筑紫の日向の襲の高千穂』といういいかたには、いささか国郡制の臭いが感じられる。」

右の「国郡制の臭いが感じられる。」という〝感想〟には、格別の根拠がしめされておらず、「論拠不明」である。氏の詳論をえたい。
(26) 釈紀所引の上宮記逸文に、継体天皇の出自系譜の存すること、著名であるけれども、問題は、記・紀の中に〝それが書かれていない〟という一点にあろう。それは〝誇らしく〟書かれるべきものではなかったのである。
(27) 古田「日本国の創建」『よみがえる卑弥呼』所収、参照。
(28) 朝日新聞（一九八八年八月七日）西部本社版、参照。
(29) 現在は、高祖山連峯西側も、福岡市内に入っているようである。
(30) 西欧の神話学において、神話を各地（神話伝承地）の歴史と対応させず、世界各地を〝浮遊〟し、〝伝播〟するもののごとく扱う傾向も、この西欧の古典学の〝「シュリーマンの原則」無視ないし軽視〟傾向と無関係ではないのではあるまいか。この点、別の機会に詳述したい。
(31) 「小型の仿製鏡」の注として、次のように記せられている。「(『内行花文鏡、Ⅱa』とよばれる形式のもの・仿製鏡は、中国から輸入された舶載鏡を、わが国で、模倣してつくった鏡のこと)」。
(32) 『盗まれた神話』で「出雲王朝」の用語をはじめて使用し、以後、各講演等でこのテーマをのべた（その実質的基礎としての、考古学的裏付けの問題等）。
(33) 例外として、水野裕氏『増訂、日本古代王朝史論序説』（小宮山書店刊）の所説等がある。

補論一　「神代三陵」所在の小領域について

本論では、「筑紫日向……」という降臨地が「日向国」に非ず、「筑紫国の中の日向（ひなた）」に当ることを論証した。

「筑紫国」を大領域とすれば、「日向」は中領域だ。では、その中の小領域はどこか。これが今のテーマである。

先ず、「筑紫日向可愛之山陵」（瓊瓊杵尊）について。

右の山陵について、「日本古典文学大系本」には、次のようにルビをふっている。

筑紫日向可愛《つくしのひむかのえ》（此をば埃《え》と云ふ。）之山陵《のみさざき》

「筑紫日向」は、「ちくし（「つくし」の現地名）のひなた」が正しいこと、すでにのべた通りだ。今の問題は「可愛」の訓《よ》みである。

右の訓は、本居宣長の『古事記伝』における左のような論説の「伝統」をうけつぐものであろう。

「書紀云《ニク》、久《ヒサシクアリテ》之天津彦々火《ノ》瓊々杵《ノ》尊崩《シヌ》因葬二筑紫《ノ》日向《ノ》可愛《エノ》之山《ノ》陵《ニ》一（可愛此《ヲ》云レ埃《エト》）諸陵式に、日向《ノ》埃《エノ》山《ノ》陵《ハ》天津彦々火《ノ》瓊々杵《ノ》尊、在二日向《ノ》国一無二陵戸一とあり、廟陵記に、今《ノ》薩摩《ノ》国頴娃《エノ》郡《ニ》と云り、然るべし、和名抄に、薩摩国頴娃（江乃）郡頴娃《エノ》郷、これなり、（娃《ノ》字は、紀伊の伊《ノ》字などの例にて、エ゜の音の韻《ヒビキ》を添《ヘ》たるのみなり、今国人は、えいと云、其《ソレ》もエ゜を長く引て呼《イフ》なり、文字は、旧《モト》のままに頴娃と書《キ》、或は江居とも書り、和名抄に江乃とある乃《ノ》字は削るべし、）御陵必此処《スココ》にあるべし、」　〈古事記伝十七、一〇二四ページ〉

右では、宣長の目途する薩摩の現地音に〝合わせ〟て、「可愛＝埃」を「エ」と訓まんとして〝努力〟しているさまがうかがえよう（この薩摩の現地状況〈御陵候補地〉に関しては現地の国学者、白尾斎蔵国柱に依拠した旨、記せられている）。

またこの「可愛」の初出する、日本書紀の神代巻上、第四段、第一・一書の事例について、宣長は左のようにのべている。

「愛《エ》は、書紀《ノ》一書に可愛と作《カキ》て、此《レヲ》云レ哀《エ》と見え、本書には可美《エ》、又一書には善《エ》とあり、是等《コレラ》の字にて其意顕《アラハ》なり、白檮原《カシバラノ》宮《ノ》段の大御哥に延袁斯麻加牟《エヲシマカム》とある延《エ》も、可愛少女《エヲトメ》と云ことなり、又朝倉《ノ》宮《ノ》段の大御哥に吉野を延斯怒《エシヌ》と読せ賜ひ、前に引る善《ヨ》けむを曳鶏武《エケム》とある、又住吉日吉《スミノエヒエ》の類、古余伎《ヘヨキ》を延《エ》と云ること多し、今も然《サ》も云なり、（書紀の可愛《エ》は字の意を取《ト》れれども、此記の愛は、只仮字《カナ》にて、意なし、勿《ナ》おもひまがへそ、）」　〈古事記伝四、二一五ページ〉

右の書紀原文は左のようである。

陽神先唱曰、妍哉、可愛少女歟。……………可愛、此云レ哀。

（陽神、先づ唱へて曰く、「妍哉《あなにゑ》、可愛《え》少女を」とのたまふ。……可愛、此をば哀《え》と云ふ。――「日本古典文学大系本」の『日本書紀、上』八三～四ページ）

宣長はこれに対し、彼の持論たる「漢字は借り物」の立場から、「愛」はもちろん、「哀」も「可愛」もすべて「エ」である、と主張している。「日本古典文学大系本」の訓みも、この宣長の〝伝統〟に従っている。しかし、本当にこれは正確、かつ客観的な訓法であろうか。

先ず、二つの用例を左に並記してみよう。

(A)可愛、此を哀と云う。（本文注）

(B)可愛、此を埃と云う。（割注）

右は、「本文注」と「割注」の別があるけれども、いずれも「原注」である。それぞれ「哀」「埃」字をもって〝上記の文字〟の「音」をしめしているのである。では、この二字は、いかなる音であろうか。

哀　アイ
［集韻］於開切　ai^1

埃　㊀アイ
［集韻］於開切　ai^1
㊁チ
ヂ
［集韻］直几切

〈諸橋、大漢和辞典〉

右の二字に共通の音、それは「アイ」である。それに「集韻」の切音が、

「於開切」

という全く同一表記で「アイ」の音がしめされているのが注目される。

一方、〝上記の文字〟として、直前の「愛」字を見よう。

愛　アイ

［集韻］於代切

ai^4 〈同右〉

ここでも、ai^1（上平声）とai^4（去声）という四声の違いこそあれ、同じ「アイ」の音である。日本語は、中国語と異なり、四声のちがいがないから、ほぼ同音と見てよいであろう。

以上の事実の意味するところは何か。〝「愛」が「アイ」という音を現わすことを、「哀」や「埃」の表音でしめした〟、この簡明な帰結である。「現地音」問題などに、あらかじめ〝しばられる〟ことなく、率直かつ端的に帰結を求めれば、右の帰結しかない。漢字が本来、「中国の文字」である以上、「中国の発音」に従って表記されていること、あまりにも当然だからである。

思うに、「愛」という文字は、現代でこそもっとも周知、もっとも平凡の字であるけれど、古代では必ずしもそうでなかった。ためにこの文字は「アイ」という音をしめすもの、それをしめしたのが右の「哀」や「埃」の注記だったのではあるまいか。では、右の「可愛」は何と訓み、何の意味であろうか。

(A)「可愛少女」は「カアイヲトメ」と訓み、〝愛す可き少女〟の意であろう。「可愛」の用語は中国の古典に存在する。

可ㇾ愛非ㇾ君、可ㇾ畏非ㇾ民、衆非二元后一何戴、后非ㇾ衆罔二与守一邦。

〈伝〉民以ㇾ君為ㇾ命、故可ㇾ愛、君失ㇾ道、民叛ㇾ之、故可ㇾ畏。〈尚書、大禹謨〉

如二初発芙蓉一、自然可ㇾ愛。〈南史、顔延之伝〉

古い歴史的淵源をもつ用法であると共に、唐代成立（七世紀中葉）の「南史」においては、日本書紀の場合（「可愛少女」）と全くよく対応する意味合いで用いられることが知られよう（もちろん「可愛」の〝意味〟をとって訓ずれば、〝いとし〟などと読むことも可能であろう。何も宣長のように〝え〟と限るべきものではない）。

(B)「日向可愛」は「ヒナタノカハアヒ」ではあるまいか。「カハアヒ」は〝川合〟の意である。もちろん、「カアイ」（可愛）と「カハアヒ」（川合）とは、発音が異なる。

けれども、中国人が異国語を〝漢字表記〟する場合、「純表音」によらざること、すでに論じた。三国志の高句麗伝に、新の王莽が「高句麗」を「下句麗」と称したことを伝え、現代に「コカコーラ」を「可口可楽」と表記する等、いずれも中国人の表記法の〝要訣〟を語るものであろう。すなわち、

〈その一〉発音が似ていること（必ずしも「同一」であることを要しない）。

〈その二〉漢字面の意味合いが、〝似つかわしい〟あるいは〝佳字〟であること。

この二つの原則に依拠しているのである。

このように「表記のルール」を検証してみると、「川合（カハアヒ）」を「可愛」という〝佳字〟で表記する、ということは、「純表音主義」的立場からは、とんでもない「背理」に見えながら、右のような「表記のルール」に立つ場合、その実、何の問題もないのである（糸島郡の北部に「可也山（カヤサン）」があるが、これも〝茅・萱（カヤ）〟や〝榧（カヤ）〟などを「可也」と表記したものではあるまいか。少なくとも、「可」が「カ」の表音に用いられていること、疑いはない）。

以上のように分析してみると、今問題の、

　筑紫日向可愛之山陵

は、

　筑紫の日向の川合の山陵

の義である。

前掲の地図（一九六ページ参照）によってみよう。高祖山連峯の日向峠から博多湾岸側に「日向川」が流れ出し、室見川とその中流において合流している。この流域は、池や沼や堤の多在する地帯であるが、その点、「日向の川合」の名にふさわしい。その上、この地帯からは、「最古の三種の神器をもつ弥生王墓」として著名となった、飯盛遺跡（吉武高木遺跡と改称）が出土した。現地の新聞などで「早良王墓」などと〝俗称〟が用いられているようであるけれども、さに非ず。これこそ「初期の倭国王墓」と見なすべきものなのである。これが今問題の「筑紫日

向可愛之山陵」すなわち瓊瓊杵尊の王墓であっても、何等さしつかえない。少なくとも、これと〝同類〟のもの、と言いうるであろう。

（この「可愛」問題に関連して、日本書紀神代巻上、第八段、第二、一書中の、

下二到於安芸国可愛之川上一也。

がある。この一節をめぐって、新しい発見に遭遇することとなったが、この点、別稿で詳述したい。）

*

次は、「日向高屋山上陵」（彦火火出見尊）である。これも、当然「筑紫日向高屋山上陵」の省略と思われる。では、「高屋」とは何か（「山上」は〝山のほとり〟か）。

先の「可愛＝川合」が〝地形〟をしめすものであっても、必ずしも「地名」ではなかったことから考えると、この「高屋」も「地名」である必要はない。

従って次のような状況が考えられよう。

〈その一〉高祖山連峯における、高地性集落の類を指す。

〈その二〉糸島平野中の丘陵部上の弥生集落。

といったケース。「日向」の地帯で「川合」といえば、それによって一定の小領域を特定しうると同じく、この「高屋」もまた、そのような特定力をもつ指示語であろう。

それゆえ、考古学的に〝弥生期の集落〟を追跡すること、それがこの問題に対するヒントを提供することとなろう（もちろん、字地名等に、同類の発音、もしくは用字の存在する可能性もあろう。――糸島郡の今山の近くに「高屋」がある。――灰塚照明氏のお知らせによる）。

*

次は、「日向吾平山上陵」（鸕鷀草葺不合尊）。これも「筑紫日向……」の省略であろう（これだけ「日向国」と

見なすのは、表記上、いささか恣意的となろう）。

「吾平」の「吾」は「ア」。接頭辞である。語幹は「平」（ヒラ）である。糸島郡の平野部を指しているのではなかろうか。「平原遺跡」も、「～原（バル）」の接尾語をもち、語幹は「平」（ヒラ）である。糸島平野にこの用語のあることが知られよう。

以上、今後の実地における探究や発掘が期待される。

——一九八九年三月五日夜、補論一筆了——

補論二

本稿執筆中、吉野ヶ里遺跡（佐賀県神埼郡）発掘の報道があり、弥生中～後期の一大環濠集落（城柵、楼観、さらに「宮室」らしきもの、祭祀遺跡等の出土も伝えられる）に関する情報が世人の耳目を驚かしている。

筆者も三月一～三日、現地をおとずれ、その認識を報告した（『週刊朝日』、3・17号、口絵解説）。その正確な実情は、今後次第に明らかにされることであろう。

今、本稿にとって問題の一点、それは次のようだ。今回の事例によって、〝「神代三陵」に関しても、鹿児島県に存在する可能性あり〟と称する、いわゆる「一打逆転」主義の復活の問題である。

率直に言って、それは否（ノン）だ。なぜなら、左の数字を見てほしい。本文にも引用した「弥生時代青銅器出土地名表」だ（数字は項目数）。

福岡県——一七四（本文に糸島郡を引用）
佐賀県——六八
宮崎県——二（本文引用のもの）
鹿児島県——二（同右）

〈『古代史発掘、大陸文化と青銅器』中の表より〉

右でしめされているように、佐賀県は、福岡県と並んで、相当の出土量だ。この表には、銅剣、銅矛、銅戈と共に銅鏡や勾玉、管玉など、いわゆる「三種の神器類」やその他の金属器類が含まれている。よって、今回の出土の

〝偶然〟でないことが知られよう。

これによっても、今回の出土に〝力を得て〟、「神代三陵」問題に対して「一打逆転」主義をもちこむことの、ひっきょう〝学問上の冒険主義〟に堕すべきことが知られよう。

（九州歴史資料館編『青銅の武器――日本金属文化の黎明』付、「日本青銅武器出土地名表」一九八〇年刊、もまた、右と同じ傾向をしめしている。）

――一九八九年三月十三日筆了――

第七篇　「倭地」の史料批判——中国、延辺大学の朴ジンソク氏の批判論文に答える

〈解題〉　三世紀の朝鮮半島に「倭地」があったか。そして四世紀以降（六世紀前葉以前）は、いかに。——これは、日本列島内の歴史をさぐる上で重要、かつ不可欠の問いである。その上、いわゆる「倭人」や「倭国」が東アジアの世界の一画にいかなる位置を占めていたか。それを知る上で、不可避のテーマなのである。延辺大学の朴ジンソク氏の批判にこたえ、思いがけぬ新論証に到達することができた。正に率直な論争の賜物であった。

（『昭和薬科大学紀要』第二十四号、一九九〇年、所載）

一

待望の論文が到着した。中国の延辺大学の学者朴ジンソク氏の論稿である。

「いわゆる朝鮮半島内の倭地説について――古田武彦氏と討論する」

〈朝鮮学国際学術討論会論文、一九八九・八〉

がこれである。当稿は、わたしが先年執筆した論文、

「好太王碑の史料批判――共和国（北朝鮮）と中国の学者に問う」

〈『昭和薬科大学紀要』第二十号、一九八六〉

に対する、率直な反応である。先ず、わたしはこれを喜びとしたい。なぜなら、一部の例外[1]を除き、大部分の日本国内の学者たちは、問題の重要性にもかかわらず、ひたすら、「論争」を回避し、学会でこれを討議せぬまま、今日に至っていたからである。


それゆえわたしは、これを「国外」に求めた。これが当論文執筆の直接の動機だったのである。ところが果然、今回の朴論文に接することを得た。喜ばざるをえない。もっとも、わたしの論稿の主テーマたる「好太王碑にくりかえし出現する『倭』とは、果たして大和朝廷（ないし、大和を中心とする豪族連合）か、それとも海賊か、それとも九州王朝か。」という点については、「筆者はこうした観点から啓発を受けた。」と、冒頭でのべられたにとどまり、それ以上の論及をみない。

しかしながら、当問題とも深いかかわりをもつ「朝鮮半島における倭地」問題について、氏は詳細な反論を寄せて下さった。しかも、その結論は、「筆者は以上の見方を披瀝しつつ、古田先生の見方――

《いわゆる朝鮮半島内の倭地説》を断然否定する。」と、率直かつ明確である。この点をも、わたしは深く喜びとする。研究者としての学的真摯さがストレートに伝わってくるからである。それに深謝しつつ、以下、率直に応答させていただくこととしたい。

二

わたしはこの論文において、「倭＝海賊」説を批判すべき一論点として、「其の国境」問題を提起した。その要旨は、次のようである。

①好太碑文第二面七行に、次の一文がある。

王（＝好太王）平穣に巡下す。而して新羅、使を遣わし、王に白（もう）して云う。「倭人其の国境に満ち、城池を潰破し、奴客を以て民と為す。王に帰し、命を請わん。」と。

②右の「　」内部分は、「直接法」の文体である。従ってそこに現われた「其の」という代名詞は、直前の「倭」もしくは「倭人」しか、この「　」内に指すべき名詞が存在しない。すなわち「倭の国境」の意である。

③右によれば、「新羅と倭の間」には、国境がある、と解せざるをえない。

④「国境をもつ海賊」というような概念は存在しえないから、この好太王碑中に出現する「倭」とは、「倭国の軍」であって、「海賊」などではありえない。――以上。

なお、前の①の分の原文は、次のようだ。

王巡下平穰而新羅遣使白王云倭人満其国境潰破城池以奴客為民帰王請命

(「云」の傍点は、古田。これより下をわたしは「直接法」の文体と見なした。)

三

これに対する、朴氏の反論は次のようである。

第一。「倭人……請命」の間が「直接法の文体」である、という古田の見解はまちがっている。なぜなら、もしそうだったとしたら、新羅の使臣が新羅自身のことを言うのだから、「其の国境」ではなく、「吾が国境」または「我が国境」など「第一人称代名詞」が用いられるべきだ。そうなっていない点から見て、この部分が「直接法の文体」とは考えられない。

第二。もし古田の言うように、「其の国境」が「倭の国境」の意だとすれば、下文との関係が矛盾に陥ってしまう。なぜなら、

①倭人たちが、自分の国である、倭の国境内で彼ら(倭人)自身の城を破壊したこととなろう。

②右のような行為によって、他国である新羅の王を彼ら(倭人)の民とする結果をもたらしたことになるという。その上、それについて、新羅はわざわざ使臣を高句麗に派遣して訴え、救護を要請したことになる。いずれも、矛盾である。

以上のようであるから、古田の見解は成立しえない。

第三。古田は、右の「其の」について説明するとき、「原文は『倭人満其国境……』となっている。」といって、あとの部分を省略した。しかし、そのあとを記してみると、古田の見解の矛盾が、右のようにハッキリしてくるのである。

四

先ず、右にしめされた、氏の反論を吟味させていただこう。

第一、「直接法の文体」の件。氏は次のようにのべておられる。

「筆者は古田先生が提起した《直接法の文体》とは、すなわち高句麗の知識人たちが好太王碑文を作製するとき、新羅使臣の言葉にいささかの主観も加えず、本来の形通り、つまりその原語で引用したということを指すものと考える。③もし筆者の判断が間違っていないならば、新羅使臣と彼の言葉のなかに出てくる《其》との間に、文法上、解決できない矛盾に逢着する。なぜなら、ここでの《其》は、はっきりと第三人称代名詞として第三者を指すのに用いられているからである。④ある人が自分の言葉のなかで自分について語るとき（新羅使臣の言葉は新羅自身についていったものである）《其》と描写することはできないのである。むしろ、ここでは《吾》または《我》など一人称代名詞が用いられるべきであろう。」

（③『学研国語大辞典』東京・学習研究社、昭和五十三年版、四一〇、一二六五ページ。『日本文法大事典』明治書院、昭和四十六年版、一四五ページ。

④『辞苑』北京・商務院書館、三二六ページ。『古代漢語』延辺人民出版社、一九八四年版、九〇～九二ページ。）

氏が右において、〈直接法〉の〝定義〟を記せられたのは、有益であった。なぜなら、それによって氏の概念上のミスが明らかになっているからである。

氏は、「直接法の文体」(A)をもって、「新羅使臣の言葉にいささかの主観も加えず、本来の形通り、つまりその原語で引用したということを指すもの」(B)と定義された。その見地から、新羅の使臣の〝言葉そのまま〟だったら、「其の国境」でなく、「我が国境」と言ったはず、と推断されたのである。

右によって見れば、氏は「直接法の文体」をもって、あたかも〝本人の発言をカセット・テープ（録音機）にとったもの〟のように解しておられるようだ。右の(B)の表現は、それをしめす。また、そのための「証拠」としてあげられたらしい推断も、それをしめしているようである。

けれども、その実、「直接法の文体」(A)と、〝本人の発言そのまま〟（右の(B)の要約）とは、似て非なるもの、全く別の概念である。

なぜなら、もし「カセット・テープにとった通り」という意味の〝本人の発言そのまま〟なら、新羅の使臣は、必ず「新羅語」を用い、それが「高句麗語」に〝通訳〟されたはずだ。だから、決して「古代漢語（中国語）」で、「我国境」などと言ったはずはないのである。

これは、決して「戯語」や「詭弁」を弄しているのではない。氏の「定義」された、右の(B)の内容を、そのままうけとれば、右のような問題の生ずること、不可避、必然のなりゆきではあるまいか。

わたしが言いたいのは、次の一点だ。「直接法の文体」というのは、あくまで「文章語」の一つとして、①「地の文（叙事体）」、②「直接法の文（会話体）」とを分け、ここの「云」以降の文章が、右の②に属することを指摘したにすぎぬ。換言すれば、いずれも文章語の一つとしての「文体」の一にすぎず、〝カセット・テープ収録通り〟とか〝発言そのまま〟とかいった類とは、全く「似て非なるもの」であること、その事実をしめしたのである。以上によって、氏の立論の基礎をなす、根本定義が、すでにあやまっていたこと、その一点が明白となろう。

以上の一点から、さらにすすんで、氏の「推断」の不当であることをしめそう。〈その二〉もしかりに、氏の〝想定〟されたような状態に立って、正しく考えてみたとしよう。つまり、新羅の使臣の「発言そのまま」（新羅語）が、「高句麗語」に通訳され、それを高句麗側が「古代漢語（中国語）」に〝直訳〟した上で、それを「会話体」で、この碑文に表現したとしよう。それは果たして、氏の〝想定〟されたように、「我国境」または「吾国境」となるであろうか。——非。

わたしは、それを決してありえぬ事態と見なす。なぜか。左の事例を見よう。

ⓐ王（鄒牟王）臨津言曰「我是皇天之子、母河伯女郎、鄒牟王。為我連葭。」〈第一面第二行〉

（王、津に臨みて言いて曰く、「我は是れ皇天の子、母は河伯女郎、鄒牟王なり。我が為に葭を連ねよ。」と。）

ⓑ国岡上広開土境好太王存時教言「祖王先王但教取遠近旧民守墓洒掃、吾慮旧民転当羸劣、若吾万年之後安守墓者但取吾躬率所略来韓穢令備洒掃。」〈第四面第五～六行〉

（国岡上広開土境好太王、存する時、教えて言う。「祖王、先王、但（ただ）遠近の旧民を取りて守墓・洒掃せしむ。吾は旧民転（うた）た当に羸劣（るいれつ）なるべきを慮り、若し吾が万年の後、守墓を安くすれば、但吾が躬（みずか）ら略し来る所の韓穢を率いて、洒掃に備えしむ。」と。）

右の二例は、いずれも氏が「直接法の文体」として承認されたものであるが、そこには、

ⓐ鄒牟王——我（二回）

ⓑ好太王——吾（三回）

という第一人称の代名詞が明記されている。始祖たる鄒牟王と、現代の好太王とでは、「我」と「吾」、同じ第一人称でも、用字を異にしている趣が看取されるのである。

このような碑文の用字法の只中に、「新羅の使臣」の言葉（直接法）として、「我国境」と記した、としよう。ならば、この「新羅の使臣」は、自己を以て「鄒牟王と同格なり」と主張していることとなろう。また「吾国境」と記したならば、同じく自己を以て「好太王と同格なり」と主張していることとなろう。そのような事態が考えうるか。——全く非。なぜなら、この使臣は、〝新羅は好太王に帰し、その命に従う〟ことをのべるために到来したのであるから。右のような表記（「我国境」「吾国境」）は、万が一にも出現しうるところではないのである。この点、失礼ながら、朴氏の主張は〝思わざるに過ぎるもの〟、そのように、わたしの目には見えたのである。(2)

〈その二〉では、もしこの国境問題を〝新羅側を「所有格」（「～の」）とした形式の表現〟で現わしてみたら、どうなるか。つまり「～の国境」の「～の」の箇所に「倭側」ではなく、「新羅側」をしめす表記はなしえないか。当然、なしうる。それは、次のようだ。

「奴客国境」（奴客の国境）

これだ。なぜなら、この「新羅の使臣」の所述において、その後半部が、

「奴客を以て民と為す。王に帰し、命を請わん。」

となっているように、新羅側の「第一人称」として「奴客」の用語が使用されている。すなわち、同じ「第一人称」同士では、

吾（好太王）——奴客

というのが、両者の〝位取り〟の対比なのである。だから、「新羅側の国境」という意味を「第一人称」的な表現で現わそうとするなら、この表記（「奴客国境」）しかありえないのである。

しかし、実際にこの表記を入れてみよう。この短文中に、二回も、この「奴客」の用語が使われた、

とすれば、あまりにもぎこちない、不体裁の文章となろう。達意の「古代漢語（中国語）」の造文者であった、この碑文の執筆者にとって、おそらく〝耐えがたい〟悪文と見えたのではあるまいか。この表記の採用されなかった一因は、ここにあるのではないか。わたしにはそう思われる。

〈その三〉けれども、氏の〝固執〟されるような、「第一人称」的な表記という点にこだわらなければ、簡明な方法がある。それは言うまでもなく、

「新羅国境」（新羅の国境）

の表記である。けれども、碑文は、この簡明な方法を採用せず、この「直接法（会話体）」内部において、〝指示すべき名詞〟が「倭」もしくは「倭人」しか存在しないことを、百も承知の上で、敢えて、今問題の、

「其国境」（其の国境）

の表記を採用した。この一点に、この問題の本質がある。やはり、この「達意の造文者」は、この文面（「其国境」）が、

「倭国境」（倭の国境）

と、当碑の対面者、観覧者（高句麗の識字層を中心として）の目に〝映ず〟べきことを知り、また〝期待〟している。そう考えざるをえない。なぜなら、もしそうでなければ、彼は、簡明、率直に「新羅国境」と記したであろうからである。

〈その四〉次の朴氏の主張点。〝新羅の使臣が「直接法の文体」の中で、「其」というような、第三者的な指示代名詞を、「新羅自身について」使用するはずはない。〟という、この点について吟味しよう。

これに対する、的確な反証をあげよう。

古公（古公亶父）曰「有民立君、将以利之。今戎狄所為攻戦、以吾地与民。民之在我、与其在彼、何異。民欲以我故戦、殺人父子而君之、予不忍為。」乃与私属遂去豳、……（下略）

〈史記巻四、周本紀〉

（古公曰く、「民有りて君を立つ、将に以て之を利せんとす。今戎狄、攻戦を為す所、吾が地を以て民に与えん。民の我に在ると、其の彼に在ると、何ぞ異ならん。民の我が故を以て戦わんと欲せば、人の父子を殺して之を君とせん。予、為すに忍びず。」と。乃ち私属と与（とも）に、遂に豳を去り、……）

右は、周の古公亶父（太伯の父）が、国民を戦乱の中に巻きこむことを恐れ、その故地（豳）を去り、岐下（扶風の美陽の西北。其の南に「周原」あり）に移り住むに至った、その経緯をしるした、有名な説話である。この「　」内の部分が、「直接法」（会話体）の文章であること、氏も疑われまい。文中に「吾」「予」といった、第一人称の代名詞が出現しているからである。ところが、その中に、

「吾が地を以て民に与えん。民の我に在ると、其の彼に在ると、何ぞ異ならん。」

とある。この「其」が、その前の「吾地」を指示していることは、直ちに判明しよう。「彼」は「民」を指す。

この「吾地」が、古公亶父にとって「自分（周）側の土地」を指すこと、言うまでもない。決して第三者（たとえば、戦乱中の戎狄たち）の土地を指すものではない。ところが、その「吾地」に対して「其」という指示代名詞が使用されている。しかも、明白な「直接法の文体」の中である。もって、朴氏の「推断」の不当であったことが知られよう。思うに氏は、「史料中の実例」に立って立論せず、いたずらに〝自家の脳裏の想念〟に立って立論されたように見える。氏のために惜しまざるをえない。なぜなら、主観主義ではなく、史料事実に立つ実証こそ、わたしたち探究者の採るべき道であろうから。

五

第二、「潰破城池」の件。この件に関する氏の所論は、遺憾ながら、わたしの理解を越えている。何しろ、〝古田の所論に従えば、倭人が倭国内の城池を破壊し、それを新羅側が高句麗に訴え、救護を求めた〟というのであるから。なぜ、このような、わたしが一切主張せず、全く予想さえできないような事態を、あたかも「古田の所論」そのもの、あるいは、その必然的結果であるかのように主張されるに至ったのであろうか。思うに、その「秘密」は、

(i)「潰破城池」（城池を潰破し）という碑文の原文面を、あたかも「潰破其城池」（其の城池を潰破し）であるかのように、原文面に存在せぬ「其」字を〝補顚〟して解釈された。一種の「原文改ざん」である。

(ii)右の手法と、一連の操作として、わたしが「其国境」は「倭の国境」の意だ、と主張したものを、あたかも「倭の国境内」の意だ、と主張したかのように、〝書き変え〟て叙述しておられる。この「内」の一字は、重大な〝内容変更〟だ（ハングルの原文では、왜의 국경안에서）。

右について詳述しよう。

(i)の点について。碑文の原文面に「潰破其城池」とは記されていない。記されていれば、氏の主張は正しい。最初の「其国境」を「倭国境」と解すれば、次の「其城池」も「倭城池」と解すべきこと、自然である。この「直接法の文体」の中で、ここ以前に、指すべき名詞は、「倭」もしくは「倭人」しかないからである。

では、問う。朴氏が氏の主張が正しい、といわれるなら、碑文の原文面に「其城池」とあることを、おしめしいただきたい。わたし自身、碑面を、くりかえしくりかえし、肉眼と双眼鏡で観察しても、それはなかった。日本側の今西竜氏や北朝鮮（朝鮮民主主義人民共和国）側の朴時亨氏や中国側の王健群氏のしめされた碑文にも、それらはない。今、朴ジンソク氏が、「あり」と主張されようとするなら、先ず、その事実をおしめしいただきたい。

それなしに、「いや、『其』はないけれど、古田は、『其』があるように解したはず」などといわれるなら、とんでもないことだ。御自分の「主張」ならともかく、他（相手──古田）の「主張」を、勝手に〝造り上げ〟、それを「矛盾」として批判する。これでは、論争の基本を逸脱しているではないか。

わたしの立場では、「其国境」と、「（「其」なき）城池」とでは、決定的にちがう。厳密に区別すべき表記の差なのである。もちろん、「潰破城池」は「潰破新羅城池」の意だ。この原碑面の達意の造文者が「新羅」の二字を入れなかったのは、前後の文脈上、それはあまりにも明白だったからである。「潰破」の主語が「倭人」であり、今問題の紛争は「新羅と倭の間」のものであるなら、この「城池」が、どちら側のものか、自明である。〝自明の説明は、なるべく省略する〟、これは、「古代漢語（中国文）」造文上の根本指針である。

以上のようであるから、ことさら「珍妙な解釈」を案出し、それをあたかも相手（論争者）の主張であるかに〝しつらえ〟、これを一種の「笑い物」にする。これは、真摯なる論争者として、もっとも〝忌む〟べきところではあるまいか。敢えて氏に苦言を呈したい。

(ii)の点。わたしの論文には、一切「倭の国境内」といった表現はない。それを敢えて〝書き変え〟て、批判の対象としておられる点、前と同類の「相手の主張の〝書き変え〟」の手法である。その非なること、もはや自明であるから、くりかえさない。

ただ、ここで「国境」という概念についてのべておきたい。「其国境」問題を論ずる上で、その理解について、相互にもし〝くいちがい〟があれば、論争はその出発点において〝かみあわぬ〟おそれもあるからである。

「国境」というのは、原則として「一線」であり、それは「面積」をもたぬ概念である。もっとも、それは一種の「極限概念」であり、地球上のすべての国境に、「面積なき一線」が引かれているわけではないこと、自明である。さらに川（たとえば鴨緑江〈ヤールー川〉）や山（たとえばヒマラヤ山脈）などの自然地形が「国境」の目安（めやす。目印）とされていることも、周知の通りだ。また、一種の〝面積をもつ〟「中立地帯」をもって、「国境線」と見なしている例のあることも、よく知られている。しかし、いずれにせよ、「国境」は、その国境の両側の国の〝どちらの領域にも属さない〟のが、原則上の立場であることも、変わりはない。

従って、「A・B両国間の国境」について、これを「Aの国境」と呼ぼうが、また「Bの国境」と呼ぼうが、それは〝見るさいの〟あるいは〝呼ぶさいの〟、「見方」ないし「呼び方」の違いにすぎず、客観的な実体としての「国境」そのものに関しては、変動がない。全く同一物を指す。この自明の一点を、先ず確認しておきたい。

次の問題に移ろう。それでは、A国が「A・B両国の国境」の「A国側（A国領内）」にA国の軍隊を集結させた場合、それはいかなる問題を生ずるか。もちろん、それが「A国領内」である以上、そのいずれの地に「A国軍」を配置しようと、A国の主権者の自由であり、他国（たとえば、B国）の容喙（さしでぐち）すべきものに非ず、とも、一応はいえよう。

しかしながら、事実上の問題として、A国の大軍が「A・B国境」の「A領土」内部分に集結された場合、B国側が重大な脅威を感ずるのは、当然である。ことに、地形上、「A・B国境」が「B国の首都」や「B国の要地」に接近していたり、包囲していたりした場合、その脅威は、絶大となろう。「A国内で、A国軍がどのように移動し、配置されようと、A国側の勝手」といった、「建て前上の合法論」で収まり切れないこともまた、自明である。

その上、さらに厄介な問題がある。「A・B両国の国境」に関する、「A国側の認識」と「B国側の認識」とが、しばしばくいちがう、ということだ。先にのべたように、観念的には「面積をもたぬ一線」という境界線の存在は自明であっても、実際は、地球上にそのような「先天的な一線」など、存在しない。そこで、たとえば「山脈」を〝目安〟としたとしても、山の稜線は種々に分岐していて、必ずしも〝一線明確〟とは、いかない。川も、時代によって〝流れ〟を変えるから、その「変流以前」と「変流以後」を、どのように「認識」するかで、見解の対立する可能性もあろう。まして大平原、大砂漠の中の「国境をなす一線」となれば、いよいよ「認識の一定」をうるためには、相互（国境の両側の国）の間における〝賢明なる了解〟が必要となろう。

しかしながら、歴史上の実際経験は、これに反し、両国間の「国境認識」がしばしば〝くいちがい〟、それが容易に収拾しえぬ「国境紛争」をひきおこした、多くの事例を提供している。

その上、この「国境線」を明確ならしめ、加えて「相手国側からの侵入」を防ぐため、人工の要塞線（長城、人工の河川、池など）が建造されたことも、歴史上、周知の事実である。古代中国でも、周代に「斉」「趙」などの各国が「長城」を築き、のちに秦の始皇帝が、それらの〝集大成〟として、いわゆる「万里の長城」を築いたこと、あまりにも著名である。

けれども、これらの「人工の建造物」にも問題があった。なぜなら、これを「A国側」が建造する場合、当然ながら、「自己（A国）側の国境認識」に立って、造成する。ところが、その「A・B両国間の国境」に関して、A・B両国間の「認識」に〝くいちがい〟があるとき、前の「A国側の、人工建造物」自体が、B国側の視点では、「A国の国境侵犯の明瞭な証拠物」と見えていることも、決して少なしとしないのである。それどころか、人間の歴史は、このような「悲劇」ないし「混迷」の連続であった、とすら、見なしうるであろう。

以上、あまりにも自明、あまりにも周知の知見をことさら記述した。〝陸上の国境なき〟日本に住むわたしが、〝長大な、陸上の国境に囲まれた〟中国の学者たる氏に、これを説くこと、まさに「釈迦に説法」のたとえに類すること、百も承知。ご容赦願いたい。なぜなら、わたしにとっては「自明」と思われていても、他国の氏にとっては必ずしも然らず、意想外の誤解をまねくこと、先述の「直接法」問題その他で、すでに明らかになったところ。その轍を踏まざらんがためである(3)。

要するに、「新羅の使臣」の「表白」は、次のようだ。

〈その一〉倭国側の軍は、「新羅と倭国との国境」に、軍勢を集結させた。この段階で、かりに「国境侵犯」を実行していなかったとしても、新羅にとって、重大な脅威である（彼等は、決して単に「倭国側の領域」にとどまっていなかったこと、次項で明らかにされる）。

〈その二〉その上、彼等（倭軍）は、「新羅と倭国の国境線」の「新羅領内」に、新羅側が建造し、造成していた「新羅の城」や「新羅の池」を、勝手に、「潰破」してしまった。

以上の二点をもって、「彼等（倭国側）がわれわれ（新羅）を、自己（倭国側）の支配下におく（「民と為す」）企図、そのような彼等の野望をしめす、まぎれもなき証拠」として、高句麗の好太王に訴えたのである。すなわち、逆に「高句麗の支配下」に入ることによって、「倭国側の企図（支配の野望）」から免れたい。――これが、「新羅の使臣」の口上、新羅側の意志であった。

歴史学の客観的認識のために、敢えて注目せねばならぬ一点がある。記させていただきたい。それは、「新羅側の視点」に立つ限り、右の判断について、あやまりはない。わたしはそう考える。そしてそれはまた、「高句麗側の認識」であった。この点、「新羅と高句麗との間」に、「利害の対立」は存在しないのである。だからこそ、この好太王碑に、右の形で表現されたのであった。

しかしながら、もしこの「同一事件」をもって、「倭国側の視点」から見れば、おそらく「事件の相貌」は、一変した形で語られ、表現されたであろう、という、この一点である。今、わたしの言わんとするところを明らかにするために、（敢えて想像する領域に「一歩」を印しつつ）記してみよう。

〈その一〉倭国の軍が「倭の国境」に集結したのは、おそらく「正当な」（次項のごとく）理由があったのであろう。

〈その二〉新羅側が、「自国領内」と称して建造した「城」や造成した「池」は、不当である。なぜなら、その地帯は、（「倭国側の認識」では）「倭国領内」すなわち、「国境線より倭国側寄り」のところ、そのように「認識」していたからではあるまいか。

以上だ。このさい、特記すべきこと、それは、かりにもし「倭国側の主張」が右のようであったとしても、わたし自身がその主張をもって「正当」である、などとは、毛頭言っていない点だ。むしろ、どちらが「正当」か、「不当」か、それは、四～五世紀における東アジアの政治情勢をめぐる問題であり、「高句麗、新羅側の利害」と「倭国側の利害」（おそらく百済も）とが、対立していたことをしめす。それに対する評価は、現代の研究者の任務ではない。二十世紀の学者が、四～五世紀の国家群の、いずれずる。

かの「御用学者」となるべき必要は、毛頭ない。また、なってはならぬもの。わたしは、そのように信

六

第三、この点は、わたしの立場からは、是非とも、反論させていただかねばならぬ。氏は次のようにのべた。

「上述したところから分かるように、古田先生は新羅使臣の言葉のなかの《其》について説明するとき《原文は「倭人満其国境……」となっている。》といって、あとの部分を省略してしまった。こうすれば、その矛盾がよく表れないことになる。だが、実際の新羅使臣の言葉はこれにとどまるものではなく、そのあとに《潰破城池、以奴客為民、帰王請命》までつづいているのである。このように彼の言葉を全部書いてみると、そのなかの矛盾が非常によく見えてくる。」

ここで氏が、「その矛盾」「そのなかの矛盾」とくりかえしのべているところ、その実態については、すでにのべた。例の〝倭人が倭の城池を潰破した〟ことになる、という、わたし自身の全くあずかり知らぬ見解、それを「古田の見解」とした上で、「矛盾」視されたものである。この点に関する、氏の「失態」については、もはやくりかえす必要はない。

新たな問題点は、次の点だ。――わたしが、あたかも、実際は存在するはずの「原文面」を、読者の目から隠匿しようとした。その隠匿のために、一見さりげない「……（省略）」という、省略形を使用（悪用）した、と。

このように見える、そういったニュアンスの文章がつづられている。わたしには、そのように見えた。これは、重大だ。なぜなら、立説や主張の当否は、後代の判断するところ。研究史上でおのずから定まるところであろう。しかし、右のような「矛盾隠匿の手法」を、わたしが実際に〝弄して〟いるとしたならば、立論の当否以前の問題として、「断固たる不徳義」だ。アン・フェアーの論述として、わたしのもっとも〝憎む〟ところだからである。

では、事実はどうか。この点も、全く氏の「失態」としか言いえぬことを遺憾とする。その理由をのべよう。

〈A〉わたしが「原文は『倭人満其国境』である。」と書いた、その（同じページの）、わずか「二行前」に、この新羅の使臣の言葉の全文（「倭人其の国境に満ち、城池を潰破し、奴客を以て民と為す。王に帰し、命を請わん。」）を掲載している。その全文記載のあと、「二行」をおいて、また、その文を「再出」せざるをえなかったのであるから、もう一度ここに「全文掲載」したら、どうなるか、考えてみてほしい。「同文」が、中二行で、前後に二回掲載されることとなろう。不体裁きわまりない。だから、「……（下略）」の形で、「再出」させたのだ。その省略部分が何であるかは、わずか、中二行おいて、その前を見ればいい。氏は、その労をも惜しまれるような「読者」なのであろうか。わたしには、信じられない。ただ「非難のための非難」でなければ、幸いである。

第一、このような「省略形式を〝悪用〟した矛盾点隠し」といった手法は、その当該原文が一般に知られていない、あるいは手に入れがたい場合でなければ、〝有効〟ではないのではあるまいか。

ところが、今の問題は、好太王碑の碑文。わたしの論文の「特定」した読者は、当稿の論文の副題のしめすごとく、「共和国（北朝鮮）と中国の学者」である。「好太王碑」に関心をもつ両国の学者で、碑面全文を机上で対照なしえぬような研究者が存在するのであろうか。信じがたい。このケースでは、もし「中二行前」に、「新羅の使臣の言葉の全文」が掲載されていなくても、右の省略部（「倭人満其国境……」）に何があるか、すべての読者（両国の学者——好太王碑関係）に、それは明瞭。およそ隠しようはない。わたしには、率直に言って、この「論難」ないし「あてこすり」は、単なる〝言いがかり〟のようにしか見えないのである。

〈B〉氏はこれに対して、おそらく言われるかもしれぬ。〝この省略部のなかにある「潰破城池」に対する「説明」が抜けている〟と。つまり、「説明」しだすと、自家（古田）の矛盾点が露呈するので、「……」という省略形で避けた、と見なされたのであろう。

しかし、これこそ「きわめたる誤解」だ。なぜならば、すでにのべたように、わたしはこの四字に対して「新羅の城池を潰破した」との理解を、自明と考えた。先にあげたように、「潰破」の主語が「倭人」である限り、それ以外の理解がありえようとは、夢にも思われなかったからである。事実、従来の、いかなる研究者たりとも、日本、北朝鮮、中国、韓国を問わず、誰一人、それ以外の理解をしめしたものを見たことがない。だから、そのような「説明」は無用だったのである。

しかるに、氏は〝奇想天外な解釈〟（「倭人が倭の城池を潰破する」）を、わたしの見解として〝押しつけ〟た上、さらにわたしに向けて〝自家の矛盾点隠しの不徳義漢〟めいた筆致を弄された。これこそ氏のごとき真摯な論争者にとって「きわめたる失態」といわざるをえぬ。それを遺憾とする。

七

氏の、新たな論点を吟味させていただこう。三国志の魏志韓伝、倭人伝をめぐる問題だ。わたしがこの両伝の記述からも、すでに三世紀に、「朝鮮半島内における倭地」が存在し、国際的に（東アジア世界で）認められていたことが判明する、とのべたのである。氏はこれに対しても、反論の労をとって下さった。

先ず、わたしのあげた史料と、立論点をあげよう。

㋑韓は帯方の南に在り。東西海を以て限りを為し、南、倭と接す。〈韓伝〉

㋺（弁辰）其の瀆盧国、倭と界を接す。〈同右〉

㋩（郡より倭に至る）……其の北岸、狗邪韓国に到る。〈倭人伝——以下同じ〉

㋥(a)倭地を参問するに、……周旋五〇〇〇余里なる可し。

(b)郡より女王国に至る、一二〇〇〇余里。

(c)（郡より……）其の北岸、狗邪韓国に到る、七〇〇〇余里。

前の㋑のしめすところ、明白に、「朝鮮半島の南岸部が『倭地』に属していたことをしめしている。」、わたしは、そのようにのべた。その上、㋺は、具体的に、両者（弁辰の瀆盧国と倭地）の接していたところを明記している。

また㋩では、「其の北岸」は「倭の北岸」と解せざるをえない。冒頭の「郡より倭に至るに」の「倭」を指しているのである（この場合、名詞としては「郡（帯方郡）」や「韓」も、前出しているけれど、文意上、それでは無意味である)。
ところが、この「郡より倭に至るに」の「倭」は、当然ながら、「倭の首都(邪馬壱国)」を指す。従ってその「倭」を指した「其の北岸」は、「倭の首都(邪馬壱国)の北岸」の意とならざるをえない(4)。
以上の構文は、朝鮮海峡と玄界灘という海峡部(壱岐、対馬周辺)を中にはさんで、
ⓐ南岸(九州北岸)に邪馬壱国(倭の首都)
ⓑ北岸(朝鮮半島南岸)に倭地
という、わたしが『「邪馬台国」はなかった(5)』以来、くりかえし提起しつづけてきたテーマ、その地理的構図とピッタリ対応している。
以上のように、三国志東夷伝中の魏志韓伝・倭人伝を客観的に分析する限り、ここでもすでに「朝鮮半島に倭地あり」の命題は疑いがたい。
ところが、この「三世紀の倭国」像を、そのまま(大局的には)承け継いで、好太王碑の「倭」、すなわち「四〜五世紀の倭」は叙述されている。
なぜなら、好太王碑の第一面第九行に、最初に「倭」が出現するとき、
而倭以辛卯年来。(而るに倭、辛卯年を以て来る。)
とあり、その「倭」に対して何の解説もない。ということは、「三世紀の倭国」、すなわち三国志の魏志倭人伝の「倭国」と、この「好太王碑出現の倭」とが、同一の「倭」であって、本質的に、何の変更もないこと、この一事を〝記せず〟して証言していたのである。このように考えてくると、三国志の東夷伝(韓伝、倭人伝)から帰納される「(三世紀)朝鮮半島に倭地あり」のテーマは、同時に、「(四〜五世紀)

同上」のテーマと直結する。そのように解する他ない。これが、わたしの論点であった。

八

これに対して、氏は次のように、四点において反論された。

(1)三国志の魏志倭人伝冒頭の、著名の一句を引いて、倭は「山島」に存在したもの、とし、これを「重要な意味をもつ」とされた。その上で、これを〝反転〟させ、わたしの言う「朝鮮半島内に倭地がある」という見方は成立しえない、と断定された。

(2)わたしが依拠史料とした、右の㋑の史料(「(韓)南与倭接」)に対して、その具体例が「(弁辰の)瀆盧国」の例(右の㋺)しかあげられていない点から、〝南岸全体〟ではなく、「韓の一所属部分」としての、この国についての話にすぎぬ、と、先ず「局部限定」を行なわれた(後漢書倭伝では、「馬韓・弁辰」を、「共に南側で倭と接している。」とのべている点にも言及)。

その上で、三国志の魏志韓伝内の馬韓の「約五〇余個の小国」の現在地点に対する研究成果にふれ、それによると、朝鮮半島南端部まで、各小国が分布しているとされているから、結局、(南岸全体であれ、一小部分であれ)朝鮮半島南部に「倭地」は認めがたい、と帰結された。

(3)さらに氏は、右の㋺の史料について「朝鮮半島内の倭地」史料としての「実質」を〝抹消〟せんとする努力をしめされた。

その一は、歴史学界で「瀆盧国」に擬定されている地点としてⓐ巨済島、ⓑ釜山付近の東萊の二個所をあげ、いずれも「朝鮮半島の東南部」であるから、その「南」に当る、という「倭地」とは、対馬島以外になし、とされる。

その〝裏付け〟として、清の学者、丁謙の三国志の注解と、十五世紀朝鮮の有名な学者、申叔舟の著『靖遠樓記』をあげておられる。

(4)前の史料(ハ)(「従郡至倭……到其北岸狗邪韓国」)に対して、「其北岸」は確かに「倭の北岸」だが、それは、「地理的位置」をしめすにすぎず、「狗邪韓国が倭地に属する」という「政治関係」をしめすものではない、と断ぜられた。

次に、三国志の魏志韓伝中の「弁辰狗邪国」こそ「狗邪韓国」と同一国とした上で、前者は「弁辰」の一部、すなわち韓国に属するから、後者(「狗邪韓国」)も、「倭地」のはずはない、とされた。

さらに、「ある学者の見方」によると、狗邪韓国は「伽倻、加羅」などと呼ばれた。その大部分は金海よりも北側にあり、甚だしいのは「今日の慶尚北道大邱付近」に位置していたから、この「事実」は「馬韓……南与倭接」(三国志)とか「馬韓……南与倭接」「弁辰……其南亦与倭接」(いずれも後漢書)といった記載と全く矛盾する。従って「朝鮮半島内に倭地がある」という見方は、認められない、と結論されたのである。

九

右について、吟味させていただこう。

(1)について。氏は三国志魏志倭人伝冒頭の著名の一句、

倭人在帯方東南大海之中、依山島為国邑。

を引いて、「倭国は山島にある」という立場から、わたしの「朝鮮半島内、倭地」説の「反証」のように考えておられる。これは、失礼ながら、全く「飛躍」としか言いようのない論法だ。

たとえば、次の命題を見よう。

「中国は、東アジアに位置する大陸国家である。」

これは正当な表現だ。だが、だからといって、もし人あって、右の命題を根拠にして、

「海南島は、大陸ではないから、中国領ではありえない。」

と主張したら、氏は賛同されるのであろうか。もちろん、とんでもない話だ。というのは、先の命題は、「大局的見地に立つ、巨視的把握」であるから、これを根拠にして、「細部」や「部分」に関する論定を行なうのは、不当なのである。

これと同じだ。右の事例と逆に、大局的視野において、「倭国」が「山島的国家」であることは当然である。だからといって、それを「たて」にとって、「朝鮮半島内に倭地なし」と帰結するのは、わたしが前に提出したテーマと、論理的に同一の「誤断」を行なわれたこととなるのである。

もう一つ、具体的な事例をあげよう。古代ギリシャの中核部が、アテネやスパルタをふくむギリシャ半島にあったことの指摘によって、対岸の小アジア（現在のトルコ）内に「ギリシャ領はなかった」という「証明」になるだろうか。とんでもない話だ。氏が行なわれたのは、これと同類の「論理的飛躍」なのであった。

だから、さらに氏が倭人伝において、「狗邪韓国――対馬国（紹熙本では「対海国」）――一大国――末盧国……」という行路記事の存在する事実をあげ、これによっても「（古田の）朝鮮半島内、倭地」説は成立できない、とのべておられるのを見て、失礼ながら、「苦笑」せざるをえなかった。なぜなら、こ

の行路記事こそ、わたしの古代史研究の出発点となったこと、そしてその帰結が「邪馬壹国（女王の都）、博多湾岸とその周辺」説に至ったこと、日本では、古代史に関心ある人々には、ほとんど「周知」の事実だからである（『「邪馬台国」はなかった』）。そしてわたしの「朝鮮半島内、倭地」説もまた、その本の中で強調された立論の一つだったからである。(6)

さらに氏が、五世紀前半の朴堤上説話（三国史記・三国遺事）を引いて、〝倭が朝鮮半島内の存在ではなく、海の向こうの存在であった〟証拠のように論じておられるのを見て、失礼ながら、「あきれる」思いのしたことを率直に申させていただきたい。

なぜなら、わたしは、当の論文、まさに氏が批判の対象としておられる、その論文の中で、この朴堤上説話に対して、大きなウエイトを与え、ここに現われた「倭王の都」が、朝鮮半島から見て、「海の向こう」であることはもちろん、それも「大和」（奈良県）や「難波」（大阪府）ではありえず（これが、従来の日本側の学界の「通説」であった）、九州北岸、おそらく「博多湾岸周辺」でなければ、この説話全体の進行が成立しえないことを、詳述しているのである。

思うに、氏は、わたしの立場を「朝鮮半島内、倭都」説と「誤解」された上、わたしの論文の全体にまで目を通さぬままで、わたしの論文に対する「断固たる反論」を展開されたのではないか。失礼ながら、そのように考えざるをえぬことを遺憾とする。

（なお、右の「朴堤上説話」を根拠とする、「四〜五世紀の『倭都』、筑紫（福岡県）」説こそ、一九八八年の第二回、朝鮮学国際学術討論会〈北京大学〉における、わたしの研究発表の主題であった。）

十

(2)について。先ず、氏が三国志の魏志韓伝冒頭の、

韓は帯方の南に在り。東西、海を以て限りを為し、南、倭と接す。

の明文に対し、この「倭と接した」部分を、朝鮮半島南岸部の「全体」もしくは「大部分」ではなく、「(弁辰の)瀆盧国」という、「一局小部分」のことにすぎず、として、先ず局限された、その「方法」について、吟味してみよう。

このような「氏の方法」が許容されるとしよう。とすれば、「同一の方法」で、"「韓地」の東西が「海で限られている」という記述は、偽りである。なぜなら、韓伝中に列挙された国名中、一国として「海に接す。」と、具体的に記述された実例がないからである。"という帰結が、"堂々と"えられることとなろう。「奇矯の帰結」と笑うなかれ。「冒頭の地理的大観より、局部的記述の実例の有無の方を優先させる。」という方法を採用する限り、これ以外の帰結はないのである。一方(「海を以て限りを為し」)だけは、そのまま信用し、他方(「倭と接す」)だけは、「具体的実例を優先させる」というような「方法」は、恣意的な手口にすぎず、客観的なるべき学問の方法論とは、関係がない。

次に、氏が採用された「地名比定」を根拠とする「倭地、抹殺論」の方法について、吟味してみよう。

「馬韓には、総五十余個の大小の《小国》が、今日の朝鮮半島西南部に散在していた。ある人は、この五十余個の《小国》のうち、約四〇個の《小国》の位置を考証したことがある。それによれば、

馬韓の《小国》は、だいたい今日の朝鮮半島の漢江中下流域から南の京畿道、忠清南北道と全羅南北道等に分布していた。とくにわれわれの注意を引くのは、そのなかの《狗奚》のような《小国》は、全羅南道の最南端に位置していたという事実である。(22) これは《三国志》に韓が南方で倭と接しているといった記事が、朝鮮半島西南部では決して陸地ではありえないことを証明してくれる。」

（㉒『震檀学報』二一・〈四〜六〉、ソウル・景印文化社、一九七五年版、三四〜五三ページ。）

右に現わされた、氏の判断の基準、その「方法」は、遺憾ながら、全く不当である。ことの筋道が〝逆立ち〟している、といわざるをえない。なぜなら、

〈その一〉「ある人」が『震檀学報』で、「馬韓、五十余国」に対する「地名比定」を行ない、その内、「約四〇個」の「小国」の一を考証した、という。もちろん、現代の地名研究として、一つの貴重な業績、ハッキリいえば、「一個の試案」である。

〈その二〉ところが、その「一個の試案」をもって、「事実」と〝言い変え〟た上、それを根拠に、三国志の魏志韓伝の、

「（韓地）南、倭と接す。」

が、「朝鮮半島西南部」では妥当しえないこと（倭地の存在しないこと）を「証明」した、といわれるのである。

〈その三〉右では、二十世紀の一学者の「見解」（地名比定）が、三世紀の同時代史料（三国志）のしめす史料事実より「優先」させられている。しかも、その「見解」のことを「事実」と〝言い変え〟ている。これは、学問的叙述において〝許され〟うる「方法」ではない。わたしには、そう思われる。

〈その四〉朝鮮半島内産出の「史料」としては、三国史記・三国遺事をさかのぼりうるものは、ほと

んどない。もちろん、好太王碑のような「金石文」は、若干存在するけれども、そこに現われた「地名」を、現代の、どの地点に当てるべきか、いろいろと「試案」はあっても、「断案」はえがたい。これが、率直にいって、「現史料状況」ではあるまいか。

このような現状において、三世紀の同時代史料である三国志の魏志韓伝において、同時代の中国の「正史」に、同時代の中国の「歴史官僚」（陳寿）が記述した、朝鮮半島内、韓地の「大観」は、もっとも貴重な第一史料。そのように評価するのが当然ではあるまいか。しかも、中国側は、「漢の四郡」以来、この朝鮮半島の「大観」については、熟知しているのである。

そして事実、「東西、海を以て限りを為し」の一句は、見事に「地理の実勢」を〝言い当て〟ている。現代のように「世界地図」「各国地図」の普及した時代の、わたしたちの目には、〝凡庸〟としか見えぬ、この一句も、「最初に記された、地理大観」としては、実に「出色の一句」なのである。そしてそれは、まことに真実（リアル）であった。

とすれば、それにつづく一句、

「南、倭と接す。」

の一句も、同じく真実（リアル）。そのようにうけとるのが、筋道だ。なぜなら、「南辺」だけは、実勢を知らず、「東辺」と「西辺」だけ、実勢を知っている。そのような、〝片寄り〟は、かえって想像しにくいのだ。

その上、中国側には、何等、特別に「倭」に対して〝ひいき〟をすべき理由はない。いわば、「冷静な第三者」なのである。さらに、この段階（三世紀）では、「高句麗と倭の激突」はいまだ生ぜず、「新羅」「百済」も、興隆の前夜にあった。そのような実勢を、もっともよく知りうる立場にいたのは、当時（三世紀）の中国側であって、決して「二十世紀のインテリ」ではなかったのである。

このように、あくまで「冷静」かつ「客観的」な観察の立場に立つ限り、「現代のインテリの一見解」に依拠して、もっとも貴重な「同時代史料」の意義、そしてその実質を〝抜き去ろう〟とする、氏の企ては、厳正な学問の方法論上、〝逆立ち〟している、といわざるをえぬことを、悲しみとする。

氏は、「同じ方法」を、「朝鮮半島の東南部」にも、〝適用〟される。

「（弁韓について――古田）こうした《小国》はすべて朝鮮半島東南部に散在していた。以下に歴史学界の一部学者の考証に従い、今日の慶尚南道沿海地区にあったと認められる幾つかの《小国》の具体的な位置をあげれば、つぎの通りである。

《弁（辰）楽奴国》は現在の慶尚南道河東郡岳陽面一帯にあり、《弁（辰）軍弥国》は慶尚南道泗川郡昆明と昆陽の二面のあたりにあり、《弁辰古資弥凍国》は慶尚南道固城地方にあり、《弁辰安邪国》は慶尚南道咸安郡にあり、《弁辰狗邪国》は慶尚南道金海郡にあり、《冉奚国》は慶尚南道蔚山地方にあった。(24)地図をひろげて見れば、すぐにも分かるように、これら《小国》が位置していた地方は、いずれもすべて現在の慶尚南道の東海岸と南海岸に該当する。こうした状況は朝鮮半島の東南部でも、その最南端に至るまで、弁辰に所属していた《小国》でぎっしり詰まっていたことを証明する。従って、韓が南側で倭と接していたという《三国志》韓伝の記載は、半島東南部でも、陸地ではありえないということを示している。」

(24)『震檀学報』三・〈七～九〉、一一六～一四七ページ。）

ここでも、現代のインテリ（「歴史学界の一部学者」）の「考証」なるものを「根拠」として、「同時代史料」のしめす「朝鮮半島内の倭地」を、〝海の外〟へと〝追い落とそう〟としている。このような

「手法」は、たとえ「朝鮮半島内部の人々」に〝喝采〟を博した、としても、世界の理性ある人間の中では、到底〝肯認〟せられえないであろう。もちろん、朝鮮半島内部にも、真に良識ある人士の存在することを、わたしは深く信ずるのであるけれども。

借問する。日本の学界の中でも、また一般の人士の中でも、三国志の魏志倭人伝内の「国名」について、日本列島内の各地に「地名比定」が試みられてきた。むしろ「百花繚乱」の観すらある。それらの研究業績を背景にして、「ある人」がこのように「地名比定」を行なっている。だから、あなた（朴ジンソク氏）も、この結論に従うべし、とか、「日本の歴史学界の一部学者」が、かくかくの「地名比定」を行なっている。だから、あなたの見解はまちがっている。――そのようにわたしがのべたら、あなたは従われるのだろうか。従われる、としたら、あなたもまた「権威主義者の一人」であることを「証明」する以外の何物でもないであろう。それと、同一である。

「ある人」や「一部学者」が、「同時代史料」を越える〝真実（リアル）な根拠〟をしめした。その根拠は、これ、これ、これだ。――このように、問題がしめされるなら、わたしは喜んで従うであろう。しかし、遺憾ながら、氏の所述には、それがない。

十一

(3)について。

氏はさらに、問題の「（弁辰）其瀆盧国、与倭接界」（三国志魏志韓伝）について、論ぜられた。

「弁辰の瀆盧国の位置について、歴史学界には二つの異なった見方がある。第一は巨済島にあったと見る見方であり、第二は釜山付近の東萊にあったと見る見方である。この二つはともに朝鮮半島の東南部の最南端に位置している。」

ここでも、「歴史学界」で行なわれている「二つの地名比定」がとりあげられ、立論の根拠とされている。つまり、「東萊」も、「巨済島」も、「最南端」に当っているから、その「先」(南)には、もう陸地がない。つまり「与倭接界」という状況は、ありえない、とするのだ。いいかえれば、「倭地」はやはり、朝鮮半島内にありえない、と帰結されるのである。

この「方法」のもつ問題点は、すでにのべたけれど、もう一歩、これを掘り下げてみよう。

三国志のような、三世紀の同時代史料に現われた国名、それが現在(二十世紀)のいずれの地域に当るか、その「地名比定」はむずかしい。もちろん、魏・蜀・呉といった「大国名」でなく、韓伝や倭人伝中の「小国名」である。

倭人伝の場合で考えてみると、そこには、二種類の表記がある。

(i)「行路記事」つきのもの。

対海国(対馬国)・一大国・末盧国・伊都国・奴国・不弥国・投馬国、及び邪馬壹国。

(ii)「小国名」だけのもの。

斯馬国・巳百支国・伊邪国・都支国・弥奴国・奴古都国・不呼国・姐奴国・対蘇国・蘇奴国・呼邑国・華奴蘇奴国・鬼国・為吾国・鬼奴国・邪馬国・躬臣国・巴利国・支惟国・烏奴国・奴国。

右の(i)の場合、これらの国名は「方角と里程つき」であるから、見当がつけやすい。たとえば、「対海国」が対馬の一部(南側。下県郡)であり、「一大国」が壱岐であることは、〃海上の小島〃である上、〃朝鮮半島〜九州〃間の主要行路にある、という条件から、ほぼ異論がない。同じく、末盧国も、「南北に市羅す」と再度（対海国と一大国）書かれた、その主要行路の到着点（九州側）であるから、「松浦（唐津湾）」に当ること、ほとんどの論者に異議がない。わたしも、そう思う。唐津湾岸には、「菜畑遺跡」という、日本列島最古の水田遺跡（縄文晩期）や「桜馬場遺跡」などの、豊富な弥生遺跡があり、大陸・半島側文明の一大受容地であった事実を疑いなくしめしているのである。また伊都国についても、これが福岡県糸島郡の前原町付近（伊都神社、怡土村など）であること、多くの論者に異議を見ず、わたしもそう思う（以下、邪馬壹国に至る行路の解読は、わたしが『「邪馬台国」はなかった』で詳論したところであるが、今は省略する）。

ところが、(ii)の場合。各論者が日本列島各地に「地名比定」を行なっているけれども、全く「定論」を見ない。ある学者（内藤湖南）は、大和（奈良県）を中心に、東西に分布するものと解し、各地に〝類似地名〟を指定した。ある人（宮崎康平）は、島原半島（長崎県）を中心に、有明湾沿岸各地に〝類似地名〟を「発見」した。他にも、各種各様の「地名比定」がある。それは各論者の「自由」だけれど、要は、「不定」だ。なぜなら、これらの「小国名」には、「方角と里程」という〝座標軸〟が欠如しているから、結局、それらの「地名比定」は、その論者の「主観の表白」に帰するのである。

この点、韓伝内に列挙された「小国名」群のもつ史料性格は、右の(i)(ii)中のいずれに近いであろうか。残念ながら、「一つ、一つ、方角と里程つき」という、〝座標軸〟が存在しない、という点では、(i)より、むしろ(ii)に近い。これが、率直に言って、その史料性格なのである。従って、「ある人」や「学界の一部」が、これら「小国名」について、これこれの「地名比定」を行なった、としても、それを根拠にすることの〝危険〟なことが知られよう。もしかりに「多くの人士」の共通意見であったとしても、その根本史料そのものが「不安定」(ii)に近い）なこと、変わりはないのである。

この点、韓伝では、いわば「例外的」に、一種の「位置指定つき」の小国名、それが今問題の「瀆盧国」なのである。なぜなら、この国については、「与倭接界」という〝限定〟がなされてあり、その「倭地」は、朝鮮半島の南岸部に（東西に）展開していたことを、韓伝冒頭の「大観」が告げていたからである（また、この「小国」が、半島の東南部近くに存在したことも、知られる。——後述）。

従って、三国志所述の「瀆盧国」の位置指定を行なおうとする論者は、必ず右のような〝条件にかなう〟形で「地名比定」を行なわねばならぬ。これが筋道だ。

しかるに、〝地名の類似〟などを頼りにして、半島内の「最南辺」にこの国名（瀆盧国）の位置を定める。そしてそのような（三国志の記述の客観的内容に反した）「地名比定」を、〝新たな根拠〟として、「瀆盧国の南には、陸地なし」と称し、三国志の所述内容を「否定」する。——これでは、「論理の空《から》まわり」を演じているにすぎぬ。この道理がお判りであろうか。冷静に再思、三考していただきたい。

このように考察してくると、氏が折角依拠された、二学者の所論も、遺憾ながら、何等の「裏づけ」となりえぬことが判明しよう。

先ず、清の学者・丁謙〈『三国志』韓伝弁辰条、注解〉。

「瀆盧当即今慶尚道南巨済島、此島与日本之対馬島東西相距不遠、故曰接界[26]」

（瀆盧は、当今の慶尚道の南、巨済島。此の島は、日本の対馬と、東西相距りて遠からず、故に「界を接す」と曰《い》う。）

㉖『三国志』魏志巻三十・東夷、韓、弁辰条、注解。〈歴代各朝伝記会編〉北京・中華書局、一九五八年版、第一編。）

右について、氏は次のように解説された。

「巨済島と対馬島はいずれも海のなかの島で、その間には朝鮮海峡と呼ばれる海が横たわっている。にもかかわらず丁謙は、ただその距離がとても近いところから、《境界を接している》（接界）といった。もし丁謙の言葉に語弊がなければ、《三国志》韓伝に出てくる《韓……南与倭接》、弁辰《其瀆盧国……与倭接界》を解釈するとき、過度に語句にとらわれ、ひたすら陸地についてのみ《接界》といえるのだと固執するのでなく、具体的に問題を分析しなければならないということ、たとえば、両者の間に海が挟まっている情況でも、その距離が非常に近ければ、やはり《接界》という言葉が使えるということを示している。」

右で氏は、「過度に語句にとらわれ」「ひたすら……固執するのでなく」「具体的に問題を分析しなければならない」などと、さかんに「美辞、麗句」をつらねている。しかしながら、一片の実例をも、提出しておられない。何の実例か。もちろん「千里の海」（狗邪韓国〜対海国の間）をへだてていても、なお「界を接す」と表記しうる、という実例である。その実例を、三世紀か、それ以前の中国の古典から導き出す。それが、氏の立論を「成立」させるための、不可欠の用意である。氏には、それができなかった。だから、代用として、十九世紀のインテリ（丁謙）の説を「権威」として、自家の主張を「合理化」せんとされたのである。

しかし、それは、氏と同様のあやまった「方法」論が、すでに清代にはじまっていたこと、その「方法上の誤謬」は、氏の〝独創〟に非ず、〝模倣〟であったこと、それを「証明」しておられるにすぎないのである。それとも、氏はわたしに対して「清朝の学者も、こう言っている」といえば、直ちに、わたしが〝恐れ入る〟と考えておられるのであろうか。もし、そうとすれば、氏の「権威主義」も、病膏《こう》肓《こう》に入れり、といわねばならぬであろう。

丁謙は、氏の引用の注文のあと、次の注記をも行なっている。

（末盧国）丁謙曰当即今佐世保海口地　〈盧弼『三国志集解』所引による〉

（〈末盧国〉丁謙曰く「当に即今の佐世保海口の地なるべし。」）

「末盧国」は、先述のように、松浦（唐津湾）近辺に当ること、ほぼ疑いがたい。わたしはそう思う。

なぜなら、

(i)「狗邪韓国——対海国——一大国——末盧国」が、朝鮮半島と九州との間の「主要交通路」に当っていること、二回（対海国・一大国）に及ぶ「南北市糴」の表記が明示するところである（前述）。

(ii)中国側の文物の集中出土する地帯は、この「末盧国」につづく（以東の）「筑紫国（福岡県）」、ことに「筑前」（博多湾岸とその周辺を中心とする）である。その地帯へ行くのに、なぜずっと「以西」の「佐世保」などへ到着する必要があるのか、不可解である。

思うに、丁謙の披見した日本地図があまりに「粗」もしくは「小」だったので、九州の西北近辺の「海口」として、佐世保湾が〝最も目立っていた〟からではあるまいか。もとより、その「地名比定」の根拠は詳述されていないから不明であるけれども、そのような「想像」さえ〝さそう〟ていのものだ。

だから、日本側の学者・研究者で、この丁謙説に「賛同」する人は〝稀少〟なのである。

それでもなお、氏は「丁謙ほどの人が言うのだから正しい」と、〝言い張られる〟つもりなのであろうか。丁謙の「日本側地名研究」の労に謝することと、その「権威」に依拠することとは、全く似て非なるもの。わたしはそう信ずる。

次は、十五世紀朝鮮の有名な学者、申叔舟の自著『靖遠樓記』。

「東萊、古県也、地浜于海、与対馬島最近、烟火相望、実倭人往来之衝也(27)」

(27)『東国輿地勝覧』巻二十三、東萊県、楼亭条。

(東萊は、古県なり。地は海に浜し、対馬島と最も近し。烟火、相望む。実に、倭人往来の衝なり。)

この中叔舟の文面は、簡潔にして要をえた名文である。実地の実情を明確に記し、余すところがない。わたし自身も、対馬北端部からも、釜山側からも、何回か、この間の海峡を直視し、熟視した経験をもっているから、この文面の正確さは、十二分に〝裏書き〟できる。

しかし、問題はここからはじまる。氏の次のような「推論」は果たして成り立ちうるか。

「これは昔の人が、東萊の位置およびそれと日本の対馬島との距離が、お互いに相手の立てる火や煙が望見されるくらい、とても近いことを、非常に生き生きと描き出したものだ。『三国志』韓伝弁辰条で『その瀆盧国が倭と境界を接している』といったのは、まさにこうした情況において現われた現象だといえる。上述した丁謙の言葉によれば、ここでは『接界』という言葉を用いても、さらに差し支えなかろう。」

氏は、中叔舟の「烟火相望」の表現に力をえて、「接界」の〝証拠〟のように称しておられる。果たしてそうか。では、次の例を見よう。

「大業元年、海師、何蛮等、春秋二時毎《ごと》に、天清く風静かに、東望するに依希として、煙霧の気有るに似たり。亦幾千里なるを知らず。」〈隋書、琉球国伝〉

右は、中国大陸側(越地もしくは、福建省あたりか)から、季節によって「琉球国」のある方向に、「煙霧の気」のようなものを望見できる、というのである。もちろん、好天候の日だ。この気は、単なる「自然現象」ではなく、〝人家の存在する気配〟でなければ、通意しない。その間の距離、幾千里なのかもしれぬが、「海上の視界」は、このような光景を、時として人間の眼に与えるのである。中国と琉球の間も、「界を接す」と表記しうるか。もちろん、できはしない。

ことの本質は、これと同じだ。当然ながら「東萊〜対馬」の間も、常時、お互いに「烟火」が見えるわけではない。事実、わたしが海岸に立ったときも、やや曇天のさいは、とても無理だった。当り前の話である。しかし、好天に恵まれれば、「海上の視界」は、おどろくほど、遠望がきくのである。

このような現象は、海上、島国の人間たるわたしたちには熟知するところ。だが、氏はこの「烟火相望」の四字によって、「千里の航路」[7]（狗邪韓国〜対馬島の間）に対し、一挙に「縮小」し、「接界」させようとされたようである。やはり、不当である。朝鮮半島の向こう（南）、「千里の彼方」に「倭地」あり、という場合、やはり、

南亦、以海為限

（南も亦、海を以て限りを為す。）

と書くべきだ。そしてその「海の向こうに、倭地あり」と書いて、なぜいけないのだろうか。それが、文章を書く者の、平静な筆致ではあるまいか。

まして、三国志の立場は、「瀆盧国」だけが「倭地に接している」というのではない。冒頭部に平明にのべているように、「朝鮮半島の南岸部全体」つまり「約四千里の東西幅」の海岸部についての叙述なのである。

一方、対馬は、決して「約四千里の東西幅」をもつ島ではない。きわめて小島にすぎぬ。とても、「半島の全南辺」に対応させるわけにはいかないのである。

この点にこそ、氏の苦心があった。

①冒頭部の「南、倭と接す」を否定し、

②右の実体を「濆盧国」だけに限定し、
③その対岸の小島（対馬）へと、「倭地」のありかを導出する。
このような「否定→限定→導出」といった手法は、確かに〝「換骨奪胎」の技法〟としては巧妙、その「苦心」は認めるものの、結局は非。平明な、人間の真実からは遠いのである。

十二

(4)について。氏は、韓伝中の「狗邪韓国」について、これを「倭地」に属する、とする、わたしの立場に反対された。すなわち、「到其北岸狗邪韓国」の「其」が「倭」を指すのは確かだが、「倭の北岸」という表記は狗邪韓国の「地理的位置」をしめすものにすぎず、「政治関係」はふくまない、と主張されたのである。これは、この限りでは、一応もっともな立論である。では、わたしがこれを「倭地に属する」とする論証を次にのべよう。

(a)倭地を参問するに、……周旋五千余里なる可し。
(b)郡より女王国に至る、万二千余里。
(c)（郡より……）其の北岸、狗邪韓国に到る、七千余里。

右は、いずれも倭人伝の一節であり、すでに前論文（「好太王碑の史料批判」）に並記したところ。今、この三者の間の「論理的関係」あるいは「数値的関係」をのべよう。それは当然、

七千里（帯方郡治〜狗邪韓国）プラス五千里（倭地）＝一万二千里（帯方郡治〜女王国《邪馬壱国》）〈「余里」は省略〉

となる他はない。この計算のさい、キイ・ポイントとなるテーマ、それは、

「狗邪韓国は、倭地に属する。」

という命題だ。なぜなら、もし当の狗邪韓国が倭地に非ず、「倭地」は〝対海国（対馬の一部）以南〟である、とすれば、当然、

狗邪韓国――対海国（千里）

は、「倭地」内に入らない。とすれば、全体として、

帯方郡治〜狗邪韓国（七千里）

狗邪韓国〜対海国（千里）

倭地《対海国以南》（四千里）

総計《帯方郡治〜女王国》一万二千里

とならざるをえぬ。すなわち、

倭地――五千里

とする、三国志の記載と矛盾するのである。

これに対し、「狗邪韓国は倭地に属す」の立場に立てば、「倭地」とは「狗邪韓国以南――女王国に至る――」を指すこととなるから、「倭地、五千里」の記載と矛盾することがない。

以上だ。これが決定的な証明である。

従って、氏の説明とは逆に、「狗邪韓国」の表記こそ、単なる「地理的表記」であって「政治関係」をしめすものではなかったのである。

これは、思えば、何等不思議ではない。なぜなら、中国の楽浪郡にせよ、帯方郡にせよ、いずれも地

理的には「朝鮮」なり、「韓」に属すること、当然である。しかしながら、そのことと、その朝鮮や韓地に属する両郡が中国との「政治関係」をもっていたこととは、別に矛盾しない。それが「中国側の目」であった。もちろん、楽浪・帯方郡のケースと、半島内「倭地」のケースと、歴史的由来は全く異なっているけれども、「地理関係」と「政治関係」を峻別する、そういう、クールな立場に中国側が立っていた。その事実を疑うことはできないのである。

倭人は本来、海洋民であったから、朝鮮海峡、玄界灘をはさんで、その両岸（朝鮮半島南岸と九州北岸）を、自己の住居地帯、活躍地帯としていた。それだけのことだ。あの古代ギリシャ人がエーゲ海をはさんで、両岸（トルコ西岸とギリシャ半島東岸）を、己が住居地帯、活躍地帯としていた。それと全く変わらぬ事態なのである。

これに対して、現代の「政治感情」や「領地感覚」をもちこんで、是非を論ずるとするなら、歴史学の探究者として、もっとも「忌む」べきことを〝犯し〟ていることとなるであろう。

十三

次に、氏の、もう一つの「論証」を吟味しよう。氏によれば、

①「弁辰狗邪国」が「狗邪韓国」と同一であることは疑いない。

②「弁辰狗邪国」は「倭地」ではない。

③従って「狗邪韓国」は「倭地」ではない。

右のような「三段論法」を展開された。

これに対して、わたしもまた〝純論理的〟に反論しよう。

(A)先に論証したように、「狗邪韓国は倭地である」という立場をとらない限り、「倭地、五千余里」という帰結は生じない。

(B)従って、氏の第三段の帰結たる③はあやまっている。

(C)とすれば、①か②があやまっていることとなる。

(D)もし、②が正しければ、①があやまっており、「弁辰狗邪国」と「狗邪韓国」は異なっている。すなわち「狗邪」と呼ばれる地帯に〝「弁辰」に属する部分と、属さない部分（倭地）〟との二つがある、という帰結となろう。

(E)もし、①が正しければ、②がまちがっていることとなろう。すなわち、「弁辰狗邪国」は「倭地」である。

容赦なく論理は、右のように進行する。すなわち、(D)もしくは(E)の帰結、そのいずれかをとる以外、他の道はないのである。

十四

氏は最後に、次のような、注目すべき論点をあげて、鋭い議論をしめしておられるのである。

「ここで一言しておくべきことは、古田先生はいわゆる朝鮮半島内の倭地説を提出しているものの、具体的にその名称を指摘したのは、ただ狗邪韓国一つに過ぎないという点である。」

わたしはすでに、氏の立論の非を明らかにした。韓伝冒頭の「南与倭接」という「南岸全域」問題を、

「濆盧国」という「一点」問題に〝代置〟させ、〝縮小〟することを、不可としたのである。

逆に、氏はわたしに問う。〝「南岸全域」が「倭地」なのに、なぜ、具体的には、「一点」しか書かれていないのか〟と。これは、よき問いだ。これに答えよう。

この問題を解く鍵は、「遣倭、魏使の韓地陸行」というテーマだ。

従来の論者は（日本側でも、北朝鮮、韓国側の学者でも）魏の使者（帯方郡の官僚）が倭国へおもむくさい、朝鮮半島の西岸と南岸をすべて「航路」ですすんだ、と、そのように解するのを常とした。事実、氏も、本稿において、

「《三国志》倭伝には、さらに帯方郡から倭に至る航路を記録したところがある。これによると、やはり帯方郡を発した船が、朝鮮半島の南側にある《狗邪韓国》に着いてから……（下略）」

と、当然のようにのべておられるから、中国の学界においても、これが「通説」的見解なのかもしれぬ。

しかし、この見地は全く非。これが『「邪馬台国」はなかった』以来、今に至るまで約二十年間、わたしが強調しつづけてきたテーマ、そして日本の学界が「無視」しつづけてきたテーマなのである。要点は、次のようだ。

三国志の魏志韓伝の冒頭部に

（韓地）方可四千里。

（〈韓地〉方、四千里なる可し。）

とある。従って、もし「遣倭、魏使」が舟で韓地の「西岸」と「南岸」を全航行したら、各四千里だから、計八千里。「狗邪韓国」は半島の「東南部」であっても、キッチリ「東南端」ではないから、正確には、「計八千里（弱）」となろう。

さらに、帯方郡治（ソウル近辺か）から韓地西北端まで（水行）が約千五百里くらいはあるから、それをプラスすると、「帯方郡治〜狗邪韓国」間（全水行）は、約九千五百里（弱）とならざるをえない。到底「七千余里」におさまりうるはずはないのである。これは致命的な矛盾だ。だから、いかに日本や韓国や北朝鮮や中国の、すべての学者がこぞって「全水行は通説」と呼号しようとも、それは成立不可能なのである。

では、何が真実か。それは「韓国陸行」である。

従来、次の文面、

「従郡至倭、循海岸水行、歴韓国、乍南乍東、到其北岸狗邪韓国、七千余里。」

について、次のように読まれることが常例だった（日本式訓読）。

「郡より倭に至るには、海岸に循《したが》って水行し、韓国を歴（へ）て、乍（あるい）は南し乍は東し、其の北岸狗邪韓国に到る七千余里。」（たとえば、岩波文庫本）

しかし、右の傍点部の正しい読み方は次のようだとわたしは考える。

「韓国を歴《ふ》るに、乍《たちま》ち南し乍ち東し、」

「乍……乍……」が「たちまち……たちまち」という意味、すなわち、ある動作や状態をこきざみにくりかえす、という意味の熟語形であることは、よく知られている。

「瘴瘧《しょうぎゃく》、山渓の蒸毒、人をして迷困発狂し、或は唖し、乍ち寒く、乍ち熱く、乍ち有り、乍ち無からしむ。」〈医学入門、感異気〉

「先王の道、乍ち存し乍ち亡ふ。公、卜者の言必ず信あるを責むる、亦惑ならずや。」〈史記、日者伝〉

右のようだ。従ってこの「遺倭、魏使」の行路は、韓国内を〝西北端から、東南端方向に向かって、

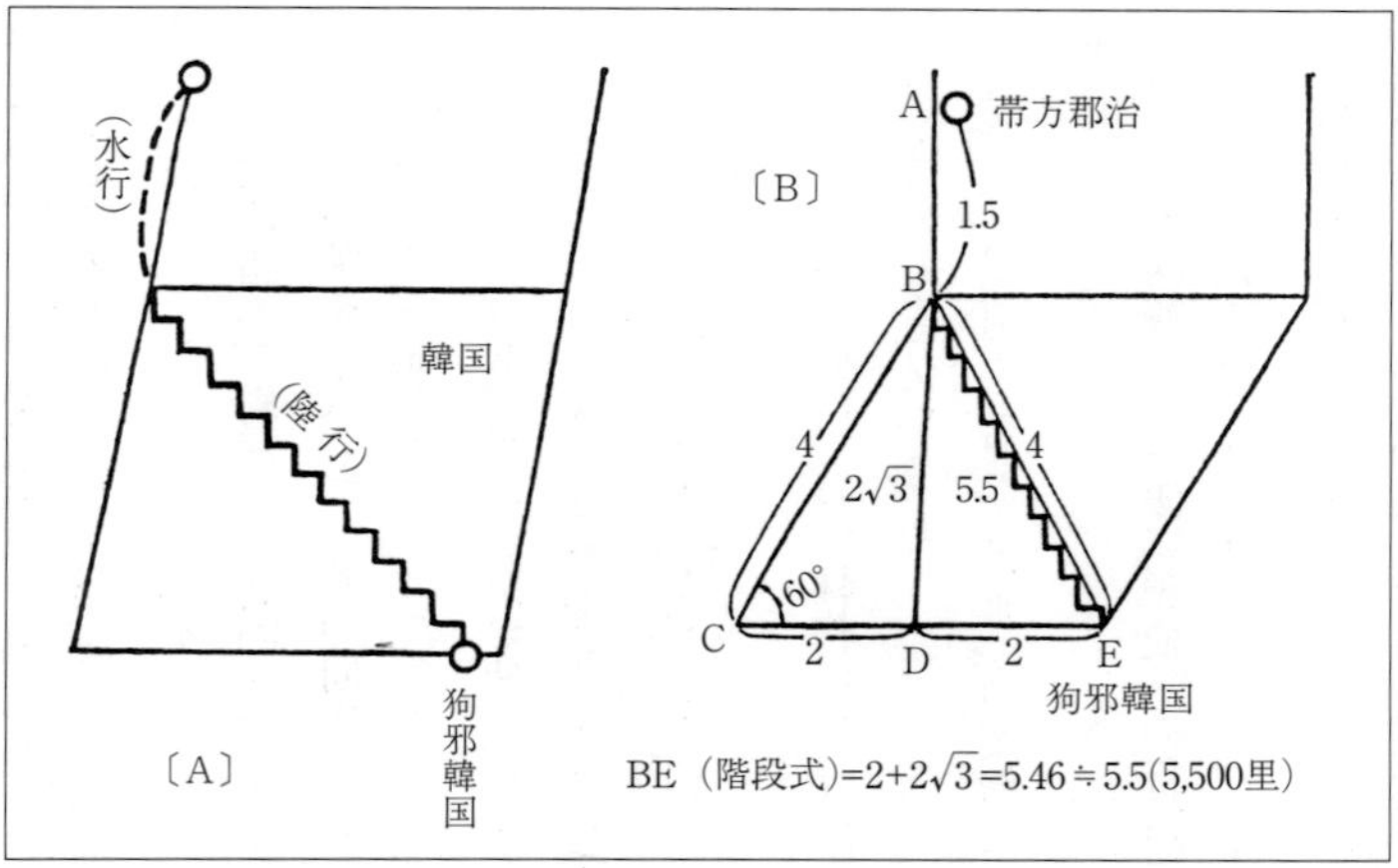

こきざみに「南行」と「東行」をくりかえしつつ進む〃ものだったのである（「地図〔A〕」参照）。

何よりも、この解読の正当性をしめすものは、次の計算である。

(i)帯方郡治〜韓国西北端〈約千五百里〉（水行）
(ii)韓国西北端〜韓国東南端近辺〈約五千五百里〉（陸行）
(iii)総計——約七千里

右の(ii)の数値については、同じく、「地図〔B〕」を参照されたい。

以上が、わたしの「韓国陸行」説だ。しかるに、この約二十年間（『「邪馬台国」はなかった』刊行以来）、くりかえしこの点に注意を求めてきたのに、日本の学界やジャーナリズム界は、〃聞く耳をもたぬ〃ふりをして、今日に至っていたのであった。

十五

この「韓国陸行」の概念なしに読むことのできないもの、それが魏志韓伝である。この点、次に詳述しよう。

三国志において、韓伝は倭人伝と共に、東夷伝に属している。その序文につぎの一節がある。

「漢氏の、張騫を遣はして西域に使いせしむるに及び、河源を窮め諸国を経歴し、遂に都護を置き、以て之を惣領せしむ。然る後、西域の事具（つぶさ）に存す。故に史官詳載するを得。（中略）長老説くに『異面の人有り、日の出づる所に近し』と。

遂に諸国を周観し、其の法俗を采るに、小大区別し、各名号有り、得て詳紀すべし。（中略）故に其の国を選次して、其の同異を列し、以て前史の未だ備えざる所に接せしむ。」

右にのべている要旨は、次のようだ。

①西域の場合も、漢の張騫が使としておもむき、実地にその諸国を経歴することによって、史官（司馬遷や班固）も、史書（史記や漢書）に詳しく西域のことを記することができるようになった。

②東方に「異面（黥面）の民」がいる、それは「日の出づる所に近い」と、長老たちは伝えてきた。倭人である。

③その倭人の地に、わが魏朝の使者は実際に到達した。そのため、途次の諸国のことを詳しく記することができるようになった。

④これは、前史（史記・漢書）の業績に呼応し、その未だ為しえなかったところを為しとげたものである。

右の③の内容が「遣倭、魏使」の行路に当る国々（韓地と倭地）のことを指していることは、いうまでもない。また、この立場から東夷伝を見るとき、その全体像のもつ意義が明確に知られよう。その諸点を列記すれば、次のようだ。

第一。全東夷伝（夫余、高句麗、東沃沮、挹婁、濊、韓、倭人）の中、「小国の詳記」が行なわれているのは、韓伝と倭人伝だけだ。これは、この二地だけが、右の「遺倭、魏使の行路」として巡歴されたか、、らである（他の五地については、従来から、十分の認識をもっていたから、ここでは〝敢えて扱われていない〟のである）。

第二。その韓地の巡歴は、先にのべたように、「階段式の韓地陸行」であった。だから、両岸（東岸、西岸）に接するような諸国は、その「巡行ルート」に入っていなかったのである。このような見地から見れば、そしてこのような見地から見たときにのみ、冒頭部でハッキリ「東西、以海為限。」と明記しながら、「諸国の具体例」中、一つとしてその実例を記さぬ、その史料事実が、〝説明できる〟のではあるまいか。

第三。問題のキイ・ポイント。それは「南、与倭接」との関連だ。これも、上に劣らず、麗々しく、明瞭に記されている。「半島の南岸部は倭地」との立場を明確に記載しているのである。先入観なく、率直に右の一句を見る人は、この四字のもつ意味を、そのように解する他はないであろう。くりかえして言う。「半島の南岸部の全領域（東西四千里）は倭地」との立場である。

しかるに、「具体的な実例」として挙げられているのは、「（弁辰）瀆盧国」ただ一つだ。これはなぜか。

これを解く、唯一のカギ。それが、「階段式の韓地陸行」という概念なのである。なぜなら、そのような「遺倭、魏使の巡行ルート」が「南岸部に、東西に展開した倭地」に到達した、その接点、それは当然ながら「一点」に他ならぬからである。その一点が「（弁辰）瀆盧国」なのであった。

念のため、もう一回、簡記する。倭地は、半島南辺に「東西」にひろがっており、「遺倭、魏使」の巡行ルートは、斜行型の「南北」行路をとった。その「接点」は、当然「一点」だった。それが、「唯一の具体例」としての「（弁辰）瀆盧国」であった。東夷伝の序文で、慎重に〝ことわって〟いる通り、実地にそこを踏み、実際にそれを見たもの、つまり「確認」したもののみを、具体的に記載したのである。恐るべき「実証」主義だ。

十六

氏の最後の指摘は、次のような興味深い地点へとすすんでいる。

「（……ただ狗邪韓国一つに過ぎないという点である。）その位置は、現在の朝鮮半島東南部の金海地方に当たる。また、ある学者の見方によると、狗邪韓国は伽倻、加羅などと呼ばれた。伽倻は金海地方を中心に六個の連盟体を形成していたが、その大部分の位置は、金海よりも北側にあり、甚だしいのは今日の慶尚北道大邱付近に位置していた。㉚

叙上の事実は、狗邪韓国（金海地方を含む）は、弁辰瀆盧国の位置とみなされる巨済島や釜山付近の東萊に比べて、あるいは狗奚国の位置と思われる全羅南道の最南端地方に比べて、顕著に北の方に位置していたことが分かる。古田先生の見方によると、韓に所属している瀆盧国や狗奚国の北方に、狗邪韓国という名前をもった倭地が存在していたということになる。従って、これは《韓……南与倭接》といった《三国志》韓伝の記載とか、《馬韓……南与倭接》《弁辰……其南亦与倭接》といった《後漢書》の記載と全く矛盾する。」

（㉚『震檀学報』三・〈七～九〉、一〇六、一三四～一三九ページ。『朝鮮簡史』延辺教育出版社、一九八六年版、五八ページ。）

右の論述の要点は、次のようだ。

①狗邪韓国は「金海地方」とされている。

また、「伽倻・加羅」などに当る、ともいう。後者の場合、「慶尚北道大邱付近」までふくむ、とされている。

②これに対し、弁辰瀆盧国は「巨済島」もしくは「釜山付近の東莱」とされている。いずれも、半島の最南端であり、その南には海（朝鮮海峡）しかない。

③従って、この「瀆盧国」の北方に、古田が「倭地」と目した「狗邪韓国」があることとなり、地理関係が矛盾している。

④結局、三国志や後漢書に記せられた「朝鮮半島内の倭地」関係記事は信憑できず、それに依拠した古田の議論は、成立しえない。

以上に現われた、氏の「方法上のあやまり」を、次に列記しよう。

第一。右の②にしめされた「瀆盧国」に関する「位置指定」は、不当である。なぜなら、この国名が「三国志に記された瀆盧国」である限り、「其瀆盧国与倭接界」という「限定つき」ないし「条件つき」のものでなければならぬ。「一個の地名」は、必ず〝複数〟ないし〝多数〟存在する。たとえば、わが国でも「ヤマト」「アスカ」「ナラ」といった発音をもつ地名は、近畿地方や九州地方をはじめ、各地に存在する。ただ「同音」ないし「類音」である、という理由によって「地名比定」を行なうことの無謀、その学問的危険性は、わが国の邪馬壹国（いわゆる「邪馬台国」）論争においても、遺憾なく、実証された。

従って、「瀆盧国」の場合も、「類音」の、あるいは「同音」の地名を〝見出し〟て、そこに「比定」

する、というやり方ではなく、あくまで三国志の韓伝のしめす「客観的条件」にかなう場所であるか否か、それがいわば〝最低の条件〟なのである。

しかるに、半島南端部の、その先には「海」しかない地点を「瀆盧国」に比定するとしたら、それは「瀆盧国めいた地名をもつ地点の中の一つ」であっても、断じて「三国志の中の瀆盧国」ではありえないのである。

思うに、その「地名比定」を行なった論者は、彼が地理学者であれ、歴史学者であれ、「朝鮮半島内に倭地なし。」という、「先入観念」に依拠しつつ、その比定を行なったのではあるまいか。そうでなければ、三国志の記載と「矛盾」することのあまりにも明白な「半島最南端」に「瀆盧国、指定」を行なうような〝所業〟は、およそ考えがたい「愚行」といわざるをえないからである。

このように考察してくると、この②の「地名比定」をもとにして、三国志や後漢書の記事を疑った、否、断固否定された、氏の「手法」が、冷静な学問的理性にもとづく学問的方法から見て、いかに失当であるか、わたしには、失礼ながら、これを疑うことができないのである。

第二。従ってもし、氏が①にしめされた「狗邪韓国」の位置が、もし正しいとしたならば、「倭地(狗邪韓国)」に接するという「(弁辰)瀆盧国」は、おそらくその「北方」ないし「西北方」において、倭地との「接点」をもっていたのではあるまいか。なぜなら、「遣倭、魏使」は、西北方から東南方向へ向かって進んできた、と思われるからである。つまり、倭地の「北の国境」ないし「西北の国境」の向こう(北・西側)に、この「(弁辰)瀆盧国」は存在したこととなろう。

第三。興味深い、しかし、従来の論者にとって慄然《りつぜん》とすべきテーマが残されている。それは、氏が①で示されたように、「狗邪韓国」が、洛東江沿いにかなり奥(大邱付近)まで〝ひろがって〟いたとすれば、とりもなおさず、論理は次の一事をさししめす。

「洛東江の沿岸地帯では、かなり奥（中流地域。大邱など）まで、『倭地』であった。」

これだ。この〝恐るべき帰結〟を、わたしが直ちに「否定」し去ることができないのは、次の理由による。

①朝鮮半島南岸部の一帯が倭地である、といっても、それはすべての地帯において、「南北幅」が一定であった、などということを意味するものではないこと、当然である。

②倭人が「海洋民族」であり、「水の部族」であった、とすれば、朝鮮半島南岸という「海岸線」のみならず、洛東江沿岸部という「川の沿岸線」に、深く入りこんで居住し、活躍していたとしても、必ずしも不思議ではない。

③朝鮮半島南岸部一帯（幅、四千里）と共に、洛東江ぞいに、かなり奥地（中流域近く）まで、九州（倭地）側と、共通のタイプの出土物が少なくないことが知られている。たとえば、黒曜石（縄文期）、たとえば、銅矛・銅戈（中広型、もしくは広型のもの。弥生期）、たとえば、装飾壁画（高霊岩刻画、慶北・高霊郡開津面良田洞。古墳期）などが、それである。あるいは、近年注目された「前方後円墳」（慶尚南道固城郡固城邑松鶴洞〈舞鶴洞〉、古墳期）に〝類同〟するものも、洛東江ぞいに、かなり存在することが報告されている。これらも、今後の研究対象となろう。

以上の状況から見ると、この「洛東江流域の倭地」問題も、今後、慎重に探究すべきテーマだ。はからずも、氏の指摘は、この重要課題を提示して下さったのである。深く感謝したい。(8)

十七

吟味は終った。その帰結は、遺憾ながら、「朝鮮半島内に倭地なし。」とする、氏の主張を全面的に否定せざるをえぬこととなった。

しかしながら、その反面、論争の収穫の、あまりにも大きく、かつ深かったことに、みずからかえりみて驚かざるをえない。これ、ひとえに、氏が率直に、明快に、正面から討論をいどんで下さったことによる。いかに感謝しても尽きぬものがある。

思うに、論争の目途とするところは、単なる「勝ち負け」ではない。賭博《とばく》の類は、いざ知らず、学問においては、その論争の途上において、いかほどの真実、その珠玉にめぐり会うたか、この一点に尽きよう。その収穫は「相互の収穫」なのである。

なお、最後にのぞんで、特筆したいことがある。それは、学問に、民族主義的感情や同種のイデオロギーは不要。否、これを断固拒否すべきことだ。これが〝からむ〟と、人間の理性は自由を失う。〝りくつはどうあっても、認めがたい〟——こうなったら、学問の自殺、否、人間の自棄以外にない。

たとえば、十一世紀、フランスのノルマンディ地方が「英国領」であったことは、周知のところ。この史的事実を指摘したから、といって、二十世紀の現在、その地帯を「英国領」となすべし、などと主張する、英国の史家があろうか。あれば、至愚・至狂の人にすぎぬ。

同じく、わが日本列島中、朝鮮半島より「渡来」して居住し、活躍し、日本列島の文明に多大の寄与をなした人々のあったこと、またその住地も、各処に知られている（たとえば、埼玉県入間郡日高町、高麗《こま》神社)。

これらの、疑いがたい史的事実を指摘したからといって、その地帯を「北朝鮮領」ないし「韓国領」とすべし、などと、二十世紀の現在、主張する、半島側の史家があるだろうか。わたしは一人として、それを知らない。

それが当然だ。この点、かつて「任那日本府」などの存在を「口実」とし、大日本帝国の「朝鮮支配」を〝正当化〟しようとした、至愚にして至狂の人々が、わが国にいたことを、わたしは知っている。心から恥ずかしく思う。それ以上に、心から憎む。

このような「至愚・至狂」主義からの脱皮、解放、それこそが、人間の学問の果たすべき、根本の使命であることを、わたしは深く信ずる者であることを告白し、本稿の筆をおかせていただきたい、と思う。

なお、末尾ながら、朴ジンソク氏の、ハングルによる貴重な論文を、正確な日本語に翻訳して下さった田中明氏(拓殖大学海外事情研究所教授)の御好意に厚く感謝したい。これなくして、本稿は到底成立しえなかったのであるから。

註

(1)　安本美典氏の一連の著作(『邪馬壱国はなかった』『古代九州王朝はなかった』新人物往来社刊、等)や論文(雑誌『季刊邪馬台国』各号等所載)や最近の家永三郎氏との論争『聖徳太子論争〈家永三郎、対古田武彦〉』(東京、新泉社刊)などを除く。

(2)　もちろん、中国の古典(四書・五経の類や史記・漢書)では、「我・吾」の用法は、この好太王碑と同じではない。たとえば、同一人で「吾・我・予」等を混用すること、第一権力者（天子等）以外でも、この語が用いられていること、また、第一権力者が「朕」という第一人称の用字を「特定」する（秦の始皇帝）などの事例が見られる。好太王碑は、当然ながら「始皇帝以後」であるけれど、この「朕」という自称（第一人称）を〝避け〟ている点、注目されよう。

（3）本稿では、好太王碑、三国志といった「同時代史料」を、その分析対象とした。これに対し、朝鮮半島側の諸家が「歴史教養」の基礎としておられるのは『三国史記』『三国遺事』という「後代史書」である。この場合、研究の出発点は、当然ながら、前者（「同時代史料」）であって、後者（「後代史書」）ではない。後者の場合、「新羅本紀」「高句麗本紀」「百済本紀」という「三国」の歴史を分立する体裁をとったため、そこに「倭地」など存在せぬこと自明。——そのように信ずる史家、一般読者（半島側）が多いようである。朴ジンソク氏も、同じ立場に立っておられるようである。

「『三国史記』新羅本紀により初歩的な統計をとってみると、紀元前五〇年から紀元三九九年、新羅が高句麗へ使臣を派遣して『倭人満其国境』だといった以前まで、具体的に三九三年までの間に、倭が新羅を侵略したのは、総計一六回に達する。そのうち一二回は、いずれも新羅の辺境地帯か、沿海州付近の場に侵入して略奪行為をしてから逃走したもので、残りの四回は新羅の首都・金城にまで攻め込んで包囲攻撃したが、結局は新羅軍民の勇敢な闘争によって、全部撃退されたのだった。『三国史記』新羅本紀には、その後も倭が何度か新羅に侵略した事実があったことを記録している。だが、長い歴史の流れのなかで、たとえ倭が何度か新羅を侵略したとはいえ、ただの一度も、新羅を征服してそこに倭地を設けたことはなかったということを、（それらの記録は）示している。」

右のようであるが、このような氏の判断は、『三国史記』という「後代史書」の中の、「史料事実」に即してみても、遺憾ながら、妥当していないのである。この点、わたしはすでに詳述したことがあるけれど（古田『古代は輝いていた』第二巻、朝日新聞社刊、朝日文庫）、その要点を次にのべよう。

『三国史記』の新羅本紀中、次の用例が出現している。

①（奈解尼師今十三年〈二〇八〉）夏四月、倭人、境を犯す。伊伐湌利音を遣わし、兵を将《ひき》いて之を拒ましむ。

②（慈悲麻立干六年〈四六三〉）春二月、倭人、歃良城を侵す。克たずして去る。王、伐智・徳智に命じ、領兵、路に伏候し、要撃して大いに之を敗る。王、倭人の屢《しばしば》彊場《きょうえき》を犯すを以て、辺に縁《よ》りて二城を築く。

右の①の「境」という表現は、端的に「新羅と倭国との間」に、「国境」の存在したことを〝前提〟としている。たとえば、

（儒理尼師今十三年〈三六〉）秋八月、楽浪、北辺を犯し、攻めて朶山《たさん》城を陥す。

とあることによって、「楽浪郡」と「新羅」との間に「国境」があり、「国境紛争」の存在したことが分かるのと、同一である。これも、「新羅本紀」「高句麗本紀」「百済本紀」という、史書全体の体裁（建て前）からは、「楽浪郡」という「巨大地域」は、あたかも〝存在しなかった〟かのように扱われている。「倭地」の場合も、これと同一である。

倭人の場合も、「来りて東辺を侵す。」（訥祇麻立干十五年〈四三一〉）に対し、一般にはむしろ「倭人、辺を犯す。」（炤知麻立干八年〈四八六〉、同十九年〈四九七〉等）といった形が一般的である。この「辺」は「東辺」とは異なり、西側における「新羅と倭国との国境」をしめす。——この当然の「前提」に対して、「正史」の〝体裁〟にとらわれ、それを「色眼鏡」とした、後代の史家・読者は、〝気づかず〟にきたのではあるまいか。

その点、もっとも鮮明な証拠は、②の「彊場」の二字である。これは、「一国と隣国との間の国境」を指し、しかもそれが、〝破るべからざる、神聖な境界線〟であることをしめす、重々しい表現だ（『左氏』恒、十七。『管子』小匡、等に出現）。この東アジアの古典を背景とした、特殊な術語を使用して、「新羅と倭国と、この二国の間」には、「神聖不可侵の国境」が存在することを記録した、これが②の文の眼目である。

これほどの史料事実がありながら、氏の、右のような「判断」が、なぜ成立しえたのか、わたしは奇異とせ

ざるをえない。一定の「先入観」をもつと、〝あるものも、見えなくなる〟、その一例でなければ、幸いである。やはり、「後代史書」の記述もまた、「同時代史料」のしめすところを、〝裏切って〟は、いなかったのである（同じく、「後代史料」である、わが国の『古事記』『日本書紀』に対する史料批判に関しては、右の著述、第二、第三巻、参照）。

(4) この点、千歳竜彦氏の御教示による。

(5) 一九七一年、朝日新聞社刊。のち、角川文庫所収。

(6) この本では、「帯方郡治〜女王国」間の総里程（一万二千余里）が、各部分里程の総和と一致すべきこと、この原則に立つ女王国（邪馬壱国）の位置指示（博多湾岸とその周辺）が行なわれた。「対海国」「一大国」の各半周（八百里と六百里）が従来の、計算に入れられていなかったことの指摘を基本とする。

また、韓伝、倭人伝内の「里程」が、漢代の里単位（約五三五メートル）ではなく、魏・西晋朝の里単位（約七七〜七八メートル）にもとづくこと、それは三国志全体に一貫する里単位であることを詳論した。なお、このテーマは、その後、十数回の論文を重ねた（『古代は沈黙せず』〈駸々堂刊〉に目録掲載）。

(7) 前記の「魏・西晋朝短里」による。

(8) なお、朴ジンソク氏は、好太王碑文中の「新羅使臣」の言葉の末尾で「以奴客為民」とある一句をもとに、〝（一時期たりとも）倭人側が新羅を帰服させ、『倭地』とした〟という類の主張をなす論者があれば、それは不可である旨、種々論弁しておられる。この点は、「古田の主張」として扱っておられるものではないから、本文では省略したが、この点についての、わたしの見解を、簡明に列記させていただく。

①高句麗側は、新羅をもって「旧是属民」（第一面八行）である、と見なしている。また新羅側も、好太王に対して「帰王請命」（「新羅使臣」の言の最末尾）とのべている。すなわち、少なくとも、この時点（好太王の頃）において、「高句麗（主）——新羅（従）」の服属関係は「安定」している。

②一方、高句麗側が「北朝系」（中国）の大義名分論に立ったのに対し、倭国側は「南朝系」（中国）の大義名分論に立ち、両者、相対抗していた。

③新羅は、右の高句麗側の立場に与し、倭国側のそれを非とした。そして倭国側の企図（新羅を倭国の下に従属させる）の現われとして、新羅と倭国との「国境侵犯」問題をとらえ、それを「以奴客為民」べき非法、暴行として、好太王に訴えたもの、と思われる。

④右の倭国側の「企図」を、より客観的に表現したもの、それが宋書倭国伝に現われた、倭の五王（九州王朝の歴代の君主。筑紫の君）による「六国諸軍事」の称号である。その中には、必ず「新羅」が入っている。中国（宋）側は、その中に「百済」を入れることには、絶えず反対し、これを拒否したけれども、「新羅」に関しては、終始、これを容認している。好太王碑に現われた、新羅側の憂慮が必ずしも「杞憂」ではなかったことを、裏づけるものであろう（この点の詳細に関しては、『古代は輝いていた』全三巻を参照されたい）。

■資料論文■

いわゆる朝鮮半島内の倭地説について――古田武彦氏と討論する

（朝鮮学国際学術討論会論文〈邦訳・田中明氏〉）

中国　延辺大学　朴　ジンソク

回第二刷における加筆・訂正は三三〇～三三一頁参照（〈駸々堂出版〉編集部記）

最近、日本人学者・古田武彦先生（氏）は《好太王碑の史料批判――共和国（北朝鮮）と中国の学者に問う》という論文を発表した。彼はこの論文で好太王碑文に出てくる倭が、北九州一帯の海賊だったと見る見方を批判するとともに、それが大和朝廷、あるいは大和朝廷の連合政権から派遣されたものだったと主張する日本歴史学会の従来の伝統的な見方も否定した。彼は紀元三～五世紀ごろの倭は、間違いなく北九州一帯にあった王朝であると主張した。筆者はこうした観点から啓発を受けた。

古田先生はまたこの論文で、およそ紀元三～五世紀ごろ、朝鮮半島内に《倭地》が存在していたという見方をも提起した。筆者はこのような見方には同意しない。以下、大きく二つに分けて、私の見方を提出することにより、古田先生および歴史学会の諸学者とともに討論しようと思う。

一、好太王碑文の《倭人満其国境》について

好太王碑文の第一《ママ》面にはつぎのように記載されている。

《九年己亥百残違誓与倭和通王巡下平穣而新羅遣使白王云倭人満其国境潰破城池以奴客為民帰王請命……》①

これにたいして古田先生は、自己の論文の第三節で《〈其の国境〉問題》という題目のもと、つぎのように記している。

《王（好太王）が平壌へ行幸した。すると新羅が使臣を派遣して、王に申し上げるには〈倭人がその国境に満ち

溢れ、城を破壊し、奴客を民としております。それで王のもとに参じ、救援をお願いする次第です。〉と》彼はここに出てくる《その》(其)という代名詞が何を指しているかを反問していう。《直接法の文体の冒頭部分であるから、これ以前には〈倭〉もしくは〈倭人〉しか、名詞がない。原文は〈倭人満其国境……〉となっている。従って〈その国境〉とは、〈倭の国境〉と解釈する他、道はない。》と。

古田先生はまた、国境とは一国だけでは成立せず、二国間において成立する概念だといい、もう一方の国について、つぎのように書いている。《上の文章は新羅の使臣の口上であるから〈新羅と倭との国境〉問題と解する他はないであろう。》と。

さらに彼は、国境を持っている海賊という概念は存在しえないから、碑文に出てくる《倭》は海賊ではありえず《倭国》だといっている。同時に彼は《〈倭と新羅の国境〉、それは当然、朝鮮半島内になければならぬ。とすれば、そこに〈倭地〉なくして、上の文面は成立しえないであろう。》と。②

これが古田先生の提出した、いわゆる朝鮮半島内倭地説の出発点であり基礎である。古田先生のこうした見方は、科学的な根拠に欠け、多くの矛盾を含んでいる。以下、三方面に分けて、筆者の見方を提出すれば、つぎの通りである。

(1)われわれの注意を引くのは、古田先生が碑文に記載された新羅使臣の言葉が《直接法の文体》になっていると主張し、その言葉のなかに出てくる《倭人満其国境》の《其》が倭を指すと主張している事実である。

筆者は古田先生が提起した《直接法の文体》とは、すなわち高句麗の知識人たちが好太王碑文を作製するとき、新羅使臣の言葉にいささかの主観も加えず、本来の形通り、つまりその原語で引用したということを指すものと考える。③もし筆者の判断が間違っていないならば、新羅使臣と彼の言葉のなかに出てくる《其》との間に、文法上、解決できない矛盾に逢着する。なぜなら、ここでの《其》は、はっきりと第三人称代名詞として第三者を指すのに用いられているからである。④ある人が自分の言葉のなかで自分について語るとき(新羅使臣の言葉は新羅自身についていったものである)《其》と描写することはできないのである。むしろ、ここでは《吾》または《我》など一人称代名詞が用いられるべきであろう。

もし、古田先生の見方通り、《其》の前には名詞として倭人しかないから、《其》はひたすら倭を指さねばならず、従って《其国境》は《(倭) 国境》とならねばならぬと仮定するなら、それはただちに碑文の上下関係で大変な矛盾に陥ることになる。上述したところから分かるように、古田先生は新羅使臣の言葉のなかの《其》について説明するとき《原文は〈倭人満其国境……〉となっている。》といって、あとの部分を省略してしまった。こうすれば、その矛盾がよく表われないことになる。だが、実際の新羅使臣の言葉はこれにとどまるものではなく、そのあとに《潰破城池、以奴客為民、帰王請命》までつづいているのである。このように彼の言葉を全部書いてみると、そのなかの矛盾が非常によく見えてくる。筆者はまず幾つかの単語を解釈する必要があると思う。《潰破城池》は、その文字が示しているように、城を破壊するという意味だ。《奴客》は新羅使臣が好太王の前で自国の王のことを、へり下っていった言葉だ。これにたいして古田先生も、決して違った解釈はしていない。《帰王》の《王》は、上述した古田先生の解釈でも分かるように、好太王を指す。いま古田先生の見方に従って、碑文に現われた新羅使臣の言葉を記せば、つぎのようになる。

《倭人満 (倭) 国境、潰破城池、以 (新羅王) 為民、帰 (好太王) 請命。》

これは新羅使臣が平壌に行き、そこに行幸中だった好太王に言上するのに、倭人が自分の国である倭の国境に満ち溢れ、城を破壊し、わが新羅王を彼らの民としたから、好太王が来て助けて下さるようお願いします、ということになる。ここには明らかに、つぎのような二つの大きな矛盾が存在する。

第一。倭人たちが自分の国である倭の国境内で彼ら自身の城を破壊したこと、これが第一の大きな矛盾である。何か具体的な原因が明らかにならない限り、これは誰にも受け入れられないであろう。

第二。倭と新羅は、ふたつの互いに異なる独立国家である。にもかかわらず、倭人が自分の国の国境内で、自分たち自身の城を破壊すると、それがなんと他国である新羅の王を彼らの民とする結果をもたらした。そして新羅は高句麗にわざわざ使臣を派遣し、救援を要請しなければならないという現象が生じている。これが第二の大きな矛盾である。実際、一般的な状況からは想像もできないことだ。上述した事実は、全部合わせても一九字にしかならぬ新羅使臣の言葉から生じる矛盾である。

古田先生の見方によると、碑文の永楽十年庚子条との間にも矛盾が生じる。それは碑文の第二面に出てくるつぎのような記載からよく証明される。

《十年庚子教遣歩騎五万、往救新羅、従男居城至新羅城、倭満其中、官軍方至、倭賊退。⑤》

永楽十年（紀元四〇〇年）に高句麗が五万の大軍を派遣して新羅を救援したのは、その前年（永楽九年）に、新羅使臣と高句麗好太王が平壌ですでに約束した計画にそって行なわれたものだ。ところで、ここでわれわれの注意を引くのは、高句麗軍が新羅の《男居城から新羅城に至ると、そこに倭人がいっぱいいた》という事実である。われわれがもし永楽九年条の《倭人満其国境》を、倭人が新羅国境に満ち溢れていたと解釈するなら、両者の間には矛盾がなくなり、むしろ一致する。しかし、もし古田先生の見方に従って、永楽九年条の《倭人満其国境》を《倭人満（倭）国境》と解釈するなら、これら両者の間にはなんら必然的な連係も生ぜず、むしろ矛盾することになる。

(2)古田先生は自己の論文の注解（35）で好太王碑文のなかのいわゆる《直接法の文体》と関連する四件の実例を紹介することによって、自己の見方が正確であることをさらに証明しようと試みている。彼が例に挙げた四つの引用文は、つぎの通りである。⑥

①王（鄒牟王）、臨津言曰：《我是天《マ》帝《マ》之子、……》（第一面　二行）

②百残王困逼献出男女生口一千人、細布千匹、帰王（好太王）自誓：《従今以後、永為奴客》（第二面　四行）

③王、巡下平穣。而新羅、遣使白王云：《倭人満其国境、潰破城池、以奴客為民。帰王請命》（第二面　七行）

④国岡上広開土境好太王存時、教言：《祖王・先王、但教取遠近旧民、守墓・洒掃。吾慮旧民転当羸劣、……》

（第四面　五〜六行）

古田先生はつづいてつぎのように書いている。

《右のように、①②④とも見事な〈直接法の引用文〉だ。しかるに、論者が自分の立論の都合のために、③だけは〈直接法の引用文ととりたくない〉などというとしたら、文章を理解するうえで邪道だといえるのではなか

ろうか。⑦》

筆者は右に列挙した①②④が《直接法の文体》になっているという古田先生の見方に同意する。だが、③も《直接法の文体》にならなければならない、というのにたいしては同意しない。なぜなら、①②④と③との間には、はっきりとした違いが存在するからである。左にこれらの間に存在する相違点を図表として示せば、つぎのようになる。

①②④と③との間に存在する違い

	引用された人の身分	引用された人の言葉と碑文の関係	碑文の記載
①	王（鄒牟王）	王の言葉〜碑文	王臨津言曰《我是皇天之子……》
②	王（百済王）	王の言葉〜碑文	百残王……自誓《従今以後永為奴客》
③	新羅使臣	新羅使臣の言葉〜好太王〜碑文	新羅遣使白王云《倭人満其国境……》
④	王（好太王）	王の言葉〜碑文	王存時、教言《祖王・先王、但教取遠近旧民、守墓・洒掃……》

右の図表から分かるように、①②④で碑文に引用された人の身分は、すべて国家の最高統治者としての王である。しかし、③の場合には比較的身分が低い、国家官吏としての新羅使臣に過ぎない。引用された人の言葉と碑文の関係について見るとき、碑文の作者を除外すれば、①②④はすべて王が直接語ったもので、碑文に原語がそのまま出ていることは明らかである。しかし、③の場合は違う。ここでは新羅使臣が高句麗の好太王に語ったことを、さらに碑文に移したものとなっている。ここでは碑文の作者を除外しても、もうひとつの中間段階——好太王を経るようになっている。従って、碑文は新羅使臣の原語だとはいい難い。

このように、①②④と③の間には、明らかに相違点が存在する。だから③も必ず①②④と同様に、いわゆる《直接法の文体》として処理しなければならないと主張した古田先生の見方は、事実にそぐわない。

以下に③の内容についてもう少し詳細に考察してみることにする。たとえば碑文に《新羅遣使云〈倭人其国境〉》として記載されているとすれば、それは古田先生が主張するように、碑文のその他の内容、①②④と同様になるものである。すなわち《云》以下の《倭人満其国境……帰王請命》は、いわゆる《直接法の文体》により、新羅使臣の《原語》とならなければならず、三人称としての《其》は新羅を指すのでなくて、《倭》を指すことになるので、《倭人満（倭）国境》と解釈できる。だが、碑文はそうはなっておらず、むしろ《新羅遣使白王云倭人満其国境……帰王請命》となっている。すなわち《新羅遣使》と《云》との間に《白王》という二字が加わっているのである。⑧

ここの《白》とは動詞で、《下の者が上の人に知らせたり、陳述する》という意味である。たとえば柳宗元の《童区寄伝》に出てくる《虚吏白州、州白大府》の《白》が、すべて動詞で、虚吏が主掌官に知らせ、さらに主掌官が上級者に知らせたという意味に解釈されるのと同じである。⑨ ここに出てくる《王》は好太王を指し、《云》は話すという意味になる。また《云》には《自分で語る》という意味と《他人の言葉を引用して語る》という二つの意味を両方とも持っている。⑩ いま《新羅、遣使白王云〈倭人満其国境〉》を朝鮮語に翻訳すると、つぎのようになる。

《新羅が使臣を高句麗に派遣し、好太王に知らせて（あるいは陳述して）いわく〈倭人がその国境に満ち溢れている〉》

これはすでに右で言及したように、新羅使臣がいった言葉が直接碑文に表わされたものではない。それはむしろ高句麗の好太王を経由（新羅使臣〜好太王〜碑文）して碑文に表されたものである。

この場合、新羅使臣がいった言葉が原語通りに碑文に表されることは、一般的な状況では不可能である。あまつさえ《白王云》で示されているように、新羅使臣は好太王に手紙を渡したのではなく、口頭で状況を知らせた。だから、碑文に原語で表されることは、一層むずかしい。さらに、新羅の使臣は一官吏であって、王のように高い身分を持った者でもない。だから碑文の作者たちは、必ずしも彼のいった言葉通りに碑文を書かなければならない必要性など、それほど思わなかったであろう。

上述のような事実によって、筆者は、高句麗の知識人たちが、好太王碑文に新羅使臣の言葉を引用するとき、彼のいった通りに書き入れたのではなく、むしろ彼が好太王に陳述したことの内容を自分らの言葉に代えて、碑文に書き込んだものと思う。ここにはもちろん、碑文の作者たちの立場が反映する。この場合、碑文の作者の立場からみると、新羅使臣は第三者になるから、彼の言葉のなかにある《其》（第三人称代名詞）との間になんの矛盾も生じない。従って《云》以下の《倭人満其国境……》は、碑文の上下関係を含めたさまざまな角度から見て《倭人満（倭）国境》となるのではなく、むしろ《倭人満（新羅）国境》とならなければならない。これはいわゆる《朝鮮半島内の倭地説》が存在しうる大前提が喪失したということを物語る。

(3)つぎの《其》が新羅を指すものとし、碑文のこの段階を記せば、つぎのようになる。

《新羅遣使白王云（倭人満（新羅）国境、潰破城池、以奴客為民、帰王請命）》

これで新羅使臣の言葉に出てくる《其》が正確に解釈されたものとなり、従って、この言葉の上下関係にも矛盾は生じない、ということを示している。しかし、この場合、人によっては、新羅使臣の言葉に出てくる《以奴客為民》に注意を向け、倭が新羅に攻め入り、城を破壊したのみならず、とくに《奴客》すなわち新羅王を彼らの民としたのだから、結局、新羅は倭地に変じたのではないかと、疑いを抱く人がある。これはもちろん、本文と直接的な関係のある問題ではない。しかし、筆者はこれについても自分の見方を表明する必要があると考える。

まず指摘すべきことは、ここに出てくる《以奴客為民》をどう解釈するかについて、歴史学界ではまだ統一された見解ができていない、という事実である。筆者が了解するところでは、主に二つの異なった見方がある。第一は、倭人が新羅王を彼らの民とした、と解釈する見方で、第二は《新羅王である私＝奴客は高句麗王であるあなたの民になっているから》と解釈する見方である。⑪この二つの異なる見方は、ともに一長一短であり、今後つづけて深く研究すべき問題である。だが、もし第一の見方が正確だと仮定（第二の見方はいうに及ばない）しても、古田先生が主張するように、朝鮮半島内に倭地があったということを、証明することはできない。その理由は、およそつぎの通りである。

①好太王碑文の永楽九年条によれば、新羅が高句麗に使臣を派遣し救援を請う以前、すでに《百残違誓、与倭和通、王巡下平穰》等の内容が記載されている。[12] まずこれについて簡単に考察することにする。

紀元四世紀後半以来、朝鮮半島をめぐって一方に高句麗と新羅、他方に百済と倭という二つの政治集団が漸次形成され、覇権争奪のための闘争が日ましに激化した。もちろん、この闘争では高句麗と百済との矛盾が主要矛盾であり、高句麗の南進を阻む障害が百済だった。[13] こうした状況で永楽六年（三九六年）に至り、好太王はついに大軍をみずから率いて百済を集中的に攻撃した。苦境に陥った百済王は好太王に屈服し、今後永遠に彼の奴客になると《みずから誓った》（自誓）。このとき、それまでに結んでいた百済と倭の同盟も壊れたであろうことは、いうまでもない。上述した《百残違誓》は、いうまでもなく三九六年に百済王が好太王に向かって《みずから誓った》ことに違反したことを指す。《与倭和通》はこのとき壊れた倭との同盟関係をまた回復したことを意味する。いまもし《以奴客為民》を、倭が新羅王を彼らの民とした、と解釈するならば、つぎのような事件が比較的短い時間内にいっぺんに現われたということになる。それらは、百済王が高句麗好太王に《みずから誓った》約束（三九六年のこと）に違反したこと、百済が倭との同盟関係をふたたび回復したこと、変化した情勢に対応するため高句麗好太王が平壌に行幸したこと、倭が朝鮮半島に渡って来て、さらに新羅国境地帯に進駐し満ち溢れるほどになったこと、百済の後援を得た倭が、ついに新羅を征服し新羅王を彼らの民にしたこと、新羅が高句麗に使臣を派遣し救援を請うたこと等々だ。これらは皆好太王碑文の永楽九年条に記載されており、それは一年にもならぬ間、甚だしくは数カ月の間に起こったこととなっている。ちなみに《三国史記》によると、そのなかの一部事件、たとえば《百残違誓》などは、三九九年以前の時期、すなわち三九七年か、あるいは三九八年に発生したものと見られる。[14] だとしても《百残違誓》から《新羅遣使》までは二年ぐらいしかない。科学技術の発達していない古代社会の条件下で、また強大な高句麗勢力が朝鮮半島南部にまで浸透している環境のなかで、このように多くのことが、これほど短い時間内に実現したということは、一般的な状況から想像しがたい。

②好太王碑文によれば、永楽九年（紀元三九九年）に新羅は、重大な危機に処してはいたものの、いぜん倭との闘争をやり抜いていた。新羅が高句麗に使臣を派遣し救援を請うたという碑文の記載が、これを証明してくれる。

その後、永楽十年（紀元四〇〇年）に至って、高句麗はその前年の約束に従い、五万の大軍を新羅に派遣して新羅人を助け、そこに侵入した倭軍をことごとく追い払った。こうして新羅は一時の重大な危機から脱し、その独立と安全も完全に保障された。

それから十余年過ぎた紀元四一四年に至り、高句麗の長寿王は父である好太王の功績を記して後世に長く伝えるため、好太王碑を建てた。碑文を作った高句麗の知識人たちが、わずか十余年しか経っていないあのころ（三九九年と四〇〇年）に発生した高句麗、新羅、倭の間にあったことを、よく知っていたであろうことはいささかも疑う余地がない。従って筆者には碑文の作者たちが、上述したような実際の事実を無視し、倭人が新羅を征服して新羅王を彼らの民にした、と碑文に書き入れただろうとは思われない。また、これは好太王の功績を記して後世に伝えようとした長寿王の建碑目的にもそぐわない。

③《三国史記》新羅本記により初歩的な統計をとってみると、紀元前五〇年から紀元三九九年、新羅が高句麗へ使臣を派遣して《倭人満其国境》だといった以前まで、具体的に三九三年までの間に、倭が新羅を侵略したのは、総計一六回に達する。そのうち一二回は、いずれも新羅の辺境地帯か、沿海付近の島に侵入して略奪行為をしてから逃走したもので、残りの四回は新羅の首都・金城にまで攻め込んで包囲攻撃したが、結局は新羅軍民の勇敢な闘争によって、全部撃退されたのだった。《三国史記》新羅本記には、その後も倭が何度か新羅に侵略した事実があったことを記録している。だが、長い歴史の流れのなかで、たとえ倭が何度か新羅を侵略したとはいえ、ただの一度も、新羅を征服してそこに倭地を設けたことはなかったということを、（それらの記録は）示している。

上述したすべての事実は、もし碑文の《以奴客為民》を、倭人が新羅王を彼らの民としたと解釈するとしても、それは決して事実でなかったと認められる。それはむしろ新羅使臣が高句麗の好太王にもっと新羅を重視させて、その援助をさらに多く勝ち取るため、事実を大げさに語ったり、あるいは碑文の作者たちが紀元四〇〇年にあった高句麗軍の出動を合理化し、好太王の功績をより大きく表現するために、事実を拡大して碑文に書き入れた、と見る方が一層妥当であろう。

二、《三国志》東夷伝といわゆる《朝鮮半島内の倭地》問題

古田先生は自己の論文で《〈朝鮮半島内の倭地〉この概念は、好太王碑文においてはじめて出現した命題ではない》といい、それはむしろ、それから《一世紀有余を遡る、紀元三世紀に書かれた三国志の東夷伝中にくりかえしのべられている》といっている。そうして彼は《三国志》の関連記事《韓在帯方之南、東西以海為限、南与倭接。（弁辰）其瀆盧国、与倭接界。（従郡至倭）……到其北岸狗邪韓国》等を挙げ、自己の見方の正しさを証明しようと試みた。終わりに彼は《以上によって、三国志の東夷伝に対し、先入観なく率直に理解する限り、〈朝鮮半島内に倭地あり〉の立場を前提にしていることを承認せざるをえない》といっている。⑮

筆者は《三国志》東夷伝によって、朝鮮半島内に倭地があったということを証明した古田先生の見方に同意しない。つぎに大きく四つの方面に分けて、その根拠を述べることにする。

(1)筆者はまず、《三国志》東夷伝は朝鮮半島内に倭地があったということを前提にしていなかったと考える。それは《三国志》倭伝でちゃんと証明されており、そこではつぎのように書かれている。

《倭人在帯方東南大海之中、依山島為国邑。⑯》

これは《三国志》の編者・陳寿が《倭伝》を書きつつ、まずその位置と自然環境をはっきりさせておいたもので、重要な意味を持っている。これによると、倭は大陸とか半島に位置している国なのではなく、帯方（今日の朝鮮黄海道地方）の東南方の海中にある一島国だったということが分かる。《三国志》倭伝には、さらに帯方郡から倭に至る航路を記録したところがある。これによると、やはり帯方郡を発した船が、朝鮮半島の南側にある《狗邪韓国》に着いてから《始渡一海千余里》したのち、初めて倭の対馬国（現在の日本の対馬島）に至ると指摘している。⑰上述のような事実は《三国志》東夷伝が《〈朝鮮半島内に倭地がある〉という立場を前提にしている》という古田先生の見方は事実に符合しないということを、よく証明している。

そのほか《三国志》によれば、紀元五世紀前半に新羅の朴堤上が訥祇王の命を受けて倭に行き、すでに倭へ人質として行っていた奈勿王の息子・未斯欣を連れて来るのに成功した。そのとき朴堤上は舟に乗り海を渡って倭に行

ったし、あとで未斯欣を舟に乗せて新羅に送り戻した。倭人も未斯欣の逃亡に気づいた後には、これまた舟で追撃したが、及ばなかったのである。[18] このことは、紀元五世紀前半の倭が、決して朝鮮半島内に陸つづきでいたのではなく、逆にその間には海が一つ横たわっていたということを示している。紀元三世紀の倭と、五世紀前半の倭が、同じ一つの倭だったろうことは、疑いようがない。

紀元三〜五世紀の倭とか、あるいは《三国志》東夷伝に出てくる倭は、紛うことなくすべて海のなかにある島国だった。これは《三国志》韓伝に出てくる《韓……南与倭接》を正確に理解するに当たっての大前提であり基礎である。つぎに古田先生が提出した具体的な根拠について考察してみることにする。

(2)《韓在帯方之南、東西以海為限、南与倭接》について

これについて古田先生は《朝鮮半島の南岸部が〈倭地〉に属していたことを示している》と指摘した。[19]

だが、このような見方は《三国志》韓伝の内容に符合しない。

《三国志》は韓について《韓……有三種、一日…馬韓、二日…辰韓、三日…弁韓》[20] と記してから、それらについて、それぞれ具体的な説明を進めている。ここでわれわれの目を引くのは、それらの位置を説明するさい、馬韓と辰韓については《南与倭接》という記載がないという事実である。すなわち、馬韓については、ただ《馬韓在西》といい、辰韓については《辰韓在馬韓之東》といっているだけだ。《三国志》韓伝は弁辰条で初めて《其瀆盧国、与倭接界》といっている。このことから《三国志》韓伝で《韓……南与倭接》といっているのは、主に韓の一所属部分としての弁辰瀆盧国についていいえる、ということが分かる。しかし、《後漢書》は少々違う。もちろん、《後漢書》も《三国志》同様、韓は馬韓、辰韓、弁辰（《三国志》では弁韓といっている）の三種に分れていることを指摘している。だが、それらの位置を記すとき、《三国志》よりもう少し詳しく記載している。それによると、馬韓と弁辰はともに南側で倭と接しているといい、ただ辰韓についてのみ、そうした記載がない。

《韓有三種、一日馬韓、二日辰韓、三日弁辰、馬韓在西、有五十四国、其北与楽浪、南与倭接。辰韓在東、十有二国、其北与濊貊接。弁辰在辰韓之南、亦十有二国、其南亦与倭接。[21]》

上述したような状況は、韓が南方で倭と接している（韓……南与倭接）といった《三国志》の記載を理解するに当たって、弁辰瀆盧国についてだけでなく、なお馬韓と弁辰の南方をひとしく考察すべき必要を思わしめる。

馬韓には、総五十余個の大小の《小国》が、今日の朝鮮半島西南部に散在していた。ある人は、この五十余個の《小国》のうち、約四〇個の《小国》の位置を考証したことがある。それによれば、馬韓の《小国》は、だいたい今日の朝鮮半島の漢江中下流域から南の京畿道、忠清南北道と全羅南北道等に分布していた。とくにわれわれの注意を引くのは、そのなかの《狗奚》のような《小国》は、全羅南道の最南端に位置していたという事実である[22]。これは《三国志》に韓が南方で倭と接しているといった記事が、朝鮮半島西南部では決して陸地ではありえないことを証明してくれる。

つぎに弁韓に所属した《小国》の位置を考察することにする。ところで、弁韓と辰韓は互いに区別しにくい。《後漢書》は《弁韓は辰韓と入り雑っている》（弁韓与辰韓雑居）といっている。また《三国志》韓伝は《弁韓》と呼んだり、弁韓と辰韓を一つに併せて《弁辰》と呼んだりしている。《三国志》はまた《弁辰韓は合わせて二四国》（弁辰韓合二十四国）といい、各《小国》の名称を全部列挙（二個の《小国》の名称が重複しているので、実際は二六個の《小国》になっている）している[23]。

こうした《小国》はすべて朝鮮半島東南部に散在していた。以下に歴史学界の一部学者の考証に従い、今日の慶尚南道沿海地区にあったと認められる幾つかの《小国》の具体的な位置をあげれば、つぎの通りである。

《弁（辰）楽奴国》は現在の慶尚南道河東郡岳陽面一帯にあり、《弁（辰）軍弥国》は慶尚南道泗川郡昆明と昆陽の二面のあたりにあり、《弁辰古資弥凍国》は慶尚南道固城地方にあり、《弁辰安邪国》は慶尚南道咸安郡にあり、《弁辰狗邪国》は慶尚南道金海郡にあり、《冉奚国》は慶尚南道蔚山地方にあった[24]。地図をひろげて見れば、すぐにも分かるように、これら《小国》が位置していた地方は、いずれもすべて現在の慶尚南道の東海岸と南海岸に該当する。こうした状況は朝鮮半島の東南部でも、その最南端に至るまで、弁辰に所属していた《小国》でぎっしり詰まっていたことを証明する。従って、韓が南側で倭と接していたという《三国志》韓伝の記載は、半島東南部でも、陸地ではありえないということを示している。

(3)弁辰《其瀆盧国、与倭接界》について

これについて古田先生は、これは《弁辰の瀆盧国が〈倭地〉と接していたことをしめしている》といい、朝鮮半島内に倭地があったという、もう一つの証拠にしている。[25]

弁辰の瀆盧国の位置について、歴史学界には二つの異なった見方がある。第一は巨済島にあったと見る見方であり、第二は釜山付近の東萊にあったと見る見方である。この二つはともに朝鮮半島の東南部の最南端に位置している。そのうち巨済島は半島から離れた海のなかの島であり、倭との距離も非常に近いところだ。

清の学者・丁謙は、《三国志》韓伝弁辰条の注解で、つぎのように書いている。

《瀆盧当即今慶尚道南巨済島、此島与日本之対馬島東西相距不遠、故日接界》[26]

巨済島と対馬島はいずれも海のなかの島で、その間には朝鮮海峡と呼ばれる海が横たわっている。にもかかわらず丁謙は、ただその距離がとても近いところから《境界を接している》(接界)といった。もし丁謙の言葉に語弊がなければ、《三国志》韓伝に出てくる《韓……南与倭接》、弁辰《其瀆盧国、与倭接界》を解釈するとき、過度に語句にとらわれ、ひたすら陸地についてのみ《接界》といえるのだと固執するのでなく、具体的に問題を分析しなければならないということ、たとえば、両者の間に海が挟まっている情況でも、その距離が非常に近ければ、やはり《接界》という言葉が使えるということを示している。

倭の対馬島との距離については、釜山付近の東萊が巨済島よりももっと近い。十五世紀朝鮮の有名な学者である申叔舟は自著の《靖遠樓記》で、つぎのように書いている。

《東萊、古県也、地浜千海、与対馬島最近、烟火相望、実倭人往来之衝也》[27]

これは昔の人が、東萊の位置およびそれと日本の対馬島との距離が、お互いに相手の立てる火や煙が望見されるくらい、とても近いことを、非常に生き生きと描き出したものだ。《三国志》韓伝弁辰条で《その瀆盧国が倭と境界を接している》といったのは、まさにこうした情況において現われた現象だといえる。上述した丁謙の言葉によれば、ここでは《接界》という言葉を用いても、さらに差し支えなかろう。

上述したような事実は、瀆盧国が巨済島と東萊のどちらにあったにせよ、《三国志》に述べられた《其瀆盧国、与

倭接界》が、決して朝鮮半島内の陸地のことではありえないということを示す。従って、このことはいわゆる朝鮮半島内の倭地説にたいするもう一つの否定になる。

(4)《従郡至倭……到其北岸狗邪韓国》について

これについて古田先生は、いわゆる二つの注意点を提出した。その一つは《狗邪韓国は、その〈～韓国〉という表現にもかかわらず、〈倭地〉に属する、と見なされているようである》というもので、他の一つは《〈その北岸〉の〈その〉は〈倭〉を指す》というものである。彼はまた狗邪韓国は中国語地名であり、他に倭名をもっていたのではないか、と疑問を呈しながら、《任那》といった名称を、例に挙げている。[28]

古田先生の見方によれば、《其北岸》の《其》が倭を指すのであるから、倭の北岸になっている狗邪韓国は、その名前はどうであれ、倭に所属しなければならないわけだ。筆者は、こうした見方に同意しない。まず《三国志》に載っている関連記事を、もう少し詳しく紹介すれば、つぎのようになる。

《従郡至倭、循海岸水行、歴韓国乍南乍東、到其北岸狗邪韓国七千余里、始渡一海千余、至対馬国。[29]》

ここで狗邪韓国が《其北岸》にあるといった《其》が、倭を指すことは間違いない。それはこの記事が《三国志》倭伝に書かれており、また帯方郡から倭へ行く航路で、倭に到達する直前に書かれたものだから、《其》の指すのが倭になるのは当然である。文章の上下関係から見て、これはまことに明白な事実である。

しかし、狗邪韓国が《其北岸》すなわち《倭の北岸》にあるといったのは、一つの地理的概念に過ぎず、決してそれにたいする政治的所属を意味するものではない。従って、《其》は倭を指しはするが、《其北岸》にあったという狗邪韓国を、倭の一部分と見る根拠は全く存在しない。上述したように、《三国志》韓伝では《弁辰韓は合わせて二四国》（弁辰韓合二十四国）があるといい、また各《小国》の名称を全部列挙している。そのなかに《弁辰狗邪国》と呼ぶ《小国》があるが、これがすなわち狗邪韓国に該当することは疑いようがない。事実、狗邪韓国は政治上、《韓》に所属した一つの《小国》であって、決して倭の一部分にはなりえないということを、立派に証明している。

ここで一言しておくべきことは、古田先生はいわゆる朝鮮半島内の倭地説を提出しているものの、具体的にその名称を指摘したのは、ただ狗邪韓国一つに過ぎないという点である。その位置は、現在の朝鮮半島東南部の金海地方に当たる。また、ある学者の見方によると、狗邪韓国は伽倻、加羅などと呼ばれた。伽倻は金海地方を中心に六個の連盟体を形成していたが、その大部分の位置は、金海よりも北側にあり、甚だしいのは今日の慶尚北道大邱付近に位置していた[30]。

叙上の事実は、狗邪韓国（金海地方を含む）は、弁辰瀆盧国の位置とみなされる巨済島や釜山付近の東莱に比べて、あるいは狗奚国の位置と思われる全羅南道の最南端地方に比べて、顕著に北の方に位置していたことが分かる。古田先生の見方によると、韓に所属している瀆盧国や狗奚国の北方に、狗邪韓国という名前をもった倭地が存在していたということになる。従って、これは《韓……南与倭接》といった《三国志》韓伝の記載とか、《馬韓……南与倭接》《弁辰……其南亦与倭接》といった《後漢書》の記載と全く矛盾する。

筆者は《三国志》で帯方郡から倭へ行く船が、中途で狗邪韓国に到達した事実をとくに強調したのは、ひとえに狗邪韓国がこの航路で演ずる役割が非常に大きかったということを意味すると考えるからである。すでに右で言及したように、狗邪韓国の位置は、今日の朝鮮半島東南部の金海地方に該当する。ここは帯方郡と倭の中間に位置しており、水陸交通にすこぶる好都合なすぐれた地理的条件を備えている。およそ紀元前後の時期に形成されたと見られる金海貝塚から《細身の真鍮短剣、青銅の短刀、鉄斧、鉄剣、鉄の鏃、鉄の鎌、銭（貨泉）、ガラス玉、炭化した米》などの遺物が出たこと[31]、また《三国志》韓伝弁辰条に《国出鉄、韓・濊・倭皆従取之、諸市買皆用鉄、如中国用銭、又供給二郡[32]》だとあることなどを考慮すれば、当時の狗邪韓国が、この航路で演じた役割は非常に大きかったであろうことは、十分考えられる。

叙上の事実は《三国志》倭伝に記載された《其北岸》の《其》が倭を指すというただ一つの理由によって、狗邪韓国を《〈倭地〉に属する、と見なされているようである》といった古田先生の見方は、事実に符合しないということを、よく示してくれる。

全体として古田先生が、好太王碑文のなかの個別的な句節と、《三国志》東夷伝の幾つかの関連記事にもとづいて、紀元三〜五世紀ごろ、朝鮮半島内に倭地が存在していたと考えたのは、科学的根拠に欠け、歴史的事実に符合しないため、人を説得させることができない。筆者は以上の見方を披瀝しつつ、古田先生の見方——《いわゆる朝鮮半島内の倭地説》を断然否定する。

注解

①王健群《好太王碑研究》吉林人民出版社、一九八四年版、付録四、国内外の学者の解釈文。
②古田武彦《好太王碑の史料批判——共和国（北朝鮮）と中国の学者に問う》昭和薬科大学紀要、第二十号、七ページ。以下、この論文を引用するときは、古田《好太王碑の史料批判》と略称する。
③《学研国語大辞典》東京・学習研究社、昭和五十三年版、四一〇、一二六五ページ。《日本文法大事典》明治書院、昭和四十六年版、一四五ページ。
④《辞苑》北京・商務院書館、三一六ページ。《古代漢語》延辺人民出版社、一九八四年版、九〇〜九二ページ。
⑤⑧王健群《好太王碑研究》付録四、国内外の学者の解釈文。
⑥⑦古田《好太王碑の史料批判》二四ページ。
⑨《古漢語常用字辞典》北京・商務院書館、一九八〇年版、四〜五ページ。
⑩《旺文社　標準漢和辞典》東京・旺文社、一九八〇年再版、一一一ページ。
⑪古田《好太王碑の史料批判》七ページ。王健群《好太王碑研究》一七五〜一七六ページ。朴時亨《広開土王陵碑》朝鮮・社会科学院出版社、一九六六年版、一八七、一九〇ページ。
⑫王健群《好太王碑研究》付録四、国内外の学者の解釈文。
⑬拙作《好太王碑文を通して見た任那日本府の存在有無》(1)、朝鮮《歴史科学》一九八九年二期。
⑭《三国史記》巻二十五、百済本紀七、阿莘王六年、七年条。
⑮古田《好太王碑の史料批判》八、九ページ。
⑯⑰《三国志》魏志巻三十、東夷、倭伝。

⑱《三国史記》巻四十五、列伝五、朴堤上伝。《三国遺事》巻一、紀異第一、奈勿王と金堤上条。
⑲古田《好太王碑の史料批判》八ページ。
⑳《三国志》魏志巻三十、東夷、韓伝。
㉑《後漢書》巻百十五、東夷、韓伝。
㉒《震檀学報》二、(四〜六)、ソウル・景印文化社、一九七五年版、三四〜五三ページ。
㉓《三国志》魏志巻三十、東夷、韓、弁辰条。
㉔《震檀学報》三、(七〜九)、一一六〜一四七ページ。
㉕古田《好太王碑の史料批判》八ページ。
㉖《三国志》魏志巻三十、東夷、韓、弁辰条、注解。《歴代各朝伝記会編》北京・中華書局、一九五八年版、第一編。
㉗《東国輿地勝覧》巻二十三、東萊県、楼亭条。
㉘古田《好太王碑の史料批判》八ページ。
㉙《三国志》魏志巻三十、東夷、倭伝。
㉚《震檀学報》三、(七〜九)、一〇六、一三四〜一三九ページ。《朝鮮簡史》延辺教育出版社、一九八六年版、五八ページ。
㉛《朝鮮全史》二、朝鮮、科学、百科事典出版社、一九七九年版、一八七ページ。
㉜《三国志》魏志巻三十、東夷、韓、弁辰条。

回朴ジンソク氏からの加筆・訂正（第二刷より）回

三一四頁七行　あるいは大和朝廷の連合政権──▶あるいは大和朝廷を中心とする連合政権

三一四頁一八行〜三一八頁一行　《王（好太王）が〜と》──▶《王（＝好太王）平壌に巡下す。而して新羅、使を遣わし、王に白《もう》して云う。〈倭人其の国境に満ち、城池を潰破し、奴客を以て民と為す。王に帰し、命を請わん。〉と》

三一五頁二行～三行　直接法の文体の冒頭部分であるから→直接法の文体の冒頭であるから
三一五頁四行　〈倭の国境〉と解釈する他→〈倭の国境〉と解する他
三一五頁六行　〈新羅と倭との国境〉問題と解する→〈新羅と倭との国境〉問題、そのように解する
三一六頁十五行　好太王が来て→好太王をおとずれて来て
三一九頁三行　〈倭人其国境〉→〈倭人満其国境〉
三二〇頁八行　つぎの《其》が→つぎに《其》が
三二〇頁十八行　ともに一長一短であり→ともに一長一短があり
三二一頁五行　障害が百済だった→障害も百済だった
三二一頁十～十一行　いっぺんに現われた→いっしょに現われた
三二三頁二行　好太王碑文において→この好太王碑において
三二三頁三行　紀元三世紀に書かれた三国志の東夷伝中→三世紀の三国志、その東夷伝中
三二三頁四行　のべられている→のべられたところだった
三二三頁二十行　《三国志》→《三国史記》
三二七頁五行～六行　《〈その北岸〉の〈その〉は→《〈其の北岸〉の〈其の〉は
三二七頁九～十行　《三国志》に載っている→《三国志》倭伝に載っている
三二七頁十一行　始渡一海千余→始渡一海千余里
三二八頁十二行　意味すると考えるからである。→意味すると考える。
三二九頁十行・十三行　北京・商務院書館→北京・商務印書館
三二九頁十八行　一九八九年二期→一九八九年一期
三三〇頁一行　紀異第一→紀異第二

●朴氏より、「朴ジンソク」の名前表記につき、漢字表記は「朴真奭」、「奭」は「しゃく」あるいは「せき」と読んでいる旨の指摘をいただきました（以上、〈駿々堂出版〉編集部記）。

이른바 조선반도내의 왜지(倭地)설에 대하여 ——후루다선생과 토론함

박 진 석

최근년간에 일본인학자 후루다(古田武彦)선생은 <<호태왕비의 사료비판—공화국(북조선)과 중국의 학자에게 붙음—>>이란 론문을 발표하였다. 그는 이 론문에서 호태왕비문에 나오는 왜가 북구주일대의 해적이있다고 보는 관점을 착중하여 비판하있으며 또 그것이 야마도조정, 혹은 야마도중심의 련합정권에서 파견한것이있다고 주장하는 일본력사학계의 종래의 전통적인 관섭도 부정하있다. 그는 기원 3～5세기의 왜가 곧 북구주일대에 있는 왜왕조였다고 인정하있다. 필자는 이런 관접으로부터 계발을 받았다.

후루다선생은 또 이 론문에서 대체로 기원 3～5세기경에 조선반도내에 <<왜지>>가 존재하였다는 관점도 제기하였다. 필자는 이런 관점에 동의하지 않는다. 아래에 크게 2개 방면으로 나누어 자기의 관점을 제출함으로써 후루다선생 및 력사학계의 여러 학자들과 더불어 토론하려 한다.

1. 호태왕비문의 <<倭人满其国境>>에 대하여

호태왕비문의 제1면에는 다음과 같이 기재하있다.

<<九年已亥百残违誓与倭和通王巡下平穰而新罗遣使白王云倭人满其国境溃破城池以奴客为民归王请命・・・ ・・・・>> ①

이에 대하여 후루다선생은 자기 론문의 셋째부분에서 << <그의 국경> 문제>>라는 제목을 달고 다음과 같이 썼다.

<<왕(호태왕)이 평양으로 행차하였다. 그런대 신라가 사신을 파견하여 왕에게 알리어 말하기를 <왜인이 그의 국경에 차넘처 성들을 파괴하며 노객으로써 백성을 만들고있음으로 왕에게 와서 구원을 청하나이다.>>>

그는 여기에 나오는 << 그의>>(其)라고 하는 대명사가 가리키는것이 무엇인가고 반문하고나서 말하기를: <<직접법의 문제의 첫부분이므로 이 앞에는 <왜> 혹은 < 왜인> 밖에 명사가 없다. 원문은 < 倭人满其国境... ...>으로 되어 있다. 따라서 <그의 국경> 이란 <왜의 국경> 으로 해석하는 외에 다른길은 없다.>> 라고 하였다.

후루다선생은 또 국경이란 한나라만으로는 성립되지 않으며 두나라 사이에 성립되는 개념이라고 하면서 다른 일방의 나라에 대하여 쓰기를 <<우의 문장은 신라사신의 말이므로 <신라와 왜와의 국경> 문제로 해석할수밖에 없을것>>이라고 하였다.

계속해서 그는 국경을 갖고있는 해적이란 개념은 존재할수 없기때문에 비문에 나오

朴ジンソク氏の論文（第1頁）

는 <<왜>>는 해적인것이 아니라 <<왜국>>이라고 하였다. 그러면서 그는 << <왜와 신라의 국깅>, 그것은 당인히 조선반도내에 있지 않으면 안된다. 그렇다면 거기에는 < 왜지> 가 없이는 우의 분장은 성립되지 않을것이다.>>'라고 하였다. ②

이것이 후루다선생이 제출한 이른바 조선반도내의 왜지실의 출발접이며 기초이다. 후루다선생의 이런 관집은 과하적인 근거가 결핍하며 많은 모순을 내포하고 있다. 아래에 3개 방면으로 나누어 필자의 관접을 제출하빈 다음과 같다.

(1) 우리의 주목을 끄는것은 후루다선생이 비문에 기재된 신라사신의 말이 <<직접법의 문체>> (直接法의 文体) 로 되어 있다고 긍정하고 그의 말가운데에 나오는 <<倭人满其国境>>의 <<其>>가 왜를 가리키는것이라고 주장하였다는 사실이다.

필자는 후루다선생이 제기한 <<직접법의 문체>>란 곧 고구려지식인들이 호태왕비문을 작성할때 신라사신의 말에 대하여 약간의 주관도 가첨하지 않고 원래의 형태대로, 즉 그의 원어 (原语) 로 인용하였다는것을 가리킨다고 인정한다. ③만약 필자의 판단이 틀리지 않는다면 신라사신과 그의 말가운데에 나오는 <<其>>와의 사이에 문법상에서 해결할수 없는 모순에 봉착한다. 왜냐하면 여기서 <<其>>는 확실히 제3인칭대명사로서 제3자를 가리키는데 쓰여지기때문이다. ④한사람이 자기말가운데서 자기에 대하여 말할때 (신라사신의 말은 신라본신에 대하여 말한것이다) <<其>>로서 묘사할수 없는것이다. 도리어 이기에는 마땅히 <<吾>>혹은 <<我>>등의 1인칭대명사가 씌여져야 옳을것이다.

만약 후루다선생의 관집에 따라 <<其>>앞에는 명사로서 왜인밖에 없기때문에 <<其>>는 오직 왜를 가리키야 하며 따라서 <<其国境>>은 << (倭) 国境>>으로 되어야 한다고 가정한다면 그것은 곧 비문의 상하관계에서 엄중한 모순에 빠지게 된다. 상술한데서 알수 있는바와 같이 후루다선생은 신라사신의 말가운데서 <<其>>에 대하여 설명할때 <<원문은 < 倭人满其国境... ...>으로 되어 있다.>> 고 함으로써 아래부분을 간략해 버렸다. 이렇게 하면 그 모순이 잘 표현되지 않을수 있다. 그러나 실제상 신라사신의 말은 이기에 그치는것이 아니라 그 아래의 <<溃破城池, 以奴客为民, 归王请命>>까지 계속되는것이다. 이와 같이 그의 말의 전부를 다적어놓고 보면 그 가운데의 모순들이 매우 잘 나타난다. 필자는 먼저 몇개 단어들을 해석할 필요가 있다고 인정한다. <<溃破城池>>는 그 글자들이 보여주는바와 같이 성굴을 파괴한다는 뜻이다. <<奴客>>은 신라사신인 호태왕앞에서 자기나라왕을 낮추이 말한것이다. 여기 대해 후루다선생도 결코 다르게 해석한것이 없다. <<归王>>의 <<王>>은 상술한 후루다선생의 해석에서도 알수있는바와 같이 호태왕을 가리킨다. 이제 후루다선생의 관점에 따라 비문에 나타난 신라사신의 말을 적으면 다음과 같이 된나.

<<倭人满 (倭) 国境, 溃破城池, 以 (新罗王) 为民, 归 (好太王) 请命。>>

이것은 신라사신이 평양에 이르러 그곳에 행차중인 호태왕에게 알리여 말하기를 왜인들이 제나라인 왜국경에 차넘서 성늪을 파괴하고 우리의 신라왕으로써 저들의 백성을 만들었으나 호태왕께 와서 구원해 줄것을 칭하나이다라고 말한것으로 된다. 여기에는 확

−2−

朴ジンソク氏の論文（第2頁）

第八篇　親鸞伝の基本問題——「伝絵」の比較研究

〈解題〉　親鸞研究は、古代史研究の母国であった。文献処理上の学問的方法論を、わたしはここで学んだのである。

久しぶりにこの分野にいどんだ論述、それがこの文章である。懸案となっていた『本願寺聖人伝絵』（覚如作）に対する史料批判を行ったものである。空海・最澄・道元・日蓮等、いずれもこのような史料批判のための、貴重な著述を提供している。未来の研究者に期待するところ、大である。

（『真宗重宝聚英』第五巻、関連解説。一九八九年二月二十八日）

一

覚如の『本願寺聖人伝絵』（以下、「伝絵」と略称）は、親鸞伝の白眉である。その濫觴《らんしょう》をなす、古典的名著といえよう。否、ただの「古典」ではない。浄土真宗の信徒にとって、今も日常の間に伝誦され、信受される、生きた信仰典範の一、そのように評しても、多くあやまつところはないであろう。

しかしながら、反面、この著作ほど、明治以降の近代史学の立場から、批議の的となったものは少ない。たとえば、大正十一年、中沢見明氏が、氏の名を江湖に高らしめた名作『史上之親鸞』を世に問うたとき、その研究思想の核心が、この「伝絵」の虚妄性を突く、その一点にあったことはよく知られたところである。したがって氏の鋭い論鋒の行く先には、絶えず「覚如上人の後光」があった。江戸の封建教学以来、本願寺教団の指標をなしたもの、それは〝覚如上人の解説に従って親鸞聖人を仰ぐ〟ものであった、そのようにいっても、あるいは大過ないかもしれぬ。覚如が打ち建て、蓮如が敷衍《ふえん》した道、それを本願寺教団は歩んできた。少なくとも、同じく親鸞を宗祖といただく浄土真宗各派のなかで、この教団のもつ最大の特色はここにあった。

その「覚如上人の後光」に対し、敢然といどんだのが、中沢氏であった。氏自身、本願寺教団の僧侶であったことを思えば、この研究が、いかに氏にとって、苦渋に満ちた「自己批判」の苦行であったか、わたしたちは容易に察することができるであろう。

けれども、氏の研究は今日、実証的には多くの再批判をうけた。たとえば、山田文昭氏の諸研究（昭和九年『真宗史稿』、昭和二十二年『親鸞とその教団』等）は、くりかえし中沢氏の研究の実証上の弱点を突いた。その結果、中沢氏の心血をそそいで樹立した〝啓蒙主義的批判の金字塔〟は、その研究史上の卓抜した意義を別にすれば、すでに色あせたものと見えるに至ったようである。

しかしながら、肝心の「伝絵」に関する問題点の数々、それらはすべて氷解したか。このように問うとき、誰人も率直に「然り」とは答ええないであろう。さすがに、かつてのように「伝絵」をもって、覚如による〝有意の造作物〟すなわち、史実にあらぬ一個の虚構物と見なす論者は影をひそめたものの、「吉水入室」と「六角堂夢告」をめぐる両者の年時と関係、三古本（西本願寺本・専修寺本・東本願寺本。後述）の先後関係とその異同等、諸家諸説、全く軌を一にするところを見ぬ、そう称しても過言ではないのが現況ではなかろうか。

わたしは今回、「伝絵」に関する諸家の研究論文を再読あるいは精読し、諸家それぞれの学風を発揮し、絢爛たる論争の花が開いたまま今日に至っていることを改めて知った。しかも、その方々の多くはすでにこの世にないのである。その論点中、肝要のものを追いつつ、わたし自身の視点から、若干の分析を試みさせていただくこととしたい。

二

伝絵の研究史上、最大の難点の一とされてきたもの、それは親鸞の「吉水入室」と「六角堂夢告」の年時の異同問題である。

(A)

①吉水入室

建仁第三の暦春のころ〈聖人、二十九歳〉隠遁のこころざしにひかれて源空聖人の吉水の禅房に尋参たまひき。

②六角堂夢告

建仁三年〈辛酉〉四月五日夜寅時、聖人夢想の告ましく〳〵き、彼記にいはく、六角堂の救世菩薩、顔容端厳の聖僧の形を示現して（下略）

〈『本願寺聖人伝絵』東本願寺本。『善信聖人伝絵』専修寺本も、ほぼ同文（以下、東本・専本と略称）〉

(B)

①吉水入室

建仁第一乃暦春の比《ころ》〈上人、二十九歳〉隠遁のこゝろざしにひかれて（下略）

②六角堂夢告

建仁三年〈癸亥〉四月五日夜寅時、聖人夢想告ましく〳〵き。（下略）

〈『善信聖人絵』西本願寺本（以下、西本と略称）〉

以上、対比すれば明白なように、(A)と(B)とでは、年時と干支のあり方が全く異なっている。いずれが正しいのであろうか。また、なぜこのような差異が生じたのであろうか。これが問題の焦点だ。

伝絵全体は、極度に圧縮された親鸞略伝である。したがってここに摘出されたものは、いずれも親鸞の生涯中の最重要事と目されたものである。ことに右の二事件がその生涯中に占める位置、その意味の切実さは、縷々《るる》弁ずる要を見ぬところであろう。

一方、伝記中に「年時」の占める位置の重要さもまた、論を俟たぬところ。さすれば、右の異同の正否は、誰人にも看過できぬ肝要事の一といわねばならぬ。

もっとも、三古本間に異同あり、といっても、三本中の二本が(A)型に一致している。しかもそのなかには、原著述者たる覚如の真筆として万人に異論なきうえ、本人の（真筆現存の）最終定稿（七十四歳）として定評のある東本がふくまれている。それゆえ「(A)型こそ、覚如の最終意思を示す」こと、その一点に関しては、毫も疑う必要を見ぬ。そういった、恵まれた史料状況のなかに、わたしたちはいるのである。

けれども、真の困難はその一点からはじまる。なぜなら、右の(A)型の年時記載は、わたしたちの現在所持している「正しい年表」から見れば、明白に誤っているからである。

(1)建仁元年（一二〇一）――辛酉

(2)建仁三年（一二〇三）――癸亥

したがって、(A)型のような、

建仁三年――辛酉

という「年時関係」は、ありえないのである。では、いずれが是か。「三年」のほうか、「辛酉」のほうか。問いは、必然的に、そのようにすすむ。

これに対する答えは、一応、容易、かつ確定的である。

然《ニ》愚禿釈《ノ》鸞、建仁辛酉暦《シンイウノレキ》、棄《ステ》㆓雑行《ヲ》㆒兮《テ》帰《ス》㆓本願《ニ》㆒。（左訓、略）〈教行信証、坂東本、後序〉

とあるのが根拠だ。

“建仁年間の辛酉の干支のとき”に吉水入室を果たした、親鸞自身が、その真筆本で、右のようにのべているのであるから、「正しい年表」による限り、

建仁元年――辛酉

の年に、肝心の「吉水入室」が果たされたこと、この事実を疑うことはできぬであろう。また、この年が、親鸞にとって「二十九歳」にあたっていたこと、幾多の奥書に自署された、「年時・干支・年齢・自署名」記載から、疑うことができぬ。たとえば、

　康元二歳丁巳二月十七日

　　愚禿親鸞　八十五歳

　　　書之〈一念多念文意、東本願寺本〉

などは、その一例である。

したがって「吉水入室」に限っていえば、(B)型のほうが正しく、(A)型は誤っていた、そのように見なすほかはないのである。

では、他方の「六角堂夢告」のほうもまた、(B)型が正しいか。そのように、新たな問いへとすすむとき、答えは、必ずしも「然り」とは、答ええない。

その第一の理由。それはこの「六角堂夢告」に関しては、先の「吉水入室」のケースのように、〝親鸞自身の真筆による明記〟が現存しないことである。すなわち「正否」を判定すべき「規準尺」が欠如している。したがって、客観的な判断は本来不可能である。一応、そのようにいわざるをえないであろう。

第二の理由。それは「吉水入室」の年時を(B)型のように「正しく」直すことが（当然ながら）許されるとしても、それが直ちに「六角堂夢告」に関する、(B)型の〝訂正〟には結びつきえぬことである。なぜなら、そのさい、この夢告の「年時」を、

①建仁元年――辛酉

②建仁三年——癸亥

のいずれにとるか、にわかに〝断定〟できぬところだからである。

しかるに、(B)型の「造文者」は、②のほうを〝採用〟した。これは妥当だったであろうか。確かに、右の①②のいずれをとるか、つまり「干支」を正しい、と見なすか、それとも「年号何年」のほうを正しい、と見なすか、その点では、まさに二者択一、対等の〝正しさ〟をもつ。そのようにもいいえよう。

しかし、ここに見のがすことのできぬ、重要な一視点がある。それは、「『吉水入室』と『六角堂夢告』とは、同一年の事件である」この一点こそ、原著者たる覚如の「最終意思」に属していたこと、(A)型の二文を対比すれば、誰人にも明白すぎる事実であろう。しかも、この「覚如の意思」が、たまたま「生涯の最終段階」に〝偶発〟した、そういったものではないことは、同じく(A)型の古本として、『善信聖人伝絵』専本もまた、同じ立場に立っていることからみても、察せられよう(ただ、この専本をもって、「覚如真筆に非ず」と見なす立場をのぞく。この点、後述参照)。すなわち、右の「両事件、同一年時」という認識は、「覚如の生涯の意思」だった可能性が高いのである。この点を、より具体的にいえば、

(イ)専修寺本——永仁三年(一二九五)、覚如二十六歳

(ロ)東本願寺本——康永二年(一三四三)、覚如七十四歳

の二時期を通じての「覚如の意思」であると見なすのが、自然であろう。

三

以上の考察は、三古本に対する、「覚如の真筆性」の判定に対して、不可欠の「判定基準」を与える

ことなろう。なぜなら、三古本は、全体の構成について、次のような「小→大」の増拡経過をおのずから示している。

㈠専修寺本――「入西鑑察（定禅夢想）」および「蓮位夢想」をふくまず。

㈡西本願寺本――「入西鑑察（定禅夢想）」をふくむも、「蓮位夢想」をふくまず。

㈢東本願寺本――「入西鑑察（定禅夢想）」および「蓮位夢想」をふくむ。

右のような構造上の異同に注目すれば、㈠→㈡→㈢の形で、増拡の行なわれたことは、自然な考察の必然に到り着くべき帰結であろう。

（かつて㈠㈡の同時作製説[1]が唱えられたことがあるが、はなはだ不自然な〝解説〟とならざるをえなかったこと、周知のごとくである。またかりに、㈢→㈡→㈠の削減説のごときも、机上の形式論としては立てうるものの、実際上は無理である。なぜなら、㈢の成立が覚如の晩年《七十四歳》に属するうえ、「入西鑑察」や「蓮位夢想」の段を敢えて削除すべき理由がない。そして何よりの反証は、右の二段をふくむ東本願寺本が現存し、古くから珍重されていることであろう。）

とすれば、前節でのべた「覚如の意思」は、実は㈠→㈢の期間、継続したもの、ということとなろう。したがって、その中間に入るべき㈡が、もし「覚如の真筆」であるとすれば、きわめたる〝奇態〟、そのようにいわざるをえないこととなろう（「原西本」の問題については後述する）。

四

以上のような問題点を、すでによく〝内包させた〟解説をほどこされた学者、それは故宮崎圓遵氏であった。西本のコロタイプ版に付せられた解説中に、次の文章がある。

また従来しばしば問題とされているのは、上巻第二段吉水入室において、専修寺本が建仁第三の暦、聖人二十九歳として年紀（建仁元年）を誤り、第三段六角夢想において建仁三年（辛酉）として干支（癸亥）を誤っているのに対し、西本願寺本は吉水入室を建仁第一の暦、上人二十九歳、六角夢想を建仁三年（癸亥）として、ともに正確に記している点である。しかも東本願寺本は専修寺本と同様で、また年紀や干支を誤っている。こうした誤謬が如何にして起ったか、あるいはこの誤謬が東本願寺本まで何故につづいているのか、その他この問題に関してはいろいろ議論があって複雑であるが、この点についても西本願寺本が他の両本と別の立場をとる点に特色があろう。西本願寺本の詞書の筆者については、覚如上人の筆とみる説がある。しかしその筆致ばかりでなく、たとえば巫を竺と誤ったり（下巻箱根霊告）、伴僧にはんそうと振仮名している（上巻入西鑑察）ような点がいくつかあって、著者上人の筆とは到底考えられないというようなことから、反対を説えている学者もいる。これは微妙な問題で、なお今後の検討をまたねばならない。

〈『重要文化財、善信聖人絵、詞書、解説。昭和四十八年五月拾八日発行』〉

結論の「断定」は、慎重に避けられているものの、「西本、非覚如真筆説」の存在すること、そしてその可能性も十分に存しうることが、こだわりなく明記されている。氏が永年、この西本『善信聖人絵』をふくむ、西本願寺宝物の管理責任者の位置にあったことを思うとき、氏の筆致の示されるところ、それはまことに勇気ある良識、というべきではあるまいか。

五

宮崎氏の解説は、「親鸞聖人御誕生八百年、立教開宗七百五十年、慶讃記念」のさいに、本願寺出版協会によって発刊されたものである。

このことは、昭和三十六年四月、「聖人七百回御遠忌」を記念した真宗連合学会大会が大谷大学で開催された、その十二年あとにあたることを示している。そのさい、問題の三本がはじめて一堂に会して展観されたのである。

そのとき、大谷大学の故藤島達朗氏や龍谷大学の故宮崎圓遵氏が、その主要関係者の一であったことはいうまでもないけれども、両者とも、「西本、覚如真筆説」に対して、必ずしも、〝左袒《さたん》〟しておられない様子が看取されよう（宮崎氏が、右の引用文の末尾で、「覚如非真筆説」の「学者」あり、として紹介しておられるのは、宮地廓慧氏の説のようであるが《昭和三十六～九年》[2]、すでに『高田学報』三十八・三十九号に司田純道氏の非真筆説[3]があり、昭和三十二年、藤島達朗氏がこれを支持[4]されている）。

ここでも、「昭和三十二年以前～四十八年」の間に、「西本、覚如非真筆説」は継続していたことが知られる。右の三本同時展観は、その間の「事件」であった。

六

右の期間と相前後して、瞠目すべき「判断の激変」を示された学者に、故赤松俊秀氏があった。

(A)
（中沢見明氏の説〈前・後二説あり〉を紹介したあと）そうなって来ると、問題をきめる鍵は西本願寺本の親鸞伝絵が初稿本かどうかということである。（中略）私は原本ではなく、鎌倉末期乃至南北朝初期の転写本ではないかと考えている。その根拠は、詞の筆者が覚如よりは弟子の乗専と認められること、絵も浄賀よりは円舜に近いと考えられることである。

〈「親鸞像について」昭和二十九年九月稿、『仏教芸術』第二三号掲載〉

(B)
定禅夢想の段の絵詞と稲田幽栖の段の詞を除いた西本願寺本が、恐らく延応応長以前に書写されたとなると、私がかつて西本願寺本の製作年代を鎌倉時代末期又は南北朝時代の製作と考えられる理由として、詞の筆者が覚如よりは弟子の乗専と認められること、絵も浄賀よりは円舜に近いと考えられることをあげたが、部分の写真と記憶によるこの推定は、その後、数度に亙って原本を観た結論としても、訂正しなければならないことを知った。筆蹟も覚如と考えて、誤りはないし、絵も円舜とは異っている。奥書に画工の名がないので、確言することは困難であるが、西本願寺本こそ康楽寺浄賀の筆としてよいのではなかろうか。

〈「西本願寺本親鸞伝絵について」昭和三十年十月稿〉

（(A)(B)とも、『鎌倉仏教の研究』平楽寺書店、昭和三十二年刊、所収）

右の二文は、その間、わずか一年強しかへだたっていない。にもかかわらず、その主張は、ほぼ〝真反対〟の観を呈している。前回(A)は「部分の写真と記憶」に拠ったため、と弁明しておられるけれども、その前回の叙述目標が中沢説の批判にあり、中沢が「詞や絵」の「筆者」を確かめなかった点に鋒先が向けられていたことを考えると、やはり、その「判定の転換」は印象的である。

しかし、このあと〝三古本の覚如真筆性〟を強調されだした氏にとって、あたかも〝抜けざるとが〟の観を呈したのは、いうまでもない、あの西本と他本との「年時と干支」の異同問題に対する〝解説〟であった。〝覚如は恵信尼書状の存在に気づいたあと、「大幅に記事を改訂」する労を惜しみ、「小手先細工」の手直しにとどめた〟それが西本願寺本と他本（専本・東本）との異同の理由だ、という。しかもそれは、覚如が「伝絵を読む門徒の知識水準を低く評価した」ため、とされたのである。

同一人が全く別種の記載、しかも年表上誤った表記（専本・東本）を行なったのは、読者（信者）の判断を低く見たため。――この解説には、「三本、覚如真筆」論者が当面せざるをえぬ、〝不可避の苦渋〟がにじんでいるようである。

七

思えば、わたしもかつて「三本の同時展観」に接しえたひとりであった。昭和三十六年のことである。わたし自身の感想は、次のようであった。「三本の筆跡は、それぞれ類同するところもあり、差異もあり、同一人か否か、にわかに断定しがたい」と。いいかえれば、各部分、全体ともに周密に比較・検討しぬくことなしには、容易に判定しえぬものを感じたにとどまったのであった。いま、改めてそれをより具体的に例示すると、

㈠一応、類同する例――「所」字。赤松氏が、親鸞像（鏡御影）の旧賛中の（中）（下）の部分に「覚如真筆」を〝発見〟されたのは、有名な研究業績である。氏の『鎌倉仏教の研究』の冒頭写真第一〇図

と第一一図（親鸞像〈鏡御影〉修理記。部分）とがそれである。覚如真筆とされる後者（修理記）を基準に、前者（旧賛の〈中〉〈下〉）も、同一人の筆跡になることを論証されたのである。そのさい、とくに注目し、焦点をあてられたのが、「所」字であった。

「筆致の同一のことは、いろいろの点に現われているが、同一の文字である『所』に最もよく現われている。これだけに特色の同一の文字を、別人が書くと云うことはあり得ない」

〈「『鏡御影』の賛について」昭和三十二年四月稿〉

この「所」字について、いま問題の三古本を検してみると、確かに「字形」は同じである。「字勢」も、専本・東本は一致するように見える。ただ西本はいかがであろうか。字形は一応、類同するものの、筆勢において、いささか不安が残るようである（後人の書写の場合、字形は写せても、筆勢までは写しがたい。後述）。

(二)類同しない例――「人」字。右の「鏡御影」に関する論稿において、氏が証拠にあげられた他の字は、「人」と「鸞」の字であった。いまこの「人」字について、三本を検してみよう。そこには微妙な、しかし注目すべき差異が現われている。すなわち「人」と「人」とのちがいである。専本・東本について見ると、冒頭部を除いて、その多くが、後者（終尾を内側にはねて、次の字へつづく勢を示すもの）であるのに対し、西本は、そのほとんどが前者（内側へのはねのない、通常の字勢）である。

(1)専修寺本　前者――13　後者――51
(2)東本願寺本　前者――13　後者――62
(3)西本願寺本　前者――68　後者――4

この一見、なんでもない差異のもつ意味は意外に重大である。たとえば「所」のような字が、覚如固有の〝特殊な字形〟をもっている場合、他者（後代の書写者など）は、これを〝丁寧に〟同一の字形で写し取ろうとするであろう。彼が、先人（覚如）を敬慕していればいるほど、そのような「書体」の仕方が現われるであろう。

しかし、右の「人」字のような場合は、これとは異なる。後者の場合のような「内側へのはね」は、文字通り〝単なる筆癖〟であり、〝筆の勢のおもむくところ〟にすぎぬ。それを百も承知の書写者にとって、〝そこ〟まで酷似させようとはしない。それが通例ではあるまいか。彼にとって「覚如上人真筆」に見せかけた「偽品」を作るような意図が毛頭存しない以上、その必要は存在しない。とすれば、そこにこそ、当人の〝自然な筆風〟が露出する、そういう可能性が大きいのである。

（専本・東本の冒頭部、また「親鸞像〈鏡御影〉旧賛〈中〉〈下〉」の場合、「人」字が前者〈通常形〉をとっているのは、覚如自身も、短文を謹書する場合は、この「通常形」で書いていたことを、当然ながら、示すものではあるまいか。これに対し、伝絵の本文〈大量の文字群〉のなかで、右の後者〈内側へのはねあるもの〉の筆風が優勢となるようである。この覚如真筆の筆癖を、西本はもっていないようである。これに対し、専本と東本は同一の筆癖をもっている。）

八

わたしたちは、覚如筆跡に対して苦闘し、精進された先学に対して、現在いちじるしく〝有利〟な状況にある、ともいいうるであろう。

なぜなら、三古本のすぐれたコロタイプ版がついに完成された[6]。

(1)東本願寺本――昭和三十九年三月（外箱では一月）。東本願寺
(2)西本願寺本――昭和四十八年五月。本願寺出版協会
(3)専 修 寺 本――昭和五十六年十一月。法蔵館

以上の全体と部分写真を、細部に至るまで比較し、検討する。自由に摘出して写真拡大し、これを己が机上で子細に吟味する。このような研究作業は、昭和三十年代・四十年代、ないし昭和五十六年まで、望みみても、とうてい達しえぬ〝理想境〟だったのである。わたし自身、このテーマに対して、かつて論及することのなかったのも、もっとも重要な一因はここにあったのである。右のコロタイプ版刊行にご尽力いただいた関係者の方々に厚くその労にお礼を申しのべたい、と切実に思う。

ただ、ここに忘れてならぬ一点がある。それは、いかに写真技術が発達したとしても、人間の肉眼ほどすぐれた「観測装置」はありえない、という単純な根本事実である。したがって「三コロタイプ版の出現」のために、かえって「原本を実地に熟視する」機会が後退するような事態があれば、逆に、研究水準の低下をまねくおそれなしとしないのである。

そのうえ、ここに貴重な研究方法が残されている。デンシトメーターによる史料科学的検査がそれである。安定した、同一条件のもとで写真撮影したうえ、このフィルム（もしくは拡大焼付け）をデンシトメーターで検査すると、文字中の各部位の「墨の濃淡」が精密に数値化される。それを連続してグラフ化すると、筆者に関する「筆圧曲線」がそこに現われる。この「筆圧曲線」に関しては、当人（原筆者）と書写者との間に、〝きわだった差異〟が現われる。なぜなら、〝字形を似せようとした場合、筆勢が失われる。あるいは変化する〟からである。これに対し、「字形」も、「筆勢」も同じなら、すなわち同一人なのである。(7)

この方法を、かつてわたしは開発し(8)、これを坂東本教行信証の検査に適用させていただいたところ、驚くべき明晰な成果をえた。従来の疑問点、論争点のひとつひとつに対して、客観的・科学的な解明を与えたのであった。ところが、いま問題の三古本は、この方法にとって、いわば「理想的な状況」のもとにある。なぜなら、三本に同字面の文字群が並んでいるため、これを右の方法で検査すれば、ほぼ疑いなき成果が容易に期待される。そういう史料状況なのである。「肉眼」という精密観測装置のもつ、唯一の弱点たる「主観性」、それを脱却するための、数値化・客観化。それがもっとも無理なく行ないうる状況なのである。親鸞研究・覚如研究の保ってきた、従来の高い研究水準を、さらに一層高めるため、この方法の実現を、明日に期待したい。

九

本筋にもどろう。「六角堂夢告」の事実、それはどの「年時」にあったのであろうか。史上の真実、それは求めがたいものであろうか。先にこの問題について、「基準尺」たるべき、当事件に関する「親鸞の真筆」がない、といった。その通りだ。だが、これについてのべた「親鸞の真作」は幸いにも存在するのである。

　建仁元歳辛酉四月五日ノ夜寅時
六角堂ノ救世大菩薩告㆓命シテ善信ニ㆓言ク
　　行者宿報設女犯

我成玉女身被犯
一生之間能荘厳
臨終引導生極楽文
于時建長第二庚戌四月五日
愚禿釈親鸞七十八歳

書之

〈建長二年文書（三夢記）中の第三夢告と親鸞の奥書。専修寺蔵〉

右では、「六角堂の夢告」に対して、「建仁元歳辛酉四月五日夜寅時」として、「年」と「干支」と「月日」と「時刻」とが明記されている。

従来、ながらくこの文書を「偽文書」として扱う風習が（とくに本願寺系の学匠たちの間に）存在した。しかし、わたしがかつてこの文書に対する史料批判を試みたところ、結果は意外にもこれが、親鸞の真作文書であることを示していたのであった。その理由は、

㈠右の文書中の第二夢告（大乗院の夢告）の冒頭に「叡南无動寺在二大乗院一」とある。これは「叡南無動寺ニ大乗院ニ在り」という「ニの畳用」文形の和風漢文化である。ところが、この文形は〝平安〜鎌倉期〟に用いられた、時代的用法である（したがって「通説」のように、江戸時代の偽作などではありえない）。

㈡奥書の「愚禿釈親鸞」という自署名形式は、親鸞の自署名中、かなり特異であり、一定の年代（七十四〜八十三歳）に限られている。右のケース（七十八歳）は、よくこれに適合している。

㈢同じく奥書中の「建長第二」の形式は、親鸞の奥書中、きわめて特異であり、「宝治第二」（七十六

歳）が存するのみである。この年時とも、全く（表中）隣接しており、適切である（古田『親鸞思想――その史料批判』冨山房刊、一六～一八頁の表、参照）。

以上のような、諸論点を列挙した。そして何より、従来の「偽作説」には、確たる「偽作の論証」の存在しなかったこと、その事実を指摘したのである。

これに対して、果敢なる論をいただいたのは、先の赤松氏であった。わたしの立証に対する「誤解」の類も、（論争上の常として）多々存在したけれども、その最大のポイントの一は、「ニの畳用」問題であった。氏は、山田孝雄氏の『平家物語の語法』に「ニの畳用」の用例のないことを証拠に、右の㈠の論証（ことに鎌倉期にこの語法の存在したこと）を疑われたのである。

けれどもこれに対して、明白な証拠があった。

○在家ニテ無二無三ノ信者ニテアラムハ、

○或時順行房金剛界伝受時、本ヲ不書之時

〈「却廃亡記」文暦二年（一二三五）。明恵の弟子、長円による〉

したがって、赤松氏の反論は成立しがたいことが判明したのである（他の論点については、古田『親鸞思想――その史料批判』冨山房刊、「あとがきに代えて」参照）。

以後、これに対する論争乏しく、(9) 現在に至っている。かつて「非本願寺系の文書」に対して、これを軽視し、等閑視した時代はあった。しかし、年次を重ねてきた真宗連合学会の存在が示すように、いまはそのような「偏狭な、宗派の目」の許された時代ではない。それゆえ、この「親鸞真作文書」の意義を正しくうけとめるとき、新しき、未来への親鸞研究が、再出発しうるのではなかろうか。

（これと同じ性格の問題として、西念寺本『親鸞聖人門侶交名』の問題がある。これも、ながらく「偽文書」視されてきたが、肝心の「偽作論証」の薄弱な点、「建長二年文書」のケースと酷似している。また「花押つきの再写文書」という問題点も、「建長二年文書」〈これと一具の「覚信尼あて、親鸞書状」（専修寺蔵）がある〉と共通の史料性格をもっている。またその内蔵する〝情報量〟の豊富さ、清新さにおいても、注目すべきものがあろう。再発見者たる、河田光夫氏の研究の進展に期待したい。）

十

末尾ながら、西本の成立について、基本的な分析を加えたい。それなくしては、本稿全体の叙述に透明な見通しを与ええない。すなわち〝画龍点睛の恨み〟をのこすこととなるであろうから。

この西本が、本文の記述そのものにおいて、三本中もっとも「原初性」をそなえていることについては、すでに定評がある。その証拠の一例をあげよう。たとえば、冒頭には、

夫れ聖人の俗姓は藤原氏大織冠〈諱鎌子内大臣天児屋根尊二十一世の孫也〉※乃後胤、弼宰相有国卿五世の孫、皇太后宮大進有範《の》息也、

とあって、他の二本のような、

（大織冠）の玄孫近衛大将右大臣〈贈左大臣〉従一位内麿公〈号後長岡大臣或号閑院大臣贈正一位、太政大臣房前公孫大納言式部卿真楯息〉六代（の後胤）

の一節を※の個所に欠いている。これだけの長文に対して偶然の〝写し落し〟ということは考えられぬうえ、後年の覚如が、故意にこれを削除すべき理由もない。したがって、〝この西本の本文は、他の二本より原形を示す〟と考えるべきこと、当然の道理である（他にも同類の事例は多い）。

しかしながら、反面、先述来のべてきたように、「全体の構成」としては、「専本→西本→東本」の順序で増拡されたことは疑えない。

一見、解きがたくみえる、この〝矛盾〟も、伝絵制作の実際過程に立ち、これに則してみれば、何の不思議も存しないであろう。なぜなら、大部の伝絵という「制作物」は、〝作り終えた〟あと、直ちに所望者（願主など）のもとに運ばれ、制作者（覚如）の手もとに残らない。

したがって、さらに「増拡」の必要を感じたとき、手もとにある「原初本」をもとにして、これを行なう。そういったケースは、実際上、おこりえよう。事実、覚如自身が東本の奥書にしるした、有名な一文、

暦応二歳巳卯四月廿四日以㆓或本㆒俄奉㆓書写㆒レ之、先年愚草之後一本所持之処、世上斗乱之間、炎上之刻焼失不㆑知㆓行方㆒、而今不慮得㆓荒本㆒註㆓留之㆒者也耳　　桑門　　宗昭

もまた、その間の事情を伝える一例であろう。

そのようにして成立した〝原初本を原材料とした増拡本〟これをいま、「原西本」と名づけよう。これに対し、別人（おそらく後人）某が「書写」したもの、それが、いまわたしたちが知っている、現存の「西本」ではあるまいか。

そのさい、この書写者は、原本（原西本）に「年時と干支」に関する誤謬のあるのに気づき、これに「訂正」を加えた。このような作者は、現代のわたしたちの意識では、〝許さるべきことではない〟であろう。しかし、古写本伝来の実態を知る者にとっては、これは決して珍しからぬ現象だ。いわゆる「善

意の改定」なのである。むしろ彼にとって〝誤謬と知りながら、そのまま写すこと〟は、敬慕する先人に対する欠礼、とすら感じられたことであろう。

このような〝作業〟は、思うに、覚如の「生前」には行なわれがたいであろう。なぜなら、そのさいには当然、当人（覚如）に連絡し、了解を求めるのが礼儀だからである。さすれば、覚如は七十四歳の東本作製のさい、その「訂正」を活用しえたであろう。そのように考えると、やはりこの現西本は、「覚如の没後」成立した可能性が高い、とせねばならぬ。

十一

縷々のべきたった本稿の論点は、すこぶる多岐にわたったから、左に要点を簡約してみよう。

第一。三古本は「全体の構成」としては、「専本→西本→東本」という増拡過程を経ている。

第二。けれども、その「本文内実」からみれば、西本がもっとも「原初性」をそなえている。

第三。すなわち、現西本は、その「原初本」をもとにした〝増拡本〟と見なされる。

第四。しかも現西本は、その「覚如真筆の増拡本」そのものではなく、その〝写し〟つまり再写本である可能性が高い。

第五。そのさい、その書写者（覚如の後人）は、書写原本（「覚如真筆の増拡本」）のもつ「年時と干支の矛盾」に気づき、これに「訂正」を加えた。

第六。以上のように理解するとき、三本の史料状況は、もっとも自然に理解されえよう。これ以外の立場をとるとき、「年時と干支」問題を中心に、さまざまの〝不自然〟な解説を必要としたこと、研究史上の貴重な経験の語る通りである。

第七。しかしながら、これは「筆跡鑑定」という基本問題にかかわっているものであるから、くりかえし原本についてこれを検証すべきはもちろん、未使用の（デンシトメーター等の）史料科学的方法による研究が実行されることが期待される。

第八。肝心の親鸞伝上の史実に関しては、一に「吉水入室」の年時は、『教行信証』後序と『恵信尼文書』の示す通り、建仁元年であり、左の夢告のあとである。二に「六角堂夢告」の年時は、建長二年文書の示す、「建仁元歳、辛酉、四月五日、夜寅時」との記載にしたがうべきである。

以上。

十二

すでに目途を終え、一見蛇足ながら、重要な、三つの視点を付して結びとしたい。

その一は、〝覚如の誤認〟問題の評価である。如上の叙述の示すように覚如が年時と干支上の錯覚を犯していたこと、これに疑う余地はない。しかしこのような現象は、現代のように、教科書や印刷された年表の流布する時代とは異なり、古代から近世まで、必ずしも稀なことではなかった。

たとえば、一国の「正史」たる『日本書紀』が、白村江の戦について、中国史書（旧唐書）と一年の誤差をもつことは著明であるし、親鸞自身も、『西方指南抄』の奥書において、年時上の誤記を犯している（同書〈上本〉の「康元元丁巳正月二日書之、愚禿親鸞、八十五歳」は、「康元二丁巳〈下略〉」の誤記である）。

要するに、この瑕瑾《かきん》をあげつらって、覚如の非をならす者あれば、かえってことの良識を〝失う〟ものといわねばならぬ。

またこれにともない覚如は、「吉水入室」と「六角堂夢告」の前後関係についても、誤認もしくは不明瞭な認識におちいっていたようであるけれども、この点もまた、親鸞の直接史料（建長二年文書）を目にしていなかった彼としては、止むをえぬ仕儀だった、というべきではあるまいか。

むしろ、わずか二十六歳の身にして、この第一次伝絵を完成した、その偉業にわたしたちは瞠目すべきであろう。ただ、その形式だけではない。「主上臣下背法違義成忿結怨」という、親鸞三十歳代末の心血の文章（『教行信証』後序）を、敢然と転載し、挙揚した覚如の気魄は、凡百の親鸞門弟末葉に対して、勝るとも劣らざるもの。そのように率直に評価すべきものではなかろうか。

その二は、伝絵の構成要素たる「絵」と「詞」そしてその両者の関係である。本格的な伝絵研究は、必ずこの三者の研究を具有せねばならぬであろう。本稿では、紙数の制約より、「詞」に問題を局限した。他日に期したい(10)。

その三は、本稿で扱わせていただいた、また扱わせていただかなかった、幾多の先学の研究に関してである。時として批議に似た論弁にわたったけれども、それは必ずしもわたしの真意に非ず。いまは亡き先学が、数々の貴重な業績を建てられたこと、それに対する謝意のもとに本稿をつづらせていただいた。表面の鋭鋒は内なる報恩のあかし。親鸞思想を知る方々は、必ずこの至深の道理にうなずいていてくださること、それをわたしは信ずる。

註

（1）中沢見明『真宗源流史論』第六章。

(2) 宮地廓慧『親鸞伝の研究』所収。「六角夢想の年時」（昭和三十六～四十二年）、「再び六角夢想の年時について」（昭和三十九～四十二年）〈四十二年は改補〉。

(3) 司田純道「琳阿本善信聖人絵について」（『高田学報』三十八・三十九所載）。

(4) 藤島達朗『親鸞聖人全集　言行篇2』解説（昭和三十二年十月）。

(5) 赤松俊秀『続鎌倉仏教の研究』所収。「専修寺本『親鸞伝絵』について――宮地廓慧教授の批判に答えて」（昭和三十七年）、「親鸞聖人伝絵諸本について」（昭和三十八年）。また『親鸞』〈人物叢書　吉川弘文館〉（昭和三十六年）、さらに『本願寺聖人伝絵序説』〈真宗大谷派出版部〉（昭和四十八年）。

(6) これと別に『日本絵巻物全集　善信聖人絵・慕帰絵』〈角川書店〉（昭和四十一年）が出版されている。

(7) 古田『親鸞思想――その史料批判』所収。「坂東本の史料科学的研究――教行信証成立論の新基礎として」（昭和四十二年）「原教行信証の成立――元仁元年問題の史料科学的研究」（昭和四十三年）「史料科学の方法」（『古文書研究』第四号、昭和四十五年）。

(8) 故井上嘉亀（神戸大学工学部教授、義兄）の教示をえた。

(9) 古田「親鸞の史実――疑問と回答」（二葉憲香編『親鸞のすべて』新人物往来社刊）参照。なお、その後、山田雅教氏の「伝親鸞作『三夢記』の真偽について」（『高田学報』第七十五輯。昭和六十一年十二月）が出された。再批判させていただく予定。

(10) 伝絵の「詞」と「絵」を論じたものに、次の諸稿がある。源豊宗「親鸞伝絵の研究」（註〈6〉の全集に所収）、河田光夫「親鸞と差別民」（『文学』五十三巻七号に第一回、五十四巻五号に第五回。一九八五、八六）、黒田日出男「身分制研究と絵画史料分析の方法――『親鸞伝絵』・『法然上人絵伝』・『遊行上人縁起絵』を読む」（歴史I――前近代、報告――）等。

第九篇　偽書論——論じて電顕撮影に至る

〈解題〉　従来、定義なくして用いられてきた言葉、それが「偽書」である。この一語によって、在野の諸書、諸史料が一挙に〝切り捨て〟られた。いわゆる、〝正規の〟大学内の研究者のほとんどがこれを「研究史料」として扱うことをせぬ、それを常としてきた。

このような姿勢は果たして厳正な、学的態度といえるものだろうか。この問題の基本を、ここで吟味する。その「序説」である。あわせて電子顕微鏡撮影問題に及んだ。（未発表）

一

従来、日本の古代史学界は、いわゆる「超古代史」、いわゆる「古史・古伝」の類に対して永く門戸を閉ざしてきた。これらを研究対象とは見なさなかったのである。

ただ、一部具眼の士（たとえば、国文学者の中小路駿逸氏）あって、『上記《うえつふみ》』には記・紀に乏しい〝海の歌〟のあることに注意された[1]ごときはあるものの、歴史学者は頑としてこれを学的対象とすることをこばんできた。

しかしながら、その所以もまた必ずしも明らかでなかった。論者がその源由を論じたもの、目にしうるところ、あまりにも乏しいからである[2]。

本稿は短篇ながら、当問題を論じてみようと思う。

二

もし論者あって、次のように判じたとしよう。「それらの書物は偽書である」と。この命題は正当であろうか。

しかし、その諾否を論ずる前に、ここで用いられた用語たる「偽書」の定義を先ず明らかにせねばならぬ。

「①本物ににせて書いた手紙。にせてがみ。②にせて作った書籍。」〈広辞苑〉

「にせの手紙や書物。偽作した書物や書状。」〈大辞林〉

「①にせの書。にせの書きもの。②書類を偽造する。③古今書籍の偽作のもの、又は真偽の相雑はるものをいふ。偽本。」〈諸橋、大漢和辞典〉

前二者が、その実例や研究史を一切挙げていないのに対し、後者は豊富な資料をあげ、中国における偽書研究の累積の深さを反映している。

たとえば、①について、

天子識㆓其手書㆒、問㆓其人㆒、果是偽書。〈史記、封禅書〉

為㆓姦刻偽書㆒。〈淮南子、泰族訓〉

史記の例は、「鬼神の方」をもって天子の信任をえていた、斉の人、少翁〈文成将軍〉に関する説話である。彼は霊妙の帛書（きぬに書いた文字）なるものを牛の腹中から取り出して見せた。ところが天子は、その筆跡に心おぼえがあり、当人に問いただした結果、少翁の詐術が露見した、というのである。(3)

淮南子の例は、蒼頡《そうきつ》（黄帝の臣。鳥跡を見て文字を創作したという）のはじめには、書を作って百官を弁治し、万事を領理していた。愚者は書によって忘れず、智者は書によって志をいよいよ遠くした。ところが、世運が衰えてくると、「姦刻・偽書」の類が行なわれ、それによって有罪な者を解放し、罪なき者を死刑にするようになった、というのである。(4)

ここで注目すべきは、この「姦刻・偽書」の語が公権力の所持者側の版刻や文書類を指して用いられていることである。その当時において「合法」の行為であった、としても、淮南子はこれを「姦刻」であり、「偽書」として指弾しているのである。

次に、②の例として、

刻レ章偽レ書。〈史記、貨殖伝〉

これは司馬遷の世相批判として、「吏士」が「舞文・弄法」のふるまいをなし、「刻章・偽書」の挙を行なっている、とのべたものである。そのため、刀鋸で誅されるのでなければ、賂遺に没せられる結果となっている、という。これに対して農・工・商・賈・畜の長たちはかたくなに富を求め、貨を益するにつとめている、と。(5)

ここでも、「書を偽る」という行為が、統治者階級に属する「吏士」の公的所業に対して用いられていることに着目せざるをえない。

これに対して、③の場合、次のように詳説が加えられている。

「漢代には往々偽経を造作して其の説を售《う》るものがあり、張覇の尚書一百両篇を作った如きは其の類である。」

その上で、欧陽脩・程子・朱子・蘇轍・司馬光・姚際恒・顧実等の偽書研究史が紹介されている。これらはむしろ、「一般の学者側における偽書作り」を、主たる対象としたものと称しうるのかもしれぬ。

三

右を通観するに、「偽書」の本質は、次の一点にあるものといいえよう。――〝当人がみずから偽りと知りつつ、それを他に真実と信ぜしめる行為としての造文・成書〟、これである。いいかえれば、「犯意の存在」こそ、そのキイ・ポイントであろう。

なぜなら、その造文・成書が「結果」として偽りを告げるものであったにしても、当人がこれを真実として信じて書いていたものである場合、これを「偽書」と称するのは、ふさわしくない。ただそこには、判断と構文のあやまりが見出されるだけだからである。

これに反し、当人が「真実に非ず」と知りつつ、これを「真実」として世に表示したものであれば、これこそ必要にして十分な「偽書の資格」をもつものといわねばならぬ。

四

このような見地に立つ場合、「偽書」の筆頭に挙ぐべきもの、それは意外にも『日本書紀』である。なぜならその神功紀に、三つの倭人伝の記事を引用し、いずれも卑弥呼に当る、当の王者を「倭女王」(三十九年)、「倭国」(四十年)、「倭王」(四十三年)の表記で、神功皇后に当てている。と同時に、壱与に当る、別の王者を、同じき「倭女王」(六十六年)の名をもって、やはり神功皇后に当てている。当引用部は断片の小文であるけれど、原文(倭人伝及び西晋の起居注)を見ている著者(日本書紀の編者)が、漫然と両者(卑弥呼と壱与)を同一人と信じえたはずはない。少なくとも、疑わなければ、おかしい。同じ三世紀の、別女王の事跡ではないか、との疑いである。(6)

まして五世紀初頭の朴堤上(毛麻利叱智)関連の史料(新羅の第十六代の未斯欣〈微叱己知〉の時代)を、その主文として大量に使用し(摂政前紀・五年等)、そのさいの「倭王」に当る王者をもまた、先と同じき神功皇后に当てて造文・編書している点、史書として常識をもってうかがいえぬ様相である。しかも、大事な一点、それは次の点であろう。——「書紀の編者は、これを『真実に非ず』と、みずからは知っていた」、これである。

すなわち、先の「偽書の定義」から見れば、書紀こそその資格を十二分にそなえているのである。

五

この点、実は、天下第一等の史書として名の高い、司馬遷の史記もまた、「偽書」の疑いを、あるいは避けがたいかもしれぬ。

なぜなら、前稿（本書第一篇「部分と全体の論理」及び第二篇「歴史学における根本基準の転換について」）で論証したごとく、『穆天子伝《ぼくてんしでん》』が当天子の起居注であり、当代の史実を伝えているとすれば、その「穆王代の史実」と「史記の穆王記事」との間の、あまりの径庭《けいてい》・背反に対して、一驚せざるをえない。

なぜなら巻末の補表にしめされたごとく、そこには穆王をめぐる二五個の「献」の記事、一八個の「賜」の記事、三個の「贈」の記事がある。それらはとりもなおさず、周と西域周辺の国々との「国交」が豊富に存在した事実をしめしている。にもかかわらず、史記では、単に穆王を「武力遠征の野望者」にして「国交の失敗者」としてしか描いていない。西王母に「臣従」の礼をとっていた、肝心の実状はいうに及ばず、さらに右のように旺盛な「献」「賜」「贈」の関係の中の一つさえ、これを記すことがないからである。

司馬遷は、これらの史実の一つさえ知聞することがなかったのであろうか。わたしにはそれを信ずることはできぬ。なぜなら、周朝は、短い秦代を中にはさんで、漢朝にとって〝直前〟ともいうべき王朝であり、その周末戦国期の王墓に埋納された貴書（『穆天子伝』『竹書紀年』等）の中の認識が全く失われていたとは、（たとえ焚書坑儒を経ていたにしても）容易に信じがたい。その上、国交とは、一方のみで成立するものではないから、相手側（西域周辺の国々）にその認識が0（ゼロ）となるとは、これまた容易に信じがたいのである。

してみれば、残る理解の道は一つ。「司馬遷はそれを知っていたが、書かなかった」と。とすれば、史記もまた「史実に非ざることを知りながら、それを史実と主張する」もの、すなわち「偽書の疑い」を避けがたいのである。

もちろん、前稿でのべたごとく、著者たる司馬遷は、その「真実」を後世の読者に対して暗示したものとも、解しえられよう。わたしはその解をとりたいと思う。思うけれども、それは「司馬遷の内面」の問題にすぎず、「正史」としての史記自身が〝疑書の疑い〟をもたるべき一面のあること、これを否定することは、はなはだ困難なのである。先にあげられたごとく、「真偽の相雑はるものをいふ」というのが「偽書の定義」だからである。

六

近年わたしは、『東日流外三郡誌《つがるそとさんぐんし》』に相見した。寛政年間（一七八九〜一八〇一）、津軽の学究、秋田孝《たか》季《すえ》と妹りく、その門弟和田長三郎吉次（りくの夫）の三者によって、書写・執筆された、厖大な群書類成である。これを逐一検査する中で、従来の世評に反し、その中に「偽書のおもかげ」の片鱗も見出せぬことに驚いた。もちろん、孝季自身の歴史観の中には、近世の学者としてまぬかるるをえなかった、幾多の誤解は存するものの、その書写・成文の中には、一つとして「みずから、それを史実に非ずと知りつつ、他に真実と信ぜしめんとする」ような個所、その一片さえも発見しえなかったのである。

もちろん、わたしの接したものは、既刊のものと共に、若干の未公開写本にすぎぬから、いまだ和田[7]家所蔵（石塔山《せきとうざん》）文書の全貌に接しているわけではないため、最終の判断をなしうる立場にはないけれど、少なくとも、学問的探究の対象として、貴重の文書であること、わたしには疑うことができない。

現在までに公開されたものは、孝季自筆本に非ず、明治の再写本（和田末吉筆写）であるから、これらの写本の紙質、筆跡等の科学的検証こそ重要である。その一部につき、わたしは中村卓造氏（昭和薬科大学教授）の御協力をえて、顕微鏡写真・電子顕微鏡写真等の撮影を行ないえた。当該研究の第一歩、出発点として、三七一～三七二ページにかかげた。もって斯界研究者にとっての学問的常識とならんことを望むものである[8]。

註

（1）中小路駿逸『日本文学の構図』（桜楓社、昭和五十八年）。

（2）狩野享吉「天津教古文書の批判」（『思想』昭和十一年六月）。
山田孝雄「いわゆる神代文字の論」（『芸林』四巻一―三、昭和二十八年）。

（3）其明年、斉人少翁以鬼神方見上。（中略）乃為帛書以飯牛、詳不知、言曰此牛腹中有奇。殺視得書、書言甚怪。天子識其手書、問其人、果是偽書、於誅文成将軍、隠之。

（4）蒼頡之初作書。以弁治百官。領理万事。愚者得以不忘。智者得以志遠。至其衰也。為姦刻偽書。以解有罪。以殺不辜。

（5）吏士舞文弄法、刻章偽書、不避刀鋸之誅者、没於賂遺也。

（6）これらの引用を「後代引文」と見なす見解もあったが、反証された（反証は田中卓氏等による）。

（7）青森県五所川原市、和田喜八郎氏。石塔山にその神社（荒覇吐《あらはばき》神社）がある。

（8） もちろん、他の「超古代史」「古史・古伝」の類、各別にして同軌をもって論ずることができないけれど、いずれも、同じく、慎重にして客観的な学問的研究の対象となすべきこと、いうまでもない。

和田家（石塔山）文書の等倍写真（左＝本文，右＝表紙）

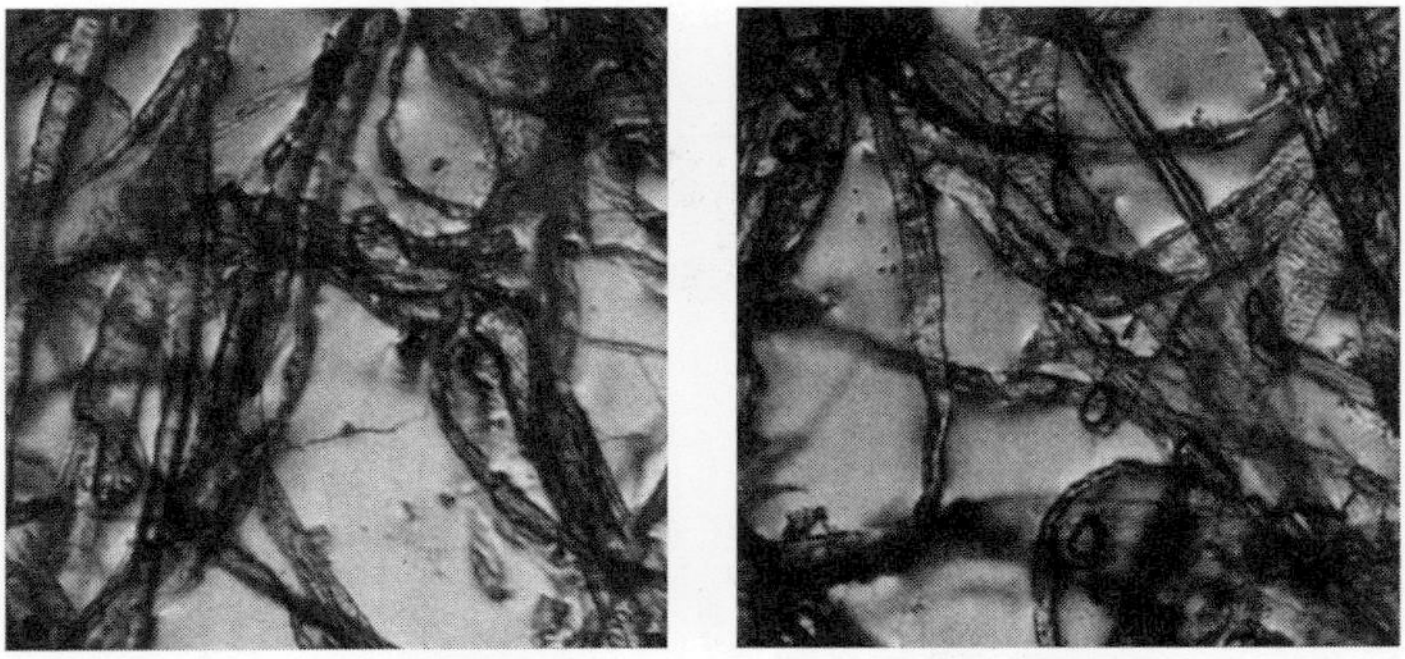

顕微鏡写真・150倍（左＝本文，右＝表紙）

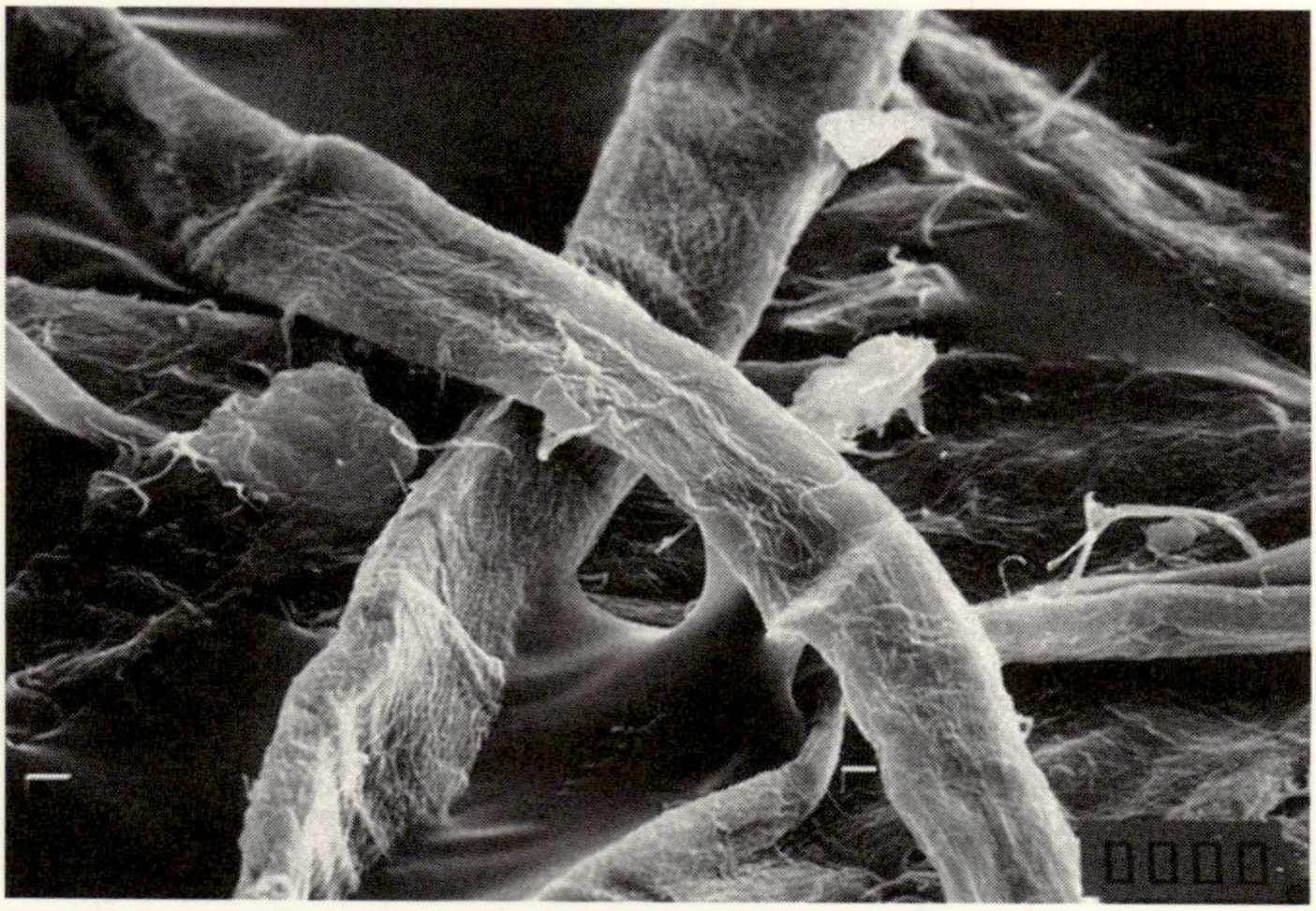

電子顕微鏡写真・750倍（上＝本文，下＝表紙）

あとがき

歴史学は、かつて国家の学であった。権力者が達文家に命じて、己が来歴を書かせる。それが歴史であった。

わが国の古事記・日本書紀は、いうまでもない。中国の史記・漢書・三国志等の歴代の正史、高麗の三国史記等、わたしたちはその例をあげること、自分の掌の細紋の名を挙げるよりも容易であろう。

けれども、それとは異なる歴史もある。たとえば『歴史』を書名とする、ヘロドトスの名篇。同一の歴史事件に対して、一方ではエジプト人の評価、他方では小アジア側の所伝を併載している。もちろん彼は、小アジアのハルカルナッソスの出身であるけれど、その立場を絶対化してはいないのである。

わたしは歴史学の根本を村岡典嗣《つねつぐ》先生に学んだ。それは十八歳の三ヵ月間にすぎなかったけれど、その指針は生涯を一貫することとなった。いわく、「対象は、日本の古典。方法はソクラテスの学。」と。恩師、波多野精一氏（宗教哲学）からの伝授であった。

ヘロドトスは、前五世紀の人。六十歳で没したという。やはり、人間の学としての、ソクラテスと同類の方法を身につけた教養人。その方法をもって「歴史」を見たのであろう。

＊

本書はわたしにとって、根本の書である。すでに六十代半ばにして、ようやく自己の学問の帰趨を見定めるに至った、記念すべき著述となった。それはもちろん、「学問の終結地」を意味するものではない。逆だ。新たな歴史学の出発を予感させるもの、少なくともわたしにとって、それ以外の何物でもない。それはたとえば、『穆天子伝《ぼくてんしでん》』をめぐる二稿を瞥覧していただければ、直ちに了解されるところであろう。

しかもこの重要命題に逢着しえたのは、ひとえに若き研究者、原田実氏の佳著『日本王権と穆王伝承』（批評社）の御教示による。ここに至って、新しく壮大なる研究課題に相逢する。運命の神の過寵をうけたものというべきではあるまいか。

＊

新たな課題は、単に日本列島内、東方世界内に局限されたものにとどまりえない。すなわち、すでに略述したように（『市民の古代』第十二集、新泉社）、世界の神話・地球上の各文明の興亡も、新しき実証的方法によってこれを看取すれば、新鮮な、思いがけぬ様相を次々と現わしきたること、すでにこれを実験し、確信するに至っているのである。

さらに、本書所収の小稿「偽書論」（第九篇）は、和田家文書（青森県五所川原市）に対する科学的研究方法の端緒をしめしたものである。この貴重なる、厖大なる古写本群に対し、毀誉褒貶《きよほうへん》の言をなす者は数多いけれど、真摯に科学的方法をもってこれを検証せんとする人の、あまりに乏しきに驚かざるをえない。もって今後の学的研究水準を測るべき第一石とならんことをこいねがうものである。

＊

わたしは親鸞研究をもって、己が学問の出発点とした。村岡史学に学び、「対象は親鸞、方法はソクラテスの学」たらんことを望んだのである。対象が日蓮や道元、また最澄や空海でなかったのは、大観すれば、〝偶然の神の戯れ〟にしかすぎぬとも称しえよう。その最近の一篇を掲載した。方法上の参考に資していただければ、幸いである。

また、はるか異域の地、中国の延辺大学の学者、朴ジンソク氏と学問上の応答をなしうることとなったのは、望外の至幸である。しかも、その中から重要な命題の発見をなすこととなった。はるかに朴氏に対し、深い感謝の念をささげたい。

今夏、昭和薬科大学の諏訪校舎（北山白樺湖）において古代史討論シンポジウム（「邪馬台国」徹底論争）を行うこととなった（八月一〜六日）。この期に同大学紀要論文中心の本書を上梓しえたこと、その奇縁を喜びたいと思う。

一九九一年四月十九日

古田武彦

日本の生きた歴史（十六）
——古事記伝——本居宣長批判（上）

序文

一

これは「運命の一篇」です。

その〝体裁〟としては、本居宣長の「古事記伝」批判です。しかし、従来のすべての宣長研究とは〝似ても、似つかぬ〟一篇となるでしょう。なぜなら、彼の描いた、日本の古代世界、すなわち、いわゆる「日本の古代の姿」とは〝一変〟し、真実の日本の古代史がはじめてここに姿を現わすからです。

一言にしていえば、それは根本的な「宣長批判」です。そして日本の歴史に対する、根源的な〝書き変え〟を迫るものとなりましょう。

これを書き終えるまで、わたしのいのちが永らえうるか、それとも〝半ば〟にしてこの八十六歳の寿命が尽きるか、わたしは知りません。それは運命の女神だけが知り賜うところでしょう。

二

わたしは本居宣長を尊敬します。

昼は本職の医業にいそしみ、夜は二階の屋根裏部屋に引きこもり、孫たちが登ってこないように、梯子《はしご》を引き上げて、ひたすら古事記研究にふけったという、彼の覚悟とその人生に対して深い敬意を覚えざるをえません。

その成果が『古事記伝』となった。寛政元年（一七八九）の成立だとされます。しかし、わたしの史料批判の立場から見れば、彼の「学問の方法」には、大きな疑問があります。率直にいえば、〝正しく〟はなかったのです。その要点を先ず、のべましょう。

〈一〉「日本書紀、優先主義」

『古事記伝』の最初は、日本書紀の引用からはじまっています。履中天皇紀の四年秋八月の項にある、

「始めて諸国に国史を置きて言事を記す」

の一節です。

「其の比《ころ》よりぞ有りそめけむ、かくて書紀修撰《つくら》しめ給ひし頃は、古記《ふるきふみ》ども多く有りつと見えたり。」

（「履中四年」は「四〇三」に当る）

という。すなわち、日本書紀に書かれている事項は、そのまま（宣長にとっては）「史実」だったのです。

宣長の「漢意（からごころ）、排撃」は有名です。この立場（イデオロギー）から、逆に古事記の「和文至上主義」の〝主張〟が全篇に〝くりかえされ〟ているのです。

しかし、（にもかかわらず）宣長は「歴史事実」そのものは、日本書紀の記述が正しい。そう〝信じ〟ました。その立場から、「古事記を見た」のです。だからこそ、『古事記伝』の全体は「日本書紀を基《もと》にして、古事記を解する」これを「学問の方法」とした。これは正しかったのでしょうか。

〈二〉「古事記成立の時点」

わたしは「否（ノウ）」と考えます。なぜなら、古事記成立の和銅五年（七一二）正月廿八日には、まだ「日本書紀はできていない」のですから。八年後の養老四年（七二〇）の成立です。だから、まだ「成立以前」の「日本書紀、記載の知識」をもって「古事記を読む」、このやり方は、「学問の方法」と

して、不当なのです。

宣長には「日本書紀の成立」は八年あとでも、そこに書かれている「史実」にあやまりなし、という「皇国史観」のイデオロギーが〝確固として〟存在していました。その立場から古事記を読み、ひたすら古事記に注釈を加えていった。これが「古事記伝の成立」の秘密なのです。

これは（わたしにとっては）「学問の方法」として、全く不当です。

なぜなら「古事記はあくまで古事記そのものとして読む。」これが古事記解読の基本のルールだからです。これはわたしが三国志の魏志倭人伝に対したときと、「同じ方法」なのです。（日本評伝選『俾《ひ》弥《み》呼《か》』ミネルヴァ書房、参照）。

古事記の「読者」は、いまだ「日本書紀を知らない」のです。だから、古事記の一字一句を、その「目」で〝読み直さ〟ねばなりません。その点では、「三国志成立の時点」においてすでに、四書五経、たとえば「論語」などの存在した中国のケースとはちがいます。直接の先行書籍をもっていないからです。

その点、今回の「古事記の再解読」は、「空前」の道を歩むこととなりましょう。そこからは、宣長の描き出したものとは全く異なった、真実の「古事記像」がクッキリと浮びあがってきたのです。

第一　「宣長の底本」論

宣長の『古事記伝』が依拠した『古事記』、その底本は「寛永版、古事記」でした。寛永二十一年（一六四四）に成立した、最初の「木版本」です。

『古事記伝』の冒頭部に「諸本又注釋の事」と題して、彼の依拠した諸本を列挙しています。

右の「寛永版」について、

「其一ツは寛永のころ板《イタ》に彫《エ》れる本《マキ》にて、字《モジ》の脱《オチ》たる誤れるなどいと多く、又訓も誤れる字のまゝに附《ツケ》たる所は、さらにもいはず、さらぬ所も、凡ていとわろし。」

と、「酷評」を加えています。

さらに、他の本として、伊勢の神官の度会《わたらい》ノ延佳の本をあげていますが、これも右の本の脱落や誤謬を直しているものの、なお、

「此人《ノ》すべて古語をしらずたゞ事の趣《オモムキ》をのみ一わたり思ひて、訓メれば、其の訓は、言も意もいたく古にたがひて、後世《ノ》なると漢《から》なるとのみなり、さらに用ふべきにあらず、」

と、ここでも「酷評」を加えています。

他に、村井氏（敬義）の古本があるけれど、これも「旧《フル》き印本《アリマキ》」（寛永版等）に近いもので、信憑するに足りない、とします。

その上で、問題の「真福寺本」を論じはじめ、

「其後《ノ》又尾張国名児屋なる真福寺といふ寺（俗《ヨ》に大洲の観音といふ）に、昔より伝へ蔵《ア》る本を寫せるを見るに、こは餘《ホカ》の本どもとは異《コト》なる、めづらしき事もをり〳〵あるを、字の脱《オチ》たる誤れるなどは殊にしげくぞある、」

として、ここでも評価はきわめて「低い」のです。その上で、

「か丶ればなほ今世《ノ》には、誤なき古本《ヘノ》は、在《アリ》がたきなりけり、」

とし、結論として、

「されど右の本ども丶、これかれ得失《ヨキアシキ》ことは、互《タカヒ》に有《リ》て見合《ハ》すれば、益《タスケ》となること多し、」

とのべています。これを要約すれば、

（A）「真福寺本」も、「寛永版本」「延佳本」その他も、〃あやまり〃が多く、信ずるに足りない。

（B）そこでわたし（宣長）がこれらに批判を加え、この『古事記伝』を執筆した。

ということとなりましょう。

二

けれどもわたしは、問題の「寛永版本」を確認して、一驚しました。

宣長の『古事記伝』は、至るところで「寛永版」に〃依拠〃しています。そしてそれに対して本質的な「吟味」や「検証」をほどこしてはいないのです。その『古事記伝』の立場は、現在の〃すべての〃印刷された『古事記』にも受け継がれています（岩波の日本古典文学大系や日本思想大系等の各社刊行の『古事記』とも、同様）。

この点、宣長の「主張」は右のような「寛永版に対する非難」とは〝合致〟していない。わたしはこれに「一驚」せざるをえなかったのです。

三

実例をあげてみましょう。

現在〝用い〟られている「古事記」の本文、その冒頭部に次の有名な一段があります。

「是《ここ》に天《あま》つ神 諸《もろもろ》の命《みこと》以《も》ちて、伊邪那岐命《の》、二柱の神に、『是《こ》の多陀用幣流《ただよへる》国を修《をさ》め理《つく》り固《かた》め成《な》せ』と詔《の》りて、天の沼矛《ぬぼこ》を賜《たま》ひて、言依《ことよ》さし賜ひき。故《かれ》、二柱の神、天の浮橋《うきはし》に立《た》たして、其の沼矛を指《さ》し下《お》ろして畫《か》きたまへば、鹽《しほ》許々袁々呂々邇《こをろこをろに》畫《か》き鳴《な》して引き上げたまふ時、其の矛の末《さき》より垂《しただ》り落つる鹽、累《かさ》なり積《つ》もりて島々成りき。是れ淤能碁呂《おのごろ》島《じま》なり。」（岩波、日本古典文学大系、五三ページ）

問題のポイントは「矛」の一字です。これは「真福寺本」では「弟」です。この「真福寺本」に出てくる、各所の「弟」が多くのケースで「矛」に書き改められています。それは実に「寛永版」のしめしたところ、また延佳本のしめしたところ、そして本居宣長の〝従った〟ところなのです。

もっとも、宣長はこの個所についても、多くの「弁説」を加えています。確かに「吟味」しているのです。

「但し膏《アブラ》を煮むはさることなれど、潮は如何《イカニ》かきめぐらせばとても凝《コラ》むことといかが、と云《フ》疑《ヒ》も有《リ》ぬべけれど、此《コ》は産巣日《ムスビノ》神の産霊《ムスビ》によりて、国土《クニ》の初《ハジ》まるべき、神の御為《ミシワザ》なれば、今尋常《ヨノツネ》の小理を以て、左《カ》に右《カク》に測《ハカリ》云《フ》べきにあらず、今はたゞ其状《ソノサマ》をたとへていへるのみなり、」

これは宣長自身が、

「さて此《コヽ》の状《アリサマ》を物に譬《へ》ていはゞ、膏《アブラ》などを煮《ニ》かたむるに、始《ハジメ》のほどは水の如くなるを匕《カヒ》もて迦伎《カキ》めぐらせば、漸々《やうやく》に凝《コリ》もてゆくが如し、」

とのべたところ、その「自説」に対する〝自己弁明〟なのです。けれども、「古事記」のこの個所の本文自体には、このような「膏（あぶら）」の話など、出てきていません。要は、宣長の提出した「自説」が〝不適当〟だった、というにすぎないのです。それに対して「今尋常《ヨノツネ》の小理」などという一般論に〝転化〟して「弁明」としているのは、〝筋（すじ）ちがい〟と言うほかはありません。

四

「真福寺本」を見ましょう。

右の「矛」は「弟」です。「弟（オト）」は「音（サウンド）」の〝当て字〟なのです。「寛永版」以下、宣長をふくめ、現在まで「矛」と〝手直し〟されたものが多いのです（『多元的古代の成立』〈上・下〉「日本の生きた歴史」〈十四・十五〉に、大下隆司氏撮影の写真によって提示）。

「沼（ぬ）」は「小銅鐸」を指す。「鐸（ぬで）神社」（大阪府柏原市）の「鐸」は「ぬ」（金属部分）と紐部分（手）の称である（右の〈上・下〉の解説参照）。

海に〝ひたし〟た小銅鐸の場合、「こをろこをろ」の音は、極めて自然です。

五

右の個所の「小変更」は、「古代史像の重大変化」を生まざるをえません。

第一は「天の浮橋」の問題です。隠岐島（島根県）では、陸地と舟との間にわたす「長板」を「天の浮橋」と呼んでいます。現在の展示場で（名標と共に）わたしはこれを確認しました。さらに広島県でも、この名称で現在用いられているということです（谷本茂氏による）。この場合「天（あま）」は「海士（あま）」の美称（美しい字）です。海士族の常用する「長板」の称なのです。

このテーマは当然「高天原」問題と直結します。

『東日流《つがる》外三郡誌』の「荒吐神要源抄」（『和田家資料Ⅰ』北方新社刊）（古田『古代は沈黙せず』復刊版、全文所載）では、

「高天原寧波」

の表記があります。寧波は、中国の杭州湾南岸の実在の地名です。従ってここに使われている「高天原」の三文字も、〝天空〟などではなく、〝神聖な水の出る、海士（あま）族の集落〟の意。訓みは「タカアマバル」です。「タ」は「太郎」の「太」。「カ」は「川」の「カ」（「ワ」は祭りの場）。「バル」は「平原《ひらばる》・田原坂《たばるざか》」等の「バル」。九州語です。

要するに、対馬海流両岸に住む海士族にとって、必須の飲み水の出土地、それが「高天原」です。寧波もまた、その「ワン・ノブ・ゼム」に過ぎないのです。

六

これに反し、宣長の理解は〝壮大〟です。「天の浮橋」を〝天空から地上に至る、虹の橋〟のごとく見なしたのです。同時に、「高天原」も、何万メートルも上空の地帯であるかに〝空想〟したのです。そこから、同じく何万メートルの長さの「柄《え》」をもつ矛を、海中にさし入れる。そういう「図柄（ずが

ら〕」を脳中に思い描いたのです。その〃かきまぜる〃音が、例の「こをろ・こをろ」だというのです。わたしの「想像力」では、ついてゆけません。また、実在の矛（筑紫矛）を使って、博多湾で「実験」してみましたが、全く「否（ノウ）」でした。故・力石巌さんとの「共同実験」でした。

ポイントは、次の一点です。

（A）宣長は「高天原」や「天の浮橋」の「天」を、先ず漢語訓みで「テン」（sky）と理解し、それを「空想の原点」としたのです。その「天」を「海士（アマ）」という和語（日本語）を〃基《もと》〃として理解する、という道を採らなかった。宣長の「和語第一主義」の〃主張〃とは、全く相反しているのです。

（B）この点、逆に『東日流外三郡誌』の「荒吐神要源抄」の「高天原」の用法の方が、

「和語が本来であり、漢字表記は美称（美字）」

の立場に立っています。「やまとごころ」です。これに反し、宣長の方こそ、（信じられぬことですが）「漢意（からごころ）」に立った「古事記像」を〃描き切って〃いたのです。

七

宣長は、ひきつづき、この道を歩みました。「壮大な、高天原」に対し、「壮大な、黄泉国」を〃空想〃し、それらを「一つ」にまとめた「天地図」を作ったのです（この点、別述します）。

要するに、もし人々が「壮大な、宣長の空想」に酔い痴《し》れるのではなく、人間として当り前の「理性」に立って考えはじめれば、宣長の「古事記像」の「非（ノウ）」を受け入れる他はないのです。

真実の「古事記」の、真実の「高天原」は、九州の北の海上の「能古（ノコ）の島」や「天の原海水浴場」（壱岐の北端部）を実地とした、ささやかな、しかし「在地の土地鑑」と密着した「真実（リアル）

な神話」だったのです。
これに反して宣長の描いた「古代史像」は、彼の「空想」の中にのみ宿りえた「巨像」すなわち「虚像」に過ぎなかったのです。

第二 「弟と矛」論

一

先にあげた「弟と矛」の異同問題、それは今回の「本居宣長批判」の核心をなす。いわば、本稿推進の導火線となっているのです。その諸例をあげてみましょう。

第一、

「即ち横刀の手上を握り、矛由気矢刺して、追ひ入るる時、乃ち己が作りし押《おし》に打たえて死にき。」

（神武天皇1、岩波、日本古典文学大系、一五七ページ）

右の「矛」は、「真福寺本」では「弟」となっています。この点、「寛永版本」も「阪本龍門文庫」も、同じく「弟」です。

しかるに、「延佳本」（「鼇頭古事記」）では、

「而即握横刀之手上矛由氣矢刺而」

となっています。「弟」が「矛」に〝改変〟されているのです。

これに対し、宣長の『古事記伝』は、

「而。即横刀之手上。矛由氣矢刺而」

として「矛」を採用しています。その根拠としては、日本書紀の崇神巻の、

「八廻弄槍」（「ヤタビホコユケシ」）

という〝和風の訓み〟で、書紀の本文ですら、ないのです。

要するに、宣長が「自家の判断」で、「延佳本」の「矛」を〝採用〟したにすぎないのです。

二

しかし、この「古事記」本文を、そのものとして理解すれば、「真福寺本」の「弟（＝音）」が正解です。なぜなら、「横刀」というのは、〝日本刀、風〟の「片やいば」の武器ですから、（右手使いの場合）右側から左側へと〝ふり廻す〟のです。そのさいの「ビュン・ビュン」という「音」によって、相手（兄宇迦斯）を〝追いつめ〟ているのです。だから（「直線」的に突く「矛」とは異なり）、ここは「弟（＝音）」が適切なのです。

しかも、この「行動」の背景には、同じ神武記冒頭部の「熊野の一節」があります。熊野の高倉下（たかくらじ）が「一ふりの横刀」を神武に献上し、これは「己が夢に、天照大神、高木の神からさずかったものだ」とのべる一節です。

その「横刀」を用いて、やがて大和（奈良県）に入ったとき、「兄宇迦斯」を〝平げた〟と言っているのです。

やはり「横刀――弟（音）ゆけ」でなければ、前後の「脈絡」にも、対応していないのです。「横刀の神秘化」の中の一節なのです。

宣長は、ここにはいまだ〝目がとどかなかった〟ようです。

三

第二、

「是に曾婆訶理、竊《ひそ》かに己《おの》が王《みこ》の厠《かはや》に入るを伺ひて、矛を以ちて刺し殺しき。」（履中記・3「水歯別王と曾婆訶理」岩波、日本古典文学大系、二八七ページ）

右は「真福寺本」では「矛」ではなく、「弟」です。

この点、「寛永版本」では、

「於是曾婆訶理竊《ヒソカニ》伺レ己王《オノレカキミノ》入レ厠《カハヤ》以レ矛《ホコヲ》刺而殺《コロシツ》也」

として、「矛」となっています。「延佳本」もまた、

「於是曾婆訶理竊伺《ウカガヒ》己王《カノ》入《リテ》レ厠《カハヤニ》以矛刺《テホコヲサシテ》而殺也」

として「矛」に〝改変〟しています。この点、「阪本龍門文庫」も、同じく「矛」と〝改変〟されています。

これらを受けて、『古事記伝』では、

「於是曾婆訶理竊伺己王入厠以矛刺而殺也（コ、ニソバカリ、オノガキミノカハヤニイリマシケルヲウカガヒテ、ホコヲモチテサシテシセマツリキ）」（傍点、古田）

として「矛」という〝改変形〟を使用しています。

そして「なぜ、矛が正しいか」という「問い」もなく、「回答」の弁明もないのです。「真福寺本」以外の「諸本」の立場に〝漫然と〟従った形です。

四

次は「古事記」の「序文」の例を再確認してみましょう。

「杖矛（ぢやうぼう）威（いきほひ）を挙げて、猛士烟（けぶり）のごとく起こり、」（岩波、日本古典文学大系、四五ページ）

「矛（ほこ）を杖（つゑ）つき威（いきほひ）挙（ふる）ひて、」（岩波、日本思想大系、一三ページ）

右は「寛永版」では、

「杖レ矛挙レ威（ホコヲツキ、イヲアグ）」

として、「矛」です。「延佳本」も、

「杖矛挙レ威」

となっています。「矛」です。「阪本龍門文庫本」も、

「杖レ矛挙レ威（ホコヲツキ、イヲアグ）」

です。

本居宣長の『古事記伝』はこの序文に対しては、全体として簡単に扱い、弁舌するところが極めて少ないのです。ここでも、

「杖矛挙テレ威ヲ」

という、〝改ざん〟形に従い、この問題に対しては「上三句（「絳旗耀レ兵」をふくむ）は御方の軍のさかりなるさま」と言うだけです。すなわち、「寛永版」以降の「諸本」に従っているのです。

しかし、「真福寺本」では、ここは「矛」ではなく「弟（＝音）」です。すなわち、

「杖の音」あるいは「杖つく音」

と訓むべきところです。

すでに『多元的古代の成立』（上・下）復刊本の「はしがき」でのべましたように、七世紀（壬申の乱の時代）も、三世紀前半（神武東遷――後述）も、「矛の時代」ではありません。

従って「寛永版」から『古事記伝』に至る、「矛」への〝改定〟は妥当ではないのです。

ここでも、本居宣長の『古事記伝』が「真福寺本」の「原表記」を斥け、「諸本」の〝書き変え〟に従ったこと、それはやはり「非（ノウ）」だったのです。


（「日本の生きた歴史」（十七）へつづく）

古田武彦・古代史コレクション

既刊は本体二八〇〇〜三五〇〇円

〈既刊〉

①「邪馬台国」はなかった
②失われた九州王朝
③盗まれた神話
④邪馬壹国の論理
⑤ここに古代王朝ありき
⑥倭人伝を徹底して読む
⑦よみがえる卑弥呼
⑧古代史を疑う
⑨古代は沈黙せず
⑩真実の東北王朝
⑪人麿の運命
⑫古代史の十字路
⑬壬申大乱
⑭多元的古代の成立（上）
⑮多元的古代の成立（下）
⑯九州王朝の歴史学

〈続刊予定〉

⑰失われた日本
⑱よみがえる九州王朝
⑲古代は輝いていたⅠ
⑳古代は輝いていたⅡ
㉑古代は輝いていたⅢ
㉒古代の霧の中から
㉓古代史をひらく
㉔古代史をゆるがす
㉕邪馬一国への道標
㉖邪馬一国の証明
㉗古代通史

ミネルヴァ日本評伝選

卑弥呼——鬼道に事え、見る有る者少なし

古田武彦著

四六判四四八頁
本体二八〇〇円

●ミネルヴァ書房

《著者紹介》

古田武彦（ふるた・たけひこ）

1926年　福島県生まれ。

旧制広島高校を経て，東北大学法文学部，日本思想史科において村岡典嗣に学ぶ。

長野県松本深志高校教諭，神戸森高校講師，神戸市立湊川高校，京都市立洛陽高校教諭を経て，

1980年　龍谷大学講師。

1984～96年　昭和薬科大学教授。

著　作　『「邪馬台国」はなかった――解読された倭人伝の謎』朝日新聞社，1971年（朝日文庫，1992年）。

『失われた九州王朝――天皇家以前の古代史』朝日新聞社，1973年（朝日文庫，1993年）。

『盗まれた神話――記・紀の秘密』朝日新聞社，1975年（朝日文庫，1993年）（角川文庫，所収）。

『古田武彦著作集　親鸞・思想史研究編』全3巻，明石書店，2002年。

『俾弥呼――鬼道に事え，見る有る者少なし』ミネルヴァ書房，2011年。

『古田武彦・歴史への探究』ミネルヴァ書房，2013年～，ほか多数。

古田武彦・古代史コレクション⑯

九州王朝の歴史学

――多元的世界への出発――

2013年3月20日　初版第1刷発行　〈検印省略〉

定価はカバーに表示しています

著　者　古　田　武　彦

発行者　杉　田　啓　三

印刷者　江　戸　宏　介

発行所　株式会社　ミネルヴァ書房

607-8494 京都市山科区日ノ岡堤谷町1

電話代表（075）581-5191

振替口座 01020-0-8076

共同印刷工業・兼文堂

ISBN978-4-623-06455-7

Printed in Japan

人名索引

あ 行

か 行

さ 行

た　行

な　行

は　行

ま　行

や　行

ら　行

わ　行

事項索引

あ 行

か 行

さ 行

地名索引

や　行

わ　行